US-China
Strategic Relations

米中戦略関係

UMEMOTO Testuya
梅本哲也

千倉書房

米中戦略関係

目次

第4章 不拡散・非核化と米中関係 121

第5章 海洋秩序と米中関係

第6章 米中間の戦略的安定

第7章 中国A2ADと米国の対応

第8章 米中戦略関係の将来

序章

「ツキジデスの罠《わな》」という言葉が注目を集めている。ツキジデス[1]は古代ギリシャの歴史家であり、都市国家アテネとスパルタとの間に起こったペロポネソス戦争を描いたその『戦史』は、国際政治学の古典として名高い。

ツキジデスはこの戦争の原因について、次のように語っている。「アテーナイ〔＝アテネ〕人の勢力が拡大し、ラケダイモーン〔＝スパルタ〕人に恐怖をあたえたので、やむなくラケダイモーン人は開戦にふみきった」[2]。

アテネとスパルタとの関係に見られるように、ある国家の力が増して、それまで優位を占めていた国家を脅《おびや》かし得るようになった場合に生じる危険を指して、国際政治学者のG・アリソンは「ツキジデスの罠」と呼んだ。そして、米国と中国が「ツキジデスの罠」から逃れることができるかどうかが、今後の世界秩序にとって決定的に重要だと論じたのである[3]。

アリソンによれば、過去五〇〇年の間に、急速に台頭する国が優越していた国に取って代わろうとした事例が一六あったが、そのうち一二の事例で戦争が起こっている[4]。これに照らせば、史上類を見ないほど急激に力を伸ばしている中国が米国と干戈《かんか》を交える可能性は相当に高いことになる。とは言え、戦争は不可避ではない（事実、四事例では戦争になっていない）ので、それを避ける方途を真剣に探るべきだというのである[5]。

中国の側も対米関係に潜む重大な危険に全く無頓着というわけではない。二〇一五年九月に訪米した習近平国家主席は、「世界にもともと『ツキジデスの罠』が存在するわけではない」が、「大国間で一再ならず戦略的な誤算が生じた場合、『ツキジデスの罠』を自ら作り出すことになるかもしれない」と語っている[6]。

「ツキジデスの罠」が関心を呼んでいるのは、米中関係の展開によって世界政治の行方が定まるというアリソンの認識が広く共有されているからに他ならない。オバマ大統領も二〇〇九年七月、第一回米中戦略・経済対話の開催に際して、「米国と中国との関係は二一世紀を形作る」ものであり、それゆえに「世界のいかなる二国間関係にも劣らず重要」だと述べたのである[7]。

近年、米国人がよく使う表現を借りれば、現在の米中はフレネミー同士である。フレネミーとはフレンド（味方）とエネミー（敵）を合わせた単語で、「味方のふりをしているが本当は敵である者」[8]あるいは「基本的に嫌っている、または張り合っているにもかかわらず、親しく接している相手」[9]といった意味である。互いにとって当面「敵ではない」が、状況次第で「敵になり得る」存在と言ってもよい。

そのような両国が「ツキジデスの罠」に陥らないとは、どういうことを意味するのであろうか。第一に、「敵ではない」という状態ができる限り保たれねばならない。第二に、「敵になった」としても、直接の武力衝突は避けられねばならない。第三に、武力衝突が生じたとしても、それが大戦争なかんずく核兵器の使用を伴う戦争に発展する可能性は封じられねばならない。これらの条件が満たされる程度に応じて、米中は「ツキジデスの罠」から遠ざかることになると言えよう。

そうした見地に立って、米中の戦略的な関係を多面的に捉えようというのが、本書の狙いとするところである。

そのための準備作業として、第一章では、まず中国の国力伸長を跡づけ、米中間における力関係の推移を測る。その上で、力の分布における変化が大戦争を招来する可能性、平和裡に進行する可能性のそれぞれについて、これまでその根拠とされてきた要因を挙げることとする。

米中が相互に「敵ではない」状態を持続させるためには、両国の大戦略が両立可能であることが必要である。大戦略とは国家にとって最も重要と目される利益を確保、増進するための包括的な政策指針を言うものである。大戦略上の衝突が誰の目にも明らかになれば、「敵ではない」関係を長く続けることは難しくなるであろう。

そこで、第二章、第三章では米中の大戦略を取り上げ、その相関について考える。第二章では、米国の大戦略を構成する基本的な要素を抽出した上で、米国にとって中国が近年まで占めてきた戦略的な位置を探る。第三章では、当今における中国の対外姿勢に焦点を合わせ、その大戦略上の意味を検討すると共に、それが米国大戦略の基本要素と相容れない側面を有していることに注意を向ける。

米中関係の今後を展望するには、大戦略に関する考察を個別の政策領域に即した議論によって補完することが有益であろう。オバマ、習近平の両政権が協力を強調していた分野――「敵ではない」関係を象徴する分野――の一つが、北朝鮮およびイランの核問題である。一方、南シナ海その他における海洋権益の捉え方は、米中の対立が露わとなった分野――「敵になり得る」関係を代表する分野――の一つである。

それゆえ、第四章、第五章ではそれぞれ不拡散・非核化、海洋秩序をめぐる米中関係に分析を加えることとする。第四章においては、戦略的な利害の一致と乖離とが複雑に絡み合っている様子が浮き彫りにされる。第五章においては、中国の政策展開が米国の戦略的な利益と相反する理由が詳しく述べられる。

大戦略上の競合が明らかとなり、個別政策でも協力より対立の側面が表れやすくなるにつれ、軍事力をめぐる両国の動向が重要性を増すであろう。「敵になった」場合への備え方によって、「敵ではない」状態が維持される確率も、また実際に「敵になった」状況において武力衝突が勃発し、あるいはそれが核戦争へとエスカレートする危険も変わってくるはずだからである。

そのような観点から、第六章では、冷戦期に重視された「戦略的安定」の概念を再定義し、特に核戦力をめぐる米中両国の関係が孕む問題について探究を行う。第七章では、中国による通常戦力の増強およびそれに対抗する米国の軍事戦略を俎上に載せ、「戦略的安定」への含意を探ることとする。

「ツキジデスの罠」に関する心配は、中国の国力増大が止まった場合、中国の国内体制が改まった場合、それに米国の大戦略が変わった場合には、大きく低下すると考えられる。実際、中国では経済成長の鈍化が「新常態」となっている。また、二〇一七年一月に就任した米国のトランプ大統領は、従来の大戦略に背反するような言説を展開してきた。そうした事態の展開をも織り込んで米中関係の長期的な行方を占うのが第八章である。

註

1——トゥキディデス、トゥーキュディデース等とも表記される。

2——トゥーキュディデース(久保正彰訳)『戦史(上)』(岩波書店、一九六六年)七七頁。

3——Graham Allison, "The Thucydides Trap: Are the U.S. and China Headed for War?" *The Atlantic*, September 24, 2015. より早い版はGraham Allison, "Thucydides's Trap Has Been Sprung in the Pacific," *Financial Times*, August 22, 2012.

4——Allison, "Thucydides's Trap" では一五事例中一一事例とある。

5——その後、アリソンはこのテーマに関する書籍を出版した。Graham Allison, *Destined for War: Can America and China Escape Thucydides's Trap?* (New York: Houghton Mifflin Harcourt, 2017).

6——「习近平在华盛顿州当地政府和美国友好团体联合欢迎宴会上的演讲」二〇一五年九月二三日、新华网。

7——Barack H. Obama, "Remarks at the United States-China Strategic and Economic Dialogue," *Daily Compilation of Presidential Documents*, July 27, 2009, p. 2.

8 ——"frenemy," *Merriam-Webster* <https://www.merriam-webster.com>.

9 ——"frenemy," *Oxford Living Dictionaries* <https://en.oxforddictionaries.com>.

第1章 力の移行と戦争・平和

二〇一二年三月、オバマ政権のクリントン国務長官は、米中両国は「確立された国と台頭する国が行き合う時に何が起こるかという古くからの問題」に「新たな解答を見出そうとしている」と述べた[1]。二ヵ月後には、胡錦濤国家主席が「革新的な思考と適切な行動」によって「歴史上、大国が対立、衝突した伝統的な論理」を打破し、「大国関係を発展させる新たな道筋」を探求するよう訴えた[2]。

これらの発言は、米中の指導者が力の分布が変化しつつあることを認めた上で、それが両国関係に与える影響に懸念を抱いていることを物語る。そうした懸念には国際政治学で言う「力の移行（power transition）」——権力移行、パワー・トランジッション、パワー・シフトといった言葉が使われる場合もある——への関心が映し出されている[3]。本章は米中間における力関係の推移を概観し、それを戦争、平和の蓋然性と結び付ける要因を探究しようとするものである。

第一節では、中国の国力増大を素描し、米国との間における力関係の現況について検討する。第二節では、「力の移行」論およびそれと関連する議論の輪郭をたどる。それは米中間に大戦争が起こる可能性を示唆するものである。しかし、戦争は決して不可避ではない。第三節で、その理由をいくつか挙げることとする。

1 米中の力関係変化

❖中国の国力伸長

一九七〇年代末に「改革・開放」に繋がる政策が打ち出されて以来、中国経済は約三〇年にわたって実質年平均一〇%近い成長を続けた。その結果、市場交換レートに基づく国内総生産(GDP)、つまり名目GDPで一九九〇年に世界第一〇位であった中国は、二〇〇〇年に第六位、二〇〇七年に第三位となり、二〇一〇年までには米国に次ぐ第二位に上った。また、国内の物価水準を反映する購買力平価でGDPを測ると、中国のそれは一九九〇年には米国の五分の一以下、二〇〇〇年には三分の一強に過ぎなかったが、二〇一四年には米国を凌ぐまでになった[4]。

中国は外貨準備や輸出総額、さらには輸入を含めた貿易総額、そして貿易黒字でも世界最大を誇るに至った[5]。中国の対外直接投資ソローは二〇一五年に世界第二位に躍り出た[6]。米誌『フォーチュン』が挙げる世界の企業番付では上位五〇〇社に中国企業一〇〇社以上が含まれるようになり[7]、中国の四大銀行はいずれも資産規模で世界最大の部類に入った[8]。

経済発展の持続は軍事態勢の着実な強化を可能にした。中国が公表する国防費はほとんど連続して対前年比二桁の伸びを記録し——一九九〇年代後半からは物価変動を織り込んだ場合でも対前年比一〇%以上の増額が続いた[9]——二〇〇九年までには米国に続く世界第二位となった。しかも、公表される国防費には装備購入費や研究開発費の相当部分が含まれておらず、実質的な軍事支出はそれよりかなり多いと推定されている[10]。中国は核戦力の近代化を継続する傍ら、空母の建造やステルス型戦闘機、先進型潜水艦、対艦弾道ミサイル等の開発を促進し、またサイバー戦や宇宙戦の能力向上に精力を注いできた。

その間、中国の経済力、軍事力を支える技術基盤の発達も急であった。中国は二〇〇三年、米ソ以外で初めて有人宇宙飛行を成功させた。二〇一六年に明らかにされた計画では、二〇二〇〜二二年の間に独自の宇宙ステーションを完成させ、火星着陸を実現し、中国版GPS(衛星測位体系)「北斗」で全世界をカバーすること等を目標に掲げている[11]。インターネットや携帯電話の契約数でも中国は世界最大となり、国内の特許申請数や科学技術関連の論文数も米国を逆転または急追してきた。ここ数年にわたって、中国のスーパーコンピューターは処理速度で世界の頂点に立っている[12]。

中国経済の急速な成長は、文化面での影響力拡大にも繋がることとなった。多くの途上国において中国流の発展方式が魅力を高め、二〇〇〇年代に入ると、市場原理を前面に押し出す「ワシントン・コンセンサス」に代わって「北京コンセンサス」が浮上しつつあると言われたりもした[13]。中国はアニメ、映画を始めとする文化産業の育成および国営メディアによる対外広報に力点を置いており、中国の言語、文化を教える孔子学院が世界中の大学等に広がると同時に、中国で学ぶ留学生の数も顕著な増加を見せている[14]。

そうしたことを背景に、人権、民主主義といった西側の「価値」に対する中国の挑戦には、一定の支持が寄せられてきた。二〇〇六年、国連に人権理事会が設立されると、中国はその理事国に選出された。また、二〇一〇年、民主活動家・劉暁波のノーベル平和賞受賞式に招待された六五ヵ国の中、一七ヵ国が中国政府の要請に応えて欠席した[15]。

❖米中逆転の展望

中国の国力増大に伴って、米中間における力の分布をめぐる動向に耳目が集まることとなった。その契機となったのは、経済規模の逆転が具体的に展望され始めたことである。米投資銀行ゴールドマン・サックスは二〇〇三年、中国が名目GDPで二〇四一年に米国を抜くとの予想を示したが、二〇〇七年には早くもその時期を二〇二七年に繰り上げた[16]。我が国の内閣府が二〇一〇年に発表した予測では、二〇三〇年には世界全体の名目GDPに占める中国の割合は二三・九%に上り、米国の一七・〇%を凌ぐことになるとされた[17]。

また、経済史家のA・マディソンは二〇〇八年、中国は「二〇一五年まで」に購買力平価で計算したGDPで世界最大になるとの見通しを記して注目されたが[18]、先述の通り二〇一四年にはそれが現実のものとなった。内閣府が上記とあわせて提示した予測によれば、二〇三〇年における世界の購買力平価GDPに占める比率は、中国(三〇・二%)が米国(一一・七%)の三倍近くになるということであった[19]。

さらに、米国の情報機関を統括する国家情報会議(NIC)が内外多数の有識者から徴した意見を踏まえて二〇〇八年に取りまとめた『世界の趨勢2025』は、二〇二五年までに米ドルが特権的な地位から滑り落ちる一方、中国は世界の金融秩序における主要な結節点の一つになると予想した[20]。

その間、経済規模と軍事支出とを明示的に関連させた予想も示されるようになった。二〇〇五年に刊行された米ランド研究所の報告書は、中国の経済成長に関して比較的慎重な見方を示しながらも、その軍事支出は二〇二五年に実質で二〇〇三年時点の二・九倍から五・二倍に拡大すると予測した。使途に応じて購買力平価または市場交換レートで換算すると、これは米国が二〇〇三年に計上した国防予算の六割から一・三倍に当たる規模になると指摘された[21]。

一方、東京財団が二〇一一年に発表した報告書によれば、米中両国が国防費(中国についてはストックホルム国際平和研究所〈SIPRI〉による推計国防費)の対GDP比を二〇〇九年の水準で維持すると仮定した場合、二〇三〇年においても軍事支出における米国の優位は保たれる。しかし、中国の国防費を米国防総省の推計に基づいて嵩上《かさ》げし、また米国で今後、国防費削減への圧力が高まるとすれば、米中の軍事支出は二〇二五年前後に拮抗し、二〇三〇年までには逆転すると見られたのである。実際のところ、米国では財政赤字を解消するため、二〇一三年から国防費を含め歳出の「強制削減」が行われるようになった[22]。

こうした傾向は、国際社会の受け止め方に敏感に反映されてきた。米世論調査機関ピュー研究所による二〇一四年の四四ヵ国調査では、「中国は最終的に米国に代わる超大国となる、あるいはすでにそうなっている」と見る者が平均四九%に上ったのに対し、「中国は決して米国に代わる超大国にはならない」と考える者は平均三四%に止まった。二〇〇八年の二〇ヵ国調査では、中国が米国に取って代わる／代わったとする者は平均四一%、これを否定する者は平均三九%とほぼ拮抗していたが、その二〇ヵ国について二〇一四年における比率を見ると、それぞれ五〇%、三二%であった[23]。

❖過大評価の危険

とは言え、経済規模（およびそれと連動し得る軍事支出）にのみ注意を向けていると、中国の国力を過大評価する結果に陥りやすいであろう。例えば、経済力を表す主要な指標のうち、GDPの総額ではなく、一人当たりGDPを取ると、二〇一五年現在、中国は依然として名目で米国の約七分の一、購買力平価でも約四分の一に過ぎなかった。中国企業は規模の拡大を続けているものの、米インターブランド社が発表した二〇一六年のブランド順位においては、世界の上位一〇〇社に中国企業は二社しか入っていなかった[24]。

軍事力についても、米中間には核戦力における大きな格差が存在する他、世界中に戦力を投射し得る米国と異なり、中国は未だ自国の近傍で米国が自由に作戦行動することを抑止または阻止する接近阻止・領域拒否(A2AD)の態勢構築に精力を注いでいる段階である。米国には同盟関係にあると言ってよい国が数十あるが、中国が同盟条約を締結しているのは北朝鮮ただ一国である。

経済力、軍事力におけるこうした隔たりは、中国の経済規模(および軍事支出)が拡張し続けたとしても、簡単に解消するとは限らない。GDP総額における逆転を展望するゴールドマン・サックスや内閣府、マディソンにしても、二〇三〇年の時点で中国の一人当たりGDPは——名目または購買力平価で——なお米国の三分の一程度に止まると予測しているのである[25]。また、作戦能力の構築には——特に装備購入や研究開発の分野での——長年にわたる蓄積が求められるが、上記のランド研究所報告書に従えば、二〇〇三〜二五年に中国が装備調達および研究・開発・試験・評価(RDT&E)に支出すると想定される金額の合計は、一九八一〜二〇〇三年に米国が同様の目的で支出した金額の二割強から最大でも半分弱にしかならない額である[26]。

中国の技術水準や文化的影響力にも課題が少なくない。インターネットや携帯電話の普及について、利用者、契約者の総数ではなく、人口に占める比率を取るならば、米中間には未だ格差が存在する。国際電気通信連合(ITU)による二〇一六年の情報通信普及度の評価では、中国は世界第八一位(米国は第一五位)であった[27]。また、二〇一四年現在、高等教育機関への就学率は米国の八割五分強に対して中国は四割にも及んでおらず、また米国は中国の二・五倍以上の留学生を受け入れていた。大学の格付けでは、米国の大学が何十も世界一〇〇位以内に入っているのに対し、中国の大学はごく少数が入っているに過ぎない[28]。中国は世界知的所有権機関(WIPO)による技術革新力の判定(二〇一六年)で第二五位(米国は第四位)[29]、世界経済フォーラムによる国際競争力の判定(同)では第二八位(米国は第三位)に留まっている[30]。

また、中国式の経済運営は途上国を惹き付ける一方で、先進国では必ずしも支持を得ておらず、文化交流、広報拡大も所期の成果を上げているとは言い難い。英国放送協会(BBC)によれば、二〇一四年の段階で、我が国はもとより、多くの欧州諸国や米国においては半数以上が中国の影響力を否定的に見ており、途上国を含む一〇ヵ国対象の継続調査で中国を肯定的に評価する者の割合は、二〇〇五年以降の一〇年間で平均四八%から三五%に低下した[31]。

また、ピュー研究所が二〇一三年に行った調査では、アフリカおよび中南米一三ヵ国のうち、一〇ヵ国で中国の「事業のやり方」を「好き」という者が「嫌い」という者を上回る一方、中国の「音楽、映画およびテレビ」については、一二ヵ国でこれを嫌う者が好む者より多く、中国の「思想および習慣」の広がりについても、一〇ヵ国でこれを「悪い」と考える者が「良い」と考える者より多いという結果が出た[32]。

中国の国力に関するこうした限界は、多くが経済発展と共に長期的には克服され得るものかもしれない。しかし、第八章で考察するように、中国の経済規模が今後とも順調に拡大していくという保証はない。環境汚染や資源制約、政治腐敗や経済格差、民族問題等が顕在化し、また人口構成の急速な高齢化が見込まれる中で、強固な既得権益の壁を乗り越えて構造転換を実行し、経済成長を持続させることは決して容易ではないと考えられるのである。

このような留保は付くものの、近年における中国の国力増大に目覚ましいものがあることは確かであり、また米中の力関係にまつわる動向を考慮に入れることなく国際秩序の前途を論ずることができなくなっていることも疑いない。

2　力の移行と覇権戦争

❖力の移行への関心

米中間における力関係の変動が国際秩序にいかなる影響を及ぼすかを検討するに際しては、まず国際政治学において「力の移行」をめぐる議論がどのように展開されてきたかに注意を向けるべきであろう。本章の冒頭に記したクリントン、胡錦濤の発言にもその影響が窺われるからである。

J・S・リービとW・R・トンプソンが述べているように、「力の移行」論は中国の国力伸長およびそれが国際体系にもたらす帰結に関する「多くの議論の基礎」を成してきた[33]。また、S・チャンも、「力の移行」論はそうした問題を考えるに際して「特に人気のある定式化」であり、今や米国、中国の双方において「討議の焦点」となっていると言う[34]。

「力の移行」論は米国で誕生し、発展してきたものであるが、中国で「力の移行」に対する関心が急激に高まっていることは、『人民日報』における言及頻度の上昇からも見て取れる。「パワー・トランジッション」や「パワー・シフト」に触れた記事は二〇〇八年までは年に三本以下であったが、二〇〇九年以降は各年二〇本内外に増えたのである[35]。

付言すれば、「力の移行」論は近年、我が国の国際政治学者も改めて注目するところとなった。例えば、雑誌『国際問題』は二〇一一年九月、「パワー・トランジッション下の国際政治」を特集した。また、同年一一月に開かれた日本国際政治学会の年次大会では、「二一世紀国際政治――権力移行(パワートランジション)をどう捉えるか」が共通論題として設定されたのである[36]。

❖力の移行論の原型

現代の国際政治学における「力の移行」論は、A・F・K・オーガンスキーが一九五八年に初めて明確な形で提示したものである[37]。オーガンスキーによれば、一国の力は人口規模、政治効率(動員力)および経済水準(生産性)という三つの要因によって決まるものであり、産業化はこれらすべてを同時に高めることになる。西側各国および日本がすでに産業化以後の「成熟」段階に達しているのに対し、ソ連および中国は「移行的成長」の途上にあり、中でも膨大な人口を抱え、しかも「移行的成長」段階に入ったばかりの中国の潜在力には「ほとんど計り知れない」ものがある[38]。そうした構図に則って、オーガンスキーは、中国の力がゆくゆく米国を追い抜くのは確実とすら言い切った[39]。

一方、オーガンスキーの見るところ、最大の国力を有する優勢国（dominant nation）を始め主要国の大半は既存の国際秩序から多大の便益を受けているが、現行の秩序に不満な主要国の中から挑戦国（challenger）が現れる場合がある。優勢国およびその連携国の力が挑戦国およびその連携国の力よりはるかに大きい間は平和が保たれやすいが、後者が前者に近接し始めると両者の間に戦争が起こりやすくなる。

戦争の危険が特に高まるのは、挑戦国の規模（それは産業化を完遂した暁に実現される国力の大きさによって規定される）が優勢国とほぼ同等の場合、および挑戦国の台頭が急である場合である。前者の場合、戦争になった際の勝敗は不明であるため、優勢国、挑戦国は互いに譲ることがなく、後者の場合には、優勢国に挑戦国への対応を熟慮する余裕が与えられない一方、挑戦国は自らの力に幻想を抱きがちだからである。ドイツが英国を相手に「第一位の座」を争った両次の世界大戦は、まさにこうして生起したと論じられた[40]。

これに対し、挑戦国の規模が優勢国をはるかに凌いでいる、優勢国が力関係の変化に応じて国際体系に必要な調整を加える柔軟性を備えている、また優勢国と挑戦国とが友好的な関係を結んでいる、といった場合には、戦争生起の確率は低くなる。そして、優勢国と挑戦国との関係が友好的であるか否かは、挑戦国が現存の国際秩序をまずは受容した上で、単にこれを指導する地位を引き継ごうとしているのか、あるいは自ら新たな国際秩序を創造することを望んでいるのかによって左右されると考えられた[41]。

当時の国際体系において、優勢国とは言うまでもなく米国を指し、ソ連および中国は挑戦国たり得る存在と見なされた。中国の巨大な潜在力に鑑みれば、米中間における「力の移行」が戦争を経ずして進行するか否かが、やがて国際政治にとって枢要な問題となるはずであった。平和裡に優勢国が交替した例として、オーガンスキーは二〇世紀前半における英国から米国への移行を挙げ、それが可能であった理由として、規模において米国の方が格段に大きかったこと、そして米国が既存の国際秩序を基本的に受け入れていたことに論及した。

❖力の移行論の展開

オーガンスキーが一九五八年の著書で展開した「力の移行」論の主要な論点は、若干の修正を受けながらも引き継がれていった。そのことをオーガンスキー自身が一九八〇年にJ・クグラーと共に上梓《じょうし》した著作、ならびにR・L・ターメン他（オーガンスキーおよびクグラーを含む）が二〇〇〇年に刊行した書籍に沿って確認しておこう[42]。

第一に、国力を測る尺度として経済規模が何よりも重視されてきた。オーガンスキーは自著において、少なくとも人口規模および経済水準を明確に反映する国民所得を利用可能な「力の最善の指標」と記していたが[43]、クグラーとの共著でも、同様の理由によって国民総生産（GNP）を用いることとした[44]。ターメン他の著作には、大半の「力の移行」研究は「通例政府の政治的力量で重み付けられたGDP」を使用してきたと述べられており[45]、それ自体もそうした傾向を受け継いだ。

第二に、国家の力は究極的に人口の多寡で決まると想定されてきた。産業化が行き渡るにつれて生産性の平準化が進むと仮定すれば、最終的に経済規模は――従って国力そのものも――人口の大きさによって決定されるはずだからである。この点はオーガンスキーも当初から示唆するところではあったが、ターメン他はより明示的に、「収斂の力学」を通じて一人当たりGDPが同水準に近づいていくと主張した[46]。収斂の力学が作動する限りにおいて、中国が巨大な人口のゆえにやがて経済規模で他を圧倒し、それが米国との間の「力の移行」に直結するという展望は、それだけ強力なものになると言えた。

第三に、戦争は「力の移行」が現行の国際秩序への不満と組み合わさった場合に起こると理解されてきた。オーガンスキーは優勢国による予防戦争の理論的な可能性を認めつつも、実例に照らした場合、「世界戦争を開始するのは強力かつ不満な国家である」と明言した[47]。オーガンスキー＝クグラーに従えば、国家を大戦争に駆り立てるのは「〔国際〕体系における自らの地位への全般的な不満」および「諸国間の関係を作動させる規則を作り直したいという願望」であり、また侵略者は「少数の不満な強国」の中から登場するというのが「力の移行」論の説くところであった[48]。ターメン他も、戦争は力の均等という「構造的条件」の下で「〔国際的な〕階層におけるその政治的位置を引き上げたい」という「不満な挑戦国」によって引き起こされると論定した[49]。

なお、オーガンスキー＝クグラーおよびターメン他の著書には、戦争生起の条件をめぐる実証の試みが載録されている。オーガンスキー＝クグラーは、一九世紀後半以降の戦争データから、戦争が起こるのは実際に力関係が均等に近くなっている場合であり、挑戦国が優勢国を追い抜く速度が大きいほど、両者が戦う公算が大きくなるとの結論を引き出した[50]。また、ターメン他によれば、「力の移行」に関する近年の研究では、開戦の確率は挑戦国が優勢国に追いつく前に、戦争の激しさは追い越した後に、それぞれ最高となることが示されたと言う[51]。

❖力の移行論への疑問

こうした「力の移行」論の展開に対して、その基本的な視座を借りりつつも、包括的な批判を寄せたのが、チャンによる二〇〇八年の著作である。経済規模に全面的に依拠した国力の計測がどこまで妥当か、第一次および第二次世界大戦を台頭するドイツによる優勢国・英国への挑戦と解釈してよいか、また優勢国を現状に満足した「現状維持」国家、これに対抗する国家を現状に不満な「現状打破」国家とそれぞれ常に規定し得るか——といった疑問が呈せられたのである。

そもそも国力にはいくつもの側面があり、それぞれを測る指標は異なっていて当然である。チャンの所説に従えば、経済力に関しても、経済の先進性を反映する一人当たりGDP、そして経済の将来性を規定する「人的資本」(平均寿命、インターネットや携帯電話の普及率、特許出願数、科学技術論文数がその基準に含まれる)をより重視すべきであった[52]。

また、予防戦争が発動される可能性を他の論者より大きく評価するチャンは、実際に二度の世界大戦はドイツのロシア/ソ連に対する予防戦争であったとの立場を取った[53]。その一方で、力の低下しつつある優勢国は、仮に現在の挑戦国が新たな優勢国となったとしても、その時点における自国の力に見合う以上の利得を享受し続けることが可能と思われる状況では、予防戦争よりも宥和、適応を試みるであろうと考えられた[54]。

さらに、チャンの見るところ、既存秩序から最大の利益を得ている優勢国ではあっても、その利益をいっそう拡大するために秩序を改変しようとすることがあり得た[55]。現に「体制転換(regime change)」の意図を宣言し、予防攻撃の権利を主張したブッシュ(子)政権の米国は、「現状維持」国家とは評価し難かった。他国の主権を限定しようとするその姿は、「国際体系をいっそう自らに適合するように変容させることを欲している」ものと映じたのである[56]。

❖覇権の機能と交替

不満を抱く主要国の台頭と国際秩序の変動との関連を探るための枠組みを与えるものとしては、一九八一年に刊行されたR・ギルピンの著書も有用であろう[57]。それは「力の移行」論と言うより「覇権安定」論を代表する著作の一つであり、「不均等成長の法則」を鍵として、国際場裡における政治変化の起こり方について包括的に探究したものである。実際、ギルピン自身に言わせれば、オーガンスキー等の唱える「力の移行」論は、不均等成長の法則の「より限られた現代版」に他ならなかった[58]。

ギルピンによれば、かつては帝国の循環が世界政治の主調を構成していたが、産業革命このかた経済的（そして軍事的）に優越する英国、続いて米国が「覇権国」となり、自らの利益に基づいて国際関係を管理しようとしてきた。これらの覇権国は国際安全保障の主軸となり、また自由貿易の擁護、資本移動の促進、基軸通貨の提供等を通じて、自由主義を基調とする国際経済秩序の形成、維持に注力したのである。

ところが、一般に国際体系を構成する諸要素の間にはいずれ齟齬《そご》が生じ、それが国際政治の変容に繋がっていく。各国の力は技術面、軍事面、経済面その他諸々の条件によって規定されており、国際場裡では不均等成長の法則が働くため、力の分布はやがて大きく変化する。これに対し、国際体系の他の要素——威信の階層（国際的地位）、領土の分配、国際的分業（交易条件、資源〈資本、技術、原料〉供給、国際通貨）、体系を律する規則——は、主として覇権国の利益——および体系が形成された当時における力の分布——を反映し続けるからである。

諸国間の力関係と現行秩序の他の側面との乖離が広がるにつれ、国際体系は危機を迎えることになるが、これを解決する主たる手段は典型的には「覇権戦争」である。覇権戦争の結果、新たな力の分布に即して体系が変化し、秩序が再編されるというのである。なお、ギルピンが現実の問題として関心を寄せたのは、覇権国・米国と挑戦国・ソ連との間に起こりつつあると見られた力関係の推移であり、米ソが覇権戦争に向かいつつあるかどうかであった。

なお、覇権戦争を語るならば、I・ウォーラスティン、G・モデルスキー等の唱道する「覇権循環」論にも触れねばならない。大戦争を経て特定の国が覇権を握り、国際秩序はしばらく安定を保つが、やがて覇権が衰えて再び大戦争が生起し、新たな覇権が生まれる――そうした事象が景気の長期循環を背景に、一六世紀以来、約一世紀の周期で繰り返されてきたというのが、その骨子である。そこから得られる洞察には、覇権の交替が平和裡に起こったことがない一方、挑戦国が戦争に勝利して覇権を握ることもなかった――新たに覇権を獲得するのは、例えば在来の覇権国に加勢する第三国であった――ということが含まれる[59]。

3　戦争回避の可能性

❖平和的変更の条件

ギルピンの観点に立てば、覇権国が勃興しつつある国との衝突を避けるためには、国際秩序の構造（覇権の所在および機能を含む）ならびに現行秩序によってもたらされる具体的な便益について、そうした国の不満を減殺するような手を打つことが肝要となるはずである。力関係の変化に沿って、国際場裡における威信の階層、国際関係を律する規範や規則、あるいは領土や経済権益の配分に変更が施されねばならないと考えられるのである。

そのような施策の展開は、もとより「力の移行」論においても一貫して唱えられてきたところである。戦争勃発の危険を抑える要因として、オーガンスキーが力関係の変動に即して国際秩序に修正を加える優勢国の柔軟性を挙げたことは先述の通りである。また、ターメン他の著書においても、挑戦国の「満足構築」を図ることが国際関係を安定に導く方途となり得ることが強調されている[60]。別の表現を用いれば、平和的変更(peaceful change)が適時に実行される限り、優勢国と台頭する主要国の力が接近しても、戦争が起こりにくくなると期待されるのである。

ただ、平和的変更の試みが成功するか否かは、力を増大させてきた国の不満が現行秩序の枠内での改革によって収まる性質のものであるか、国際秩序の抜本的な変革がなければ収まらない性質のものであるかにも大きく依存するであろう。平和的変更を実施するに際して、優勢国は力の分布における変化への対応を図りながらも、自らの基本的な価値を守ろうとすると想定されるからである。

実際のところ、両大戦間の危機に際して平和的変更の意義を討究したE・H・カーは、「力の脅しに屈すること」が平和的変更の「通常の部分」であると認めつつも、その過程においては「何が公正で妥当であるか」に関する「共通の感覚」が重要であることを説いた。そして、第二次世界大戦後における新たな国際秩序は、「寛容で非抑圧的」――少なくとも「いかなる実際的な代案よりも好ましい」――として一般に受け入れられるような力の優位に基づいてのみ打ち立てられ得ると論じたのである[61]。

ギルピンもまた、宥和が奏功する場合もあると述べる(第一次世界大戦以前の英国による米国への譲歩がその代表例であると言う)一方で、平和は人間にとって最高の価値であるわけではなく、諸国家は他の価値や利益を平和より優先してきたと断じた。そうした見地から言えば、単に平和を確保することではなく、「自らの基本的な価値を保全するような平和を達成すること」こそが平和的変更に係る「基本的な課題」となるのである[62]。

結句、既存の国際秩序を基本的に受け入れている国を「現状維持」志向、その根本的な改変を実現しようとする国を「現状打破」志向と見なすならば、平和的変更の現実性は、台頭しつつある国が「現状維持」と「現状打破」のいずれに傾斜しているか――そしてまた、優勢国が挑戦国の性格をどう捉えているか――によって決まることになる。加えて、オーガンスキーが指摘したように、挑戦国が現行秩序をいちおう是認する限り、優勢国との友好関係も保たれやすく、それだけ戦争生起の蓋然性は低下するはずである。また、チャンの議論に即して言えば、そのような挑戦国に対しては、優勢国も予防戦争の誘惑に駆られにくいと想定されよう。

こうして見れば、米中の力関係における変化が今後の国際政治に与える影響、とりわけそれが両国の衝突を呼び起こすかどうかを占うに当たっては、中国が「現状維持」を旨とする国家なのか、「現状打破」を追い求める国家なのか――そして、米国の側はこの点をどのように理解しているのか――を知ることが緊要であることは明白と言えよう。

❖同盟国と核兵器

ただし、中国があくまでも「現状打破」を目指しており、従って平和的変更の実現は難しいと仮定しても、米中の力関係における変動が戦争を不可避にするとまでは言えないであろう。「力の移行」

論の視座から見ても、米国には依然として戦争生起の公算を低減させる方策が存するからである。それは、一国単位では中国の力が米国に近づき、あるいはこれに優るようになってからも、在来の秩序を支持する国々がこれを打ち倒そうとする国々よりも総体としてはかなり強力である状態の持続を図るべく、同盟国、提携国の幅を拡大することとである。

事実、オーガンスキーは夙《つと》に、米国と西欧諸国とが団結し、かつ適時にインドと連携することができれば、中国に対する優位を保ちつつ、西側の好む新たな世界を築くことが可能であるかもしれないと論じていた[63]。また、ターメン他においても、欧州の統合および米国と欧州との連携、協力を促進する、ロシアを西側の同盟体制に取り込む、〔遠い将来には〕インドを西側同盟に組み入れる――等の方途に言及がなされたのである[64]。

力の分布における変化が直ちには戦争の危機を意味しないと考えられる今一つの理由は、核兵器の存在である。核兵器の巨大な破壊力は、核軍備を保有する国々同士の関係において、指導者の行動をいやが上にも慎重なものとしてきた。実際、米ソの冷戦は――対立が尖鋭かつ包括的であり、また何十年にもわたって持続したにもかかわらず――「熱い戦争」に発展することなく終結を迎えることとなった。

もっとも、米中が核兵器を保有しているからと言って、力によって国際秩序を変更しようとする動きがなくなると断言することはできない。ターメン他に従えば、戦争による損害の増大は「戦争の確率を低下させるが、戦争を予防したり、〔核戦争への〕エスカレーションを防止したりするには十分でない」。「現状維持」を図る側が核優位を保持している間は平和が確保されるが、核戦力が均等となり、あるいは「現状打破」を旨とする側が核優位を達成した場合には、なお核戦争が生起する可能性があるというのである[65]。

ギルピンもまた、核兵器が覇権戦争あるいは「体系を変化させるような一連の制限戦争」を不可能にしたかどうかは未だ「確定的でない」と述べている[66]。その上、覇権戦争は封じられても、軍事力によって国際体系に変容がもたらされる可能性は残っていると言う。エスカレーションの威嚇が信憑性を欠く場合、挑戦国が局地での軍事的な優位を通じて戦略的に重要な資源や領域を獲得し、優越国を劣位に追いやることがあり得ると指摘されるのである[67]。

❖非国家主体の影響

仮に中国が既存の秩序に大きな不満を抱いたまま力を増大し続けたとしても、米国との間の戦争は必然ではないと推論し得る第三の要因がある。それは、これまで検討してきたような「力の移行」に加えて、「力の放散(power diffusion)」と呼ばれる現象が進行していることである。経済のグローバル化や情報革命の進展を背景に、国家以外の様々な主体(個人や集団、機構)あるいはネットワークが、従来になく強い影響力を振るうようになったのである。

「力の放散」に伴って世界政治の性質が大きく変化してきたことは、すでに広く認識されている。『世界の趨勢2025』は「権威と力の拡散」がますます加速し、二〇二五年までに国民国家はもはや世界政治における「唯一の主体」でなくなるのはもちろん、しばしばその「最も重要な主体」ですらなくなるであろうと予想した[68]。その続編とも言うべき二〇一二年の『世界の趨勢2030』にも、国家間および「国家から非公式のネットワーク」への「力の放散」が二〇三〇年までに「劇的な衝撃」を及ぼし、米国、中国を含むいかなる国も覇権国ではなくなっているであろうとの展望が記された[69]。

現出しつつある「アメリカ後の世界」が「その他（＝西洋以外）の台頭」に特徴づけられていることを指摘したF・ザカリアによれば、「その他」とは国家のみならず「多くの非国家主体を含む」ものであった[70]。J・S・ナイも、一つの国家から別の国家への「力の移行」と並行して、すべての国家から非国家主体への「力の放散」が進んでいることを強調して止まなかった[71]。

実際のところ、今日の世界が抱える問題には、過激主義の挑戦、各種兵器の拡散、気候変動、大流行病を始めとして、「力の放散」を原因に含むものが少なくない。また、それらへの対処に当たっても、各種の非国家主体やネットワークの果たす役割が大きくなりつつある。どれほど強力な国家であっても、直面する課題を一国のみで解決することはますます困難となり、他の国家や非国家主体、ネットワークとの協力がいよいよ欠かせなくなっているのである。

このことは、世界政治における「力」の意味が変わりつつあることをも示唆している。『世界の趨勢2030』に従えば、覇権的な振る舞いが「事実上不可能」になるのは、力がより「多面的」（争点の多様性を反映する）かつ「文脈的」（異なった争点には異なった主体や手段が適合する）なものになってきたからである[72]。「ソフト・パワー」の提唱者であるナイに言わせれば、力が正和（ポジティブ・サム）となり、「他者を凌駕する力」のみならず「他者と協同する力」が必要となる中で、今後とも「社会的ネットワークにおける位置取り」が「重要な力の源泉」となり得る[73]。ザカリアも、「アメリカ後の世界」における米国の役割について、すべての主要国と緊密な関係を築くことにより、協議、協力、妥協を通じて「課題を設定し、争点を規定し、連合を組織する」よう説いたのである[74]。

つまるところ、「力の放散」が進展するに伴って、台頭する国が戦争に訴えてでも優勢国から国際政治の主導権を奪い取ろうとする誘因は薄れていくはずである。非国家主体やネットワークの影響力が増大するため、絶大な犠牲を払って国家間の関係で優越的な地位を得たとしても、新たな覇権国として享受することのできる利得は相対的に限られたものとなる。しかも、そうした利得を確保しようと思えば、他の多くの国々——恐らくは従来の優勢国を含む——および様々な非国家主体、ネットワークとの緊密な協働が必須となってくる。そして、かかる協働を進めようとする際にものを言うのは、強制力ではなく説得力ということになるからである。

力の分布における変化が米中の大戦争に繋がる可能性を推定するに際しては、中国が米国の主導で形成、維持されてきた現存の国際秩序を基本的に受け入れているのか、はたまたその抜本的な変更を追い求めているのか——が重要な鍵となってくる。現在の米中は相互に「敵ではない」が「敵になり得る」存在と言ってよいが、中国がそのような意味で「現状維持」を旨とする国家であれば、「敵ではない」関係が続きやすいであろうし、あくまでも「現状打破」を狙う国家であれば、「敵になる」状況が生じやすいと想定されよう。

中国がはたして「現状維持」「現状打破」のいずれを志向しているのか、また米国がこの点についてどのように認識しているかを知るためには、両国の大戦略がどこまで両立可能であるかを探ることが必要である。そこで、次章では、まず米国の大戦略における中国の位置をたどることとする。

註

1——Hillary Rodham Clinton, "Remarks at the U.S. Institute of Peace China Conference," Department of State, March 7, 2012.

2——「胡锦涛：推进互利共赢合作 发展新型大国关系」二〇一二年五月三日、新华网。

3——高木誠一郎「中国は『新型大国関係』に何を求めているのか」『東亜』第五五九号(二〇一四年一月)二頁、同「米国は中国の『新型大国関係』にどう応じたか」『東亜』第五六二号(二〇一四年四月)二頁、増田雅之「パワー・トランジッション論と中国の対米政策——『新型大国関係』論の重点移行」『神奈川大学アジア・レビュー』第二号(二〇一五年三月)七五頁。

4——以下、中国その他の国力に関する情報は、主としてWorld Bank, "World Development Indicators" <http://databank.worldbank.org> に負っている。GDP等についてはInternational Monetary Fund, "World Economic

"Outlook Database" <https://www.imf.org> をも参照。

5——貿易統計はWorld Trade Organization, "Statistics Database" <http://stat.wto.org> を参照。ただし、二〇一六年には米国の貿易総額が四年ぶりに中国を上回った。

6——「二〇一五年度中国対外直接投资统计公报」二〇一六年九月二二日、商务部合作司。

7——"Fortune Global 500" <http://fortune.com>.

8——"The Banker Top 1000 World Banks" <http://www.thebanker.com>.

9——土屋貴裕『現代中国の軍事制度——国防費・軍事費をめぐる党・政・軍関係』(勁草書房、二〇一五年)一〇八頁、Eric Heginbotham et al., *The U.S.-China Military Scorecard: Forces, Geography, and the Evolving Balance of Power, 1996-2017*, RAND Corporation, September 2015, p. 1.

10——防衛省編『日本の防衛(防衛白書) 平成28年版』(日経印刷、二〇一六年)四五頁。なお、中国において「国防費」が「軍事経費」の一部とされていることについては、土屋『現代中国の軍事制度』第四〜五章を参照。

11——「国家航天局:中国火星探测任务正式立项」二〇一六年四月二二日、新浪新闻。

12——"TOP 500 List" <https://www.top500.org>.

13——「北京コンセンサス」を提示したのはJoshua Cooper Ramo, *The Beijing Consensus: Notes on the New Physics of Chinese Power*, Foreign Policy Centre, May 2004である。ただし、「北京コンセンサス」(または「中国モデル」)は多義的であり得る。Minglu Chen and David S.G. Goodman, "The China Model: One Country, Six Authors," *Journal of Contemporary China*, Vol. 21, No. 73 (January 2012).

14——鎌田文彦「中国のソフト・パワー戦略——その理念的側面を中心として」『レファレンス』第七一六号(二〇一〇年九月)。二〇〇四年に約一一万人であった中国への留学生は、二〇一五年には約四〇万人に達した。Institute of International Education, "Project Atlas: International Students in China" <https://www.iie.org>.

15——「平和賞は劉氏不在　委員会、中国に釈放要求　一七か国欠席」『読売新聞』二〇一〇年一二月一一日。

16——Dominic Wilson and Roopa Purushothaman, *Dreaming with BRICs: The Path to 2050*, Goldman Sachs, October 1, 2003; Dominic Wilson and Anna Stupnytska, *The N-11: More Than an Acronym*, Goldman Sachs, March 28, 2007. 英誌『エコノミスト』は二〇一一年、逆転はさらに早く、二〇一八年にも起こると見た。"The Dating Game," *The Economist*, December 27, 2011.

17——内閣府政策統括官室（経済財政分析担当）編『世界経済の潮流二〇一〇年Ⅰ（二〇一〇年上半期世界経済報告）』（日経印刷、二〇一〇年）二六一頁。

18——Angus Maddison, "Shares of the Rich and the Rest in the World Economy: Income Divergence between Nations, 1820-2030," *Asian Economic Policy Review*, Vol. 3, No. 1 (June 2008), p. 77.

19——『世界経済の潮流二〇一〇年Ⅰ』二六二頁。

20——National Intelligence Council, *Global Trends 2025: A Transformed World*, November 2008, p. 12.

21——Keith Crane et al., *Modernizing China's Military: Opportunities and Constraints*, RAND Corporation, May 2005, ch. 7. なお、ランド研究所が二〇一一年に公表した報告書は、二〇二五年における中国の軍事支出について、実質で二〇〇九年実績の約二・四～六・三倍になるという数字を挙げている。Charles Wolf, Jr. et al., *China and India, 2025: A Comparative Assessment*, RAND Corporation, August 2011, ch. 5.

22——東京財団『日本の対中安全保障戦略——パワーシフト時代の「統合」・「バランス」・「抑止」の追求』（二〇一一年六月）一三～一七頁。なお、『エコノミスト』の予想でも、中国が国防支出で米国を追い抜く時期は二〇三五年とされている。"The Dating Game."

23——Pew Research Center, *Global Opposition to U.S. Surveillance and Drones, but Limited Harm to America's Image: Many in Asia Worry about Conflict with China*, July 14, 2014, pp. 33-34.

24——Interbrand, "Best Global Brands 2016 Rankings" <http://interbrand.com>.

25——Wilson and Stupnytska, *The N-11*, p. 18, Appendix IIに従って計算すれば約二八%(名目)、Maddison, "Shares of the Rich," p. 76, Table 3に基づけば約三四%(購買力平価)となる。内閣府政策統括官室(経済財政分析担当)編『世界経済の潮流二〇一一年I(二〇一一年上半期世界経済報告)』(日経印刷、二〇一一年)九七頁には「三割程度」(名目)とある。

26——Crane et al., *Modernizing China's Military*, pp. 234-235.

27——International Telecommunication Union, "ICT Development Index 2016" <http://www.itu.int>.

28——二〇一六年のShanghaiRanking Consultancy, "Academic Rankings of World Universities" <http://www.shanghairanking.com>で一〇〇傑に入っているのは米国が五〇校、中国は二校である。また、Times Higher Education, "World University Rankings 2016-2017" <https://www.timeshighereducation.com>は米国の四一校、中国の二校(および香港の三校)を一〇〇位以内に含めている。

29——Soumitra Dutta, Bruno Larvin, and Sacha Wunsch-Vincent, eds., *The Global Innovation Index 2016: Winning with Global Innovation*, Cornell University, INSEAD, and World Intellectual Property Organization, August 2016, p. xviii. また、"Bloomberg 2017 Innovation Index" <http://www.bloomberg.com>では第二一位(米国は第九位)となっている。

30——Klaus Schwab, ed., *The Global Competitiveness Report 2016-2017*, World Economic Forum, September 2016, p. 7.

31——"Negative Views of Russia on the Rise: Global Poll," BBC World Service, June 3, 2014. なお、継続調査の

対象となった一〇ヵ国は、豪州、カナダ、フランス、ドイツ、インド、インドネシア、メキシコ、ロシア、英国および米国である。

32——Pew Research Center, *America's Global Image Remains More Positive than China's: But Many See China Becoming World's Leading Power*, July 18, 2013, p. 28.

33——Jack S. Levy and William R. Thompson, *Causes of War* (Malden, MA: Wiley-Blackwell, 2010), p. 45.

34——Steve Chan, *China, the U.S., and the Power-Transition Theory: A Critique* (London: Routledge, 2008), p. x.

35——増田「パワー・トランジッション論」七二頁。なお、中国において「力の移行」論を包括的に紹介、批判したものに、朱锋「『权力转移』理论评述」『欧洲』一九九八年第一期および朱锋「『权力转移』理论——霸权性现实主义?」『国际政治研究』二〇〇六年第三期がある。後者では、「力の移行」論の評価は分かれており、そのため米国で最も権威のある学術誌にはそれに基づく論文が掲載されたことがない旨が指摘されている(第34頁注②)。

36——中国の台頭を視野に入れた我が国における「力の移行」への接近には、田中明彦「パワー・トランジッションと国際政治の変容——中国台頭の影響」『国際問題』第六〇四号(二〇一一年九月)の他、野口和彦『パワー・シフトと戦争——東アジアの安全保障』(東海大学出版会、二〇一〇年)、同「パワー・トランジッション理論と米中関係」『国際安全保障』第三九巻第四号(二〇一二年三月)および柴山太「米中パワートランジションと日本のハードパワー」『国際安全保障』第三九巻第四号(二〇一二年三月)が含まれる。

37——以下、オーガンスキーの議論はA.F.K. Organski, *World Politics* (New York: Alfred A. Knopf, 1958), chs. 12, 17による。

38——Organski, *World Politics*, p. 446.

39——なお、Organski, *World Politics* において、「力の移行」という言葉は、産業化の進展に伴う力のあり方の変化（「潜在的な力」から「移行的成長」を経て「成熟」に至る）という意味と、その結果として起こる国家間の力の分布における変動という意味との両様で用いられている。本書が焦点を合わせるのは、もとより後者の意味である。

40——Organski, *World Politics*, p. 319.

41——もちろん、田中「パワー・トランジッション」八頁も指摘するように、優勢国（田中は「支配的大国」という用語を使っている）と挑戦国との友好度が非常に高い場合には、挑戦国はもはや挑戦国の実質を備えていないことになろう。

42——A.F.K. Organski and Jacek Kugler, *The War Ledger* (Chicago: University of Chicago Press, 1980) およびRonald L. Tammen et al., *Power Transitions: Strategies for the 21st Century* (Washington, DC: CQ Press, 2000) がそれらの著書である。

43——Organski, *World Politics*, p. 435.

44——Organski and Kugler, *War Ledger*, pp. 33-38.

45——Tammen et al., *Power Transitions*, p. 196, n. 9.

46——Tammen et al., *Power Transitions*, pp. 16-19. これに対し、オーガンスキーの元々の議論では平準化にはある程度の幅があることが前提とされており、一九五八年の時点で一人当たりＧＤＰが米国に遠く及ばなかった西欧諸国や日本も「成熟」の段階にあるとされていた。

47——Organski, *World Politics*, p. 329.

48——Organski and Kugler, *War Ledger*, pp. 19, 23.

49——Tammen et al., *Power Transitions*, pp. 9, 27.

50——Organski and Kugler, *War Ledger*, pp. 54-55.

51——Tammen et al., *Power Transitions*, pp. 28-29.

52——Chan, *China, U.S.*, pp. 17-19. チャンは別の論考で、「国家の本当の強さは結局、その人的資本の質によって表されるのかもしれない」と述べている。Steve Chan, "Is There a Power Transition between the U.S. and China? The Different Faces of National Power," *Asian Survey*, Vol. 45, No. 5 (October 2005), p. 696.

53——Chan, *China, U.S.*, pp. 52-54. なお、Levy and Thompson, *Causes of War* も「力の移行」の途上で予防戦争が発動される事例が多かった(第一次世界大戦を含む)ことを指摘している(pp. 46-47)。

54——Chan, *China, U.S.*, p. 66.

55——Chan, *China, U.S.*, pp. 31-32.

56——Chan, *China, U.S.*, p. 38. そうした米国の「現状打破」傾向を指摘したものには、他にG. John Ikenberry, "America's Imperial Ambition," *Foreign Affairs*, Vol. 81, No. 5 (September/October 2002) 等がある。

57——以下、ギルピンの議論はRobert Gilpin, *War and Change in World Politics* (Cambridge, UK: Cambridge University Press, 1981) による。

58——Gilpin, *War and Change*, p. 94, n. 11.

59——覇権循環論については、田中明彦『世界システム』(東京大学出版会、一九八九年)第六、七章、猪口邦子『戦争と平和』(東京大学出版会、一九八九年)第四章、およびGeorge Modelski and William R. Thompson, *Leading Sectors and World Politics: The Coevolution of Global Politics and Economics* (Columbia, SC: University of South Carolina Press, 1996), Part IIにまとまった紹介、分析がある。

60——Tammen et al., *Power Transitions*, p. 25.

61——Edward Hallett Carr, *The Twenty Years' Crisis, 1919-1939: An Introduction to the Study of International*

Relations (2nd ed.; New York: Harper & Row, 1946 [1939]). 引用はpp. 218, 220, 236より。

62——Gilpin, *War and Change*, p. 209.

63——Organski, *World Politics*, p. 450.

64——Tammen et al., *Power Transitions*, pp. 175-176.

65——Tammen et al., *Power Transitions*, ch. 4. 引用はp. 92より。

66——Gilpin, *War and Change*, p. 218.

67——Gilpin, *War and Change*, p. 216. もちろん、ギルピン自身が注記しているように、優勢国が局地的な軍事上の優位を活かして体系の支配を強めることも考えられる(p. 216, n. 3)。

68——National Intelligence Council, *Global Trends 2025*, p. 81.

69——National Intelligence Council, *Global Trends 2030: Alternative Worlds*, December 2012. 引用はp. 15より。

70——Fareed Zakaria, *The Post-American World, Release 2.0* (New York: W.W. Norton, 2011). 引用はp. 5より。

71——Joseph S. Nye, Jr., *The Future of Power* (New York: PublicAffairs, 2011). 引用はp. xvより。

72——National Intelligence Council, *Global Trends 2030*, p. 101.

73——Nye, *Future of Power*, pp. xvi-xvii, 17. なお、「ソフト・パワー」とは「強制または報酬ではなく魅了を通じて欲するものを得る能力」のことであり、それは「文化、政治理念および政策の魅力」から生ずるとされる。Joseph S. Nye, Jr., *Soft Power: The Means to Success in World Politics* (New York: PublicAffairs, 2004), p. x.

74——Zakaria, *Post-American World*, pp. 257-258.

第2章　米国の大戦略と中国

二〇一五年五月に公表された『国家安全保障戦略』で、オバマ政権は米国の永続的な利益として、「米国、米国民ならびに米国の同盟国および提携国の安全」「開放的な国際経済体制における強力、革新的で成長する米国経済」「国内および世界全体における普遍的価値の尊重」「米国の指導力によって前進する国際秩序」を列挙した[1]。

これらは大戦略の策定、実行を通じて実現すべき最重要の目標と言い換えてもよく、いずれも実質的に過去の米政権から引き継がれたものであった。それでは、これまで米国がそうした目標を追求するに際して、中国はどのように捉えられてきたのであろうか。本章では、二〇〇〇年代末に至る時期を対象に、米国の大戦略における中国の位置を探ることとする。それはまた、中国が強硬な自己主張を始める直前までの時期に相当する。

第一節では、大戦略の概念をごく簡単に解説する。第二節では、米国の大戦略を構成してきた基本的な要素を抜き出し、その展開をたどる。第三節では、米国において中国がいかなる戦略的な位置を与えられてきたかを振り返ることとする。

1 大戦略の概念

大戦略(grand strategy)とは国家の枢要な利益を各種の脅威から防護し、またはこれを増進することを目的として、軍事的および非軍事的なあらゆる手段を活用するための包括的な政策指針を指すものである。伝統的に政治的独立や領土的統一——つまり国家の「安全」——が死活的な国益と考えられてきたが、経済の繁栄や社会の安定、さらには自国の掲げる価値の普及等——つまり安全以外の利益——も重視されることが多くなった。

言葉を換えれば、大戦略を構成するのは「当該国家の最重要の目的を達成しようとする政策の体系」ということになる[2]。そこでは「国家の長期的な——即ち戦時および平時における——最善の利益の保全および増進のために、軍事、非軍事にわたるすべての要素を結び合わせる国家の指導者の力量」が問われるわけである[3]。このような意味を有する大戦略は、国家戦略(national strategy)と実質的に同義と考えてよい。米国防総省によれば、国家戦略とは「国家目標を達成するため、平時および戦時において、国家の政治的、経済的および心理的な力を、その軍隊ともども発展させ、使用する技芸および科学」を言うものである[4]。

ただ、大戦略という用語は、もっと狭い意味で使われることも少なくない。これを「外国からの主要な軍事的脅威」に対処すべき「軍事的手段と国際的〔防衛〕公約との関係」と規定した場合、目標は安全、手段は軍事にいずれも限定される[5]。大戦略に「国家の安全に対するありそうな脅威を同定」し、「それら脅威に対する政治的、経済的、軍事的およびその他の防止策を策定」することを求める場合、手段は軍事に限定されないが、目標は安全に限定される[6]。大戦略を通じて、国家にとっての「安全、安全以外の目標の双方」を特定し、「軍事力がいかにこれらの目標に奉仕し得るかを叙述」することを試みる場合、目標は安全に限定されないが、手段は軍事に限定されることになる[7]。

大戦略という概念の提唱者であるB・H・リデルハートが、これを「戦争の遂行を指導する政策」と「事実上同義」と述べている[8]ことに鑑みれば、目標または手段をこのように局限するのが、あるいは適当なのかもしれない。E・N・ルトワックも、戦争の遂行および準備を包摂する「国内統治、国際政治、経済活動およびその附属物」の広汎な脈絡として大戦略を捉えている[9]。

しかし、大戦略という言葉を用いて米中関係を分析する際には、やはりこれを幅広く、つまり国家戦略と類似の意味を持つものと定義した方が有益と思われる。次章以下で述べるように、米国に対する中国の戦略的な挑戦は経済、軍事の両面にわたるものであり、また――冷戦期のソ連と異なり――米国にとって当面「敵ではない」中国が米国自身の安全を直接脅かすとの想定は、未ださほどの緊要性を帯びていないからである[10]。

2　米国の大戦略

二〇世紀とりわけその中葉以降、米国の大戦略は、①敵対勢力による重要地域(欧州、極東、そして中東)の支配阻止、②開放性(モノ、カネ、ヒト、情報の自由な移動)を基盤とする経済秩序の形成、③国際制度を通じたこれら目標の追求——を基本的な要素とすることとなった[11]。これらの要素は何よりも米国の安全、繁栄に関わるものであったが、自由、人権といった米国の奉ずる価値の保全、普及にも繋がっていた。ただ、大戦略の具体的な表れ方は、当然ながら政権によって——また、同じ政権でも状況によって——変わってきた。

❖東半球の勢力均衡

敵対勢力による重要地域の支配阻止は、米国の安全に直結する課題であった。人口、天然資源の両面において、東半球が西半球をはるかに凌駕する状況が続いてきたからである。一九世紀の米国では、主として欧州を念頭に置いた「孤立主義」の伝統が定着していたが、それは欧州における列強間の勢力均衡および英国によるその維持努力、そして大西洋における英国海軍の優位による米州諸国の欧州からの遮断を暗黙の前提とするものであった。二〇世紀に入り、それらの条件が失われたことから、米国はドイツの覇権確立を阻止すべく一九一〇年代、四〇年代の二度にわたって大軍を欧州に送り込み、また一九四〇年代には日本の勢力拡張を危惧して太平洋でも干戈を交えたのである。

実際のところ、第二次世界大戦への参戦に根拠を与えた地政学者N・J・スパイクマンの議論は、欧亜(ユーラシア)大陸の全体が——アフリカともども——ドイツおよび日本によって制せられるといった事態が起こった場合、米国は重要な戦略物資を入手することが叶わなくなり、ゆくゆくはその存立を維持することができなくなるというものであった。米国の地位を保全するに当たっては、「大西洋および太平洋の対岸地帯(=欧州およびアジア)における勢力均衡」が「絶対的な必要条件」になると述べられた所以《ゆえん》である[12]。

第二次世界大戦後、東半球に覇を称える可能性のある敵対的な国家として、今度はソ連の存在が強く意識されるようになった。一方、他の主要国はいずれも疲弊の極にあり、米国の支援なしにソ連およびその意を受けた勢力の伸長に抗することは困難と目された。そこで、米国は対ソ「封じ込め」に乗り出し、経済的および軍事的な関与を通じて、欧亜における勢力均衡の維持に努めることとなった。米ソの力が突出する双極構造の下、四〇年余りにわたって冷戦が展開されたのである。

対ソ「封じ込め」を提唱したG・F・ケナンも、欧亜大陸における「ある種の安定的な均衡の維持」を、米国の安全にとっての「基礎的要件」と捉えていた。ある強国が他の強国を制圧し、海辺地帯を征服した上で、「欧州およびアジアの内陸における巨大な資源に支えられ」つつ、米国に敵対的な形で海外膨脹に乗り出すことを警戒したのである[13]。

　ケナンの見るところ、米国に加えて、①英国、②ドイツを中心とする中欧、③ソ連、④日本の四つが世界における「力の中心」と言えた。米国にとって深刻な脅威となり得る軍事的な能力の発動に必要な条件は、これらの場所にのみ備わっていると考えられたのである。第二次世界大戦は米国に敵対的な勢力が欧亜における「二つまたはそれ以上」の「力の中心」を支配する状況を防止するために戦われたはずであった。しかるに戦争が終わってみると、欧州におけるソ連の攻勢により、まさにそのような状況が生じようとしていた。それゆえにこそ、ソ連の膨脹を何としても抑えねばならないということになったのである[14]。

　東半球が全面的に敵対陣営の軍門に降らない場合でも、欧州や極東あるいは中東といった重要地域のいずれかにおいて侵略的な国家や国家群が勢力を伸ばし、それが米国の安全に重大な影響を及ぼすことはあり得た。まず、そうした状況では主要国間における戦争の危険が高まり、米国がそれに引き込まれることが懸念された。次に、その過程で核兵器その他大量破壊兵器の拡散が進むことがあれば、米国を攻撃する敵性国の能力もそれだけ増大するはずであった[15]。加えて、地域的な覇権を確かなものにした国家は、近隣諸国の動向をそれほど気にする必要がなくなるため、西半球に手を出す誘惑に駆られかねなかった[16]。

　欧亜における勢力均衡の保持は、米国の繁栄にとっても——さらには価値の観点からも——肝要であった。敵性の国家や国家群が重要地域を支配した際には、その地域との交易に障害が生ずることが予想された。また、経済活動の経路となるグローバル・コモンズ——公海やその上空、および宇宙空間やサイバー空間——の活用が阻害される恐れがあった。さらに、東半球が敵対勢力に覆い尽くされた場合——仮に戦略物資の継続的な入手が可能であったとしても——米国の民主主義は危殆《きたい》に瀕《ひん》することとなりかねなかった。軍事的な手段で安全を確保する必要が、多大の経済的、政治的な代価を伴うものであり得たからである[17]。

❖開放的な経済秩序

開放性を基盤とする経済秩序の形成は、米国の繁栄にとって必須であるのみならず、米国の安全にも寄与すると想定された。生産力が順調な拡大を遂げる一方、国内の開拓が一段落したと捉えられた一九世紀末以来、米国では海外における資源、市場の獲得に関心が高まった。他面において米国は自国産業の保護を優先する高関税国であり続けたが、一九三〇年代の保護貿易や為替切り下げ競争が第二次世界大戦に結び付いたと認識されたことから、その後は開放的な国際経済の構築を主唱するに至り、それを実現するため自国市場の積極的な提供をも進めるようになった。こうして強化された米国と西欧諸国、日本等との経済的な結び付きは、対ソ冷戦を遂行する上でも貴重と目された。

加えて、開放性の増大に努めることは、自由、人権といった価値の伝播にも好適と考えられた。国境を横断するモノ、カネ、ヒト、情報には、意識すると否とを問わず米国の価値が体現されており、しかもそれらの価値は普遍性を備えていると一般に信じられたからである。

いずれにせよ、第二次世界大戦後の米国は、欧亜大陸における力の分布に意を用いつつ、「商品、資本、人間、思想の移動に対する障害の除去」を通じて、「米国の利益に資し、米国の規範によって律せられ、米国の力によって統制され、また何よりもますます豊かになることへの米国民の期待を満足させる一体的な国際秩序」の形成を図ったのである[18]。

❖国際制度への依拠

米国は東半球の勢力均衡および開放的な経済秩序を追求するに当たって、一般的に国際制度を重視する姿勢を示した。国際制度はその性質上、米国の振る舞いに一定の制約を課するものである一方、それに則った米国の行動に正統性を付与するものでもある。従って、国際規範や国際組織が米国の国益を織り込んだものである限り、それは米国が自国の安全や繁栄を念頭に置いて取る施策にお墨付きを与える効能を有したのである[19]。

敵対陣営による重要地域の支配阻止をめぐっては、北大西洋条約機構（NATO）に代表される多国間、および二国間の集団防衛体制が主要な役割を演ずることとなった。米国は欧亜大陸の周縁に位置する同盟国に対して防衛公約を提供し、核戦力による拡大抑止（核の傘）を約束すると共に、軍事力を大規模に前方展開したのである。加えて、米国は——この面ではソ連と基本的に協調しつつ——核拡散防止条約（NPT）を軸とする核不拡散体制の形成、維持に精力を注ぐようになった。一方、関税及び貿易に関する一般協定（GATT）、国際通貨基金（IMF）、国際復興開発銀行（世界銀行）が中心となって、開放性を基盤とする経済秩序の構築を支えることとされた。

さらに言えば、国連憲章に盛り込まれた武力行使やその威嚇の原則禁止、紛争の平和的解決には、重要地域における勢力均衡に対する挑戦を抑制する作用が期待され得た。また、慣習国際法の謳う――そして、やがて国連海洋法条約に取り入れられることになる――「航行の自由」の原則は、開放的な国際経済にとって必要なグローバル・コモンズの利用確保はもとより、敵性国の勢力拡大を牽制するための軍事的な関与にも必須と見なされた。

❖冷戦終結後の展開

一九九〇年頃までに冷戦は終局を迎え、ほどなくソ連も崩壊するに至った。その後はしばらくロシアとの敵対再燃に対する警戒が続くと共に、後述する通り一時はドイツや日本が新たな競争者として登場する可能性にも注意が払われた。ところが、やがて米国を中心とする単極の国際体系が成立したとの認識が強まると同時に、「ならず者国家」や敵性の非国家主体による挑戦――それはテロリズム、大量破壊兵器の使用、社会基盤へのサイバー攻撃といった「非対称」な手段を取り得る――に関心が高まっていった。

冷戦の終結を受けて、米国では大戦略の見直しをめぐる議論が活発化した[20]。しかし、在来の大戦略が有していた基本的な要素は確認され続けた。ブッシュ(父)政権の『国家安全保障戦略』一九九〇年版は、「今世紀(＝二〇世紀)の大半にわたって、米国はいかなる敵対的な国家または国家群による欧亜大陸の支配をも阻止することを死活的な利益と見なしてきた」が、「この利益は変わっていない」と断言すると共に、「自由で開放的な国際経済体制への関わり合い」を国家戦略の「永続的要素」と記述した[21]。

一九九二年の「国防計画指針」草案は、ドイツ、日本等を念頭に「新たな競争者の再現を阻止すること」を国防戦略の「第一の目標」に掲げ、敵対的な国家が「統合された管理の下では世界的な力を生み出すに十分の資源」を有する地域――それは「西欧、東アジア、旧ソ連領域および西南アジア」等を言うとされた――を支配することを防ぐ努力を説いたものであった[22]。この草案がそのまま採用されることはなかったが、最終的に策定された国防戦略においても、「いかなる敵対的な国家によ る、我々の利益にとって枢要な地域の支配をも排除すること」の重要性が強調され、「欧州、東アジア、中東・ペルシャ湾および中南米」がそうした地域として列挙された[23]。

一方、クリントン政権が『国家安全保障戦略』一九九四年版で打ち出した「関与と拡大の戦略」は、「市場経済民主主義国家の共同体を拡大すること」に基礎を置いたものであり、外国市場の開放努力や世界経済の成長促進がその「中心的要素」に入っていたが、同時に「米国にとって重要な地域内における軍事力の深刻な不均衡」に備える軍事態勢の保持も謳われていた[24]。また、一九九七年の四年次国防見直し（QDR）報告によれば、米国の「死活的な国益」は「地域における敵対的な連合または覇権国の登場を阻止すること」、「海洋の自由ならびに国際的な海上交通路、航空路および宇宙空間の安全を確保すること」、「重要市場、エネルギー供給および戦略資源の制約されない利用可能性を確保すること」を含むものであった[25]。

さらに、ブッシュ(子)政権が二〇〇一年に公表したQDR報告でも、「敵対者による枢要な地域——特に欧州、東北アジア、東アジア沿海地域ならびに中東および西南アジア——の支配を排除すること」が「国際的な海域、空域および宇宙空間ならびに情報通信回線の保全」、「重要市場および戦略資源の利用可能性」等と共に、米国の「永続的な国益」として挙げられた[26]。

ただ、二〇〇一年に米国で大規模なテロ攻撃(九・一一事件)が起こり、ブッシュ(子)政権が世界大で「対テロ戦争」を開始するに及んで、国防戦略の焦点はもっぱらテロ集団やこれを支援する「ならず者国家」——そして、それらへの大量破壊兵器の拡散——に据えられることとなった。『国家安全保障戦略』二〇〇二年版にも記されたように、米国にとっての「最も重大な危険」は「過激主義と〔兵器〕技術との交差点」に存すると受け止められたのである[27]。

そうした中で、敵対勢力による重要地域の席捲《せっけん》を阻止するという課題はやや後景に退いた。テロリストの挑戦に対し、「世界の大国」が「同一の側」に立っている[28]という認識の下では、主要国間における勢力均衡の維持はいくらか緊急性を低下させたからである。それでも、二〇〇五年に提出された『国家防衛戦略』は「重要地域、交通路およびグローバル・コモンズへの進入・利用可能性」の確保を「戦略的目標」に掲げ[29]、二〇〇八年の『国家防衛戦略』も「グローバル・コモンズにおける行動の自由および世界の重要地域への戦略的な進入・利用可能性」の必要を説いたのである[30]。なお、次章で見るように、オバマ政権の後期までには、国防政策における力点は主要国を含む「国家主体」に戻ることとなった。

加えて、ブッシュ(父)、クリントンの両政権は、国際制度を通じた指導力の発揮に軸足を置いた。ブッシュ(父)大統領が打ち上げた「新世界秩序」は、「国連がその創設者の歴史的に重要な未来像を実現する用意を整えている」との見方に支えられていた[31]。クリントン政権はブッシュ(父)政権の署名した北米自由貿易協定(NAFTA)を発効させた他、NATOの東方拡大に踏み出し、世界貿易機関(WTO)の発足を促進する等、多国間制度の構築を押し進めた。

これに対し、ブッシュ(子)政権は「単独主義」に基づいて、あるいは問題ごとに米国に賛同する国々を募って形成する「有志連合」によって行動することを好むとされた。しかしながら、大統領は有志連合について、国連、NATO、WTOを含む「永続的な制度」を補うものとの考えをも表明していた[32]。実際のところ、ブッシュ(子)政権も後半に入ると、多国間協力に重点が置かれるようになり、大統領が国連総会で「国連その他の多国間組織はかつてなく緊急に必要となっている」と演説するに至ったのである[33]。

❖アジア・太平洋政策

アジア・太平洋地域に対する米国の政策にも、当然ながら大戦略の基本的な要素が映し出された。ブッシュ(父)政権のベーカー国務長官によれば、米国は建国当初から一貫して同地域の「門戸開放」を追求し続けてきた。そして、米国の利益は「商業的な参入機会を維持」し、「米国ならびにその同盟国および友好国に敵対するいかなる単一の覇権的な国家または連合の台頭をも阻止」するところにあると言うのである[34]。

実際、ブッシュ（父）政権が一九九〇年に公表した第一次『東アジア戦略報告』は、冷戦後のアジアにおいても、「政治的および経済的な参入機会を保全すること」や「いかなる地域覇権の台頭をも阻止すべく勢力均衡を維持すること」は、「航行の自由を確保すること」等と並んで、米国の利益であり続けると予想した[35]。一九九二年の第二次『東アジア戦略報告』では、「アジアにおける米国の利益は過去二世紀にわたって驚くほど一貫している」と述べられ、地域への商業的な参入機会、航行の自由、そして覇権的な国家または連合の台頭阻止がそれに相当すると記された[36]。クリントン政権によって一九九五年に提出された第三次『東アジア戦略報告』にも、ほぼ同様の文言が盛り込まれた[37]。後述するように、ブッシュ（子）政権になると、そうした米国の利益を損なう方向に中国が動く可能性に懸念が表明され始めた。

アジア・太平洋において米国が重きを置く国際制度は、もとより航行の自由だけではなかった。米国の戦略的な利益は、冷戦期に日本、韓国、フィリピン、豪州等との間で個別に形成された同盟関係によって支えられ、冷戦が終結してもその維持が図られた。加えて、米国は冷戦期から日本と共にアジア開発銀行（ADB）の運営に主導的な役割を演じてきた他、冷戦後にはアジア太平洋経済協力（APEC）、東南アジア諸国連合（ASEAN）地域フォーラム（ARF）等を通じた地域の多国間協力にも関わることとなった。

❖現行大戦略への抵抗

ここで注意すべきは、第二次世界大戦を経て、東半球の勢力均衡、開放的な経済秩序、国際制度への依拠を基本的な要素とする大戦略が確立した後も、米国内ではこれに抵抗する動きが不断に見られたことである。そもそも建国期このかた米国においては、国際的な関わり合いによって行動の自由が失われる結果、独自に利益を追求し、あるいは価値を擁護することが叶わなくなることへの警戒が強かった。二〇世紀半ばまで有力であった外交上の孤立主義や通商上の保護主義の基底にはそうした心情が横たわっており、その影響は長く持続したのである。

そのため、欧亜への軍事的な関与が追求される一方で、平時における海外への米軍展開の縮小を求める「沖合均衡」論に代表される「縮約」の主張が折に触れて盛り上がった[38]。国際経済の開放性が重視される傍らで、保護貿易が声高に唱えられることは珍しくなかった。同盟の運営や国連との関係をめぐっても、しばしば単独主義への志向と折り合いを付ける必要が生ずることとなった。

3 中国の戦略的位置

米国における中国の戦略的な位置は、①中国にどのような力が実在または潜在するのか、②その力が米国にとっていかなる意味を有するのか――についての評価によって決定されると言ってよい。そして二〇世紀とりわけその中葉以降、米国において中国の力が有する意味を左右してきたのは、中国の国内体制および対外態度が米国の重視する勢力均衡、開放性、国際制度とどの程度親和するか――別の言葉で表せば、それによって規定される中国への距離感――であった。

❖冷戦終結まで

二〇世紀前半の米国にとって、中国は何よりも「門戸開放」の対象であったが、アジアに初めて登場した「共和国」でもあった。その一方で、中国が地域的な覇権を争う主体となることは想像し難かった。そして、米国が懸念を抱くとすれば、列強のいずれかによる中国の支配が貫徹した場合、商業的な参入に障害がもたらされるのみならず、欧亜における勢力均衡が崩壊に瀕し、その結果米国の安全も脅かされかねないということであった。

一九〇〇年代初頭、ロシア(フランスと同盟していた)の進出に警戒が示されたのは、「中国でロシアが優位に立てば、アメリカの経済上の利益がおびやかされる」だけでなく、「アジアでの優位を利用した露仏両国が、ヨーロッパやアフリカにおいても勢力均衡を破壊し、ひいてはアメリカの安全そのものにも影響を与えないともかぎらない」と考えられたからであった。また、第二次世界大戦が始まると、日本が中国を制覇した暁には「イギリスの敗北はそれだけ早まるだろう」と危惧され、しかも「イギリスが敗北し、その工業力や海軍力がドイツのものとなれば、アメリカに対する危機は現実的なものとなる」と想定されたというのである[39]。

他方、中国はかねてより「眠れる獅子」と呼ばれ、その内部に絶大な力を秘めていると思われていた。第二次世界大戦中、スパイクマンは日本の打倒を説く一方で、日本の敗北がその軍事力の完全な除去や「西太平洋の中国またはロシアへの引き渡し」を意味するものであってはならない旨を主張したが、その根底には中国の潜在力が日本のそれをはるかに凌いでいるとの認識があった。中国はゆくゆく日本に対してのみならず、「アジアの地中海(=南シナ海および今日のインドネシア周辺を含む広大な海域)」における西洋諸国の地位に対しても脅威を与えかねなかった。米国が「米州の地中海(=カリブ海)」で優位を占めてきたように、中国は「アジアの地中海」沿岸の多くを支配する「巨大規模の大陸国家」になると見たのである[40]。

一九四〇年代末に毛沢東主導の共産党政権が成立すると、中国はソ連と同盟条約を締結し、次いで朝鮮半島において米国と直接交戦するに至った。米国にとって、中国は米国の考える開放性とは無縁の国内体制を取り、対外的にはソ連陣営の一員として欧亜の勢力均衡に挑戦しようとする極めて敵性の強い国家となった。中国はケナンの言う意味で――つまり産業、軍事の面で――「力の中心」に入る存在ではなかった(ケナン自身、中国は「東洋の大国ではない」と論断していた[41])ものの、依然として巨大な力を秘めていると想定された。第一章で触れたように、「力の移行」論の草分けとなったA・F・K・オーガンスキーが、中国の潜在力には「ほとんど計り知れない」ものがあり、中国の力がやがては米国を凌ぐことになると断言したのはこの時期であった[42]。

一方、実在する中国の力としては、イデオロギー分野における吸引力に注意が向けられた。一九六〇年代には、中国が「民族解放」の支援を通じて、とりわけアジアで影響力を拡大することに対する懸念が高まることとなった。しかし、それは同時に、ソ連による共産陣営の統制を突き崩すことにも繋がり得るものであった。はたして米国に加えてソ連とも敵対するに至った中国は、「自力更生」の旗印の下、「革命外交」を展開していった。そして、「超大国」との全面戦争に備えるべく、「人民戦争」を呼号する傍ら、核兵器の開発を進めたのである。

中ソ対立がいっそう激化する中で、ベトナム戦争をめぐって局面打開を摸索するニクソン政権の米国は、やがて中国との和解に踏み出した。それは中国の絶大な潜在力――ニクソンは大統領になる前、「この小さな惑星には、一〇億人の潜在的に最も有能な人民が怒りの中で孤立して過ごす場所はない」と述べていた[43]――およびイデオロギー的な訴求力を前提としたものであったが、その背景には「ソ連が仮に中国を支配することになれば、世界の地政学的バランスが崩れる」との懸念が存在していた[44]。ニクソンは――ケナンと異なり――中国を米国、ソ連、西欧、日本と並列した上で、「それぞれが他と均衡を取る」ことによって「より安全な世界」「より良い世界」が形作られると唱えたが[45]、大統領補佐官、次いで国務長官としてニクソン外交を支えたH・A・キッシンジャーが重視した中国の力は――軍事力や経済力ではなく――やはり主としてイデオロギーに関するものであった[46]。ともあれ、一九七〇年代末までには、中国がアジアにおける共産革命への助力を控え、むしろ米国と共同してソ連と対峙するという構図ができあがった。

一九八〇年代には、鄧小平の主導する「改革・開放」の本格化に伴って、中国の経済規模は逐次増大していった。その一方で、中国は米ソそれぞれと等距離を取る「独立自主」外交を掲げるようになり、また超大国との戦争を不可避と見なす毛沢東時代の考え方と訣別したが、米中が提携してソ連の勢力拡大を抑制するという構図に基本的な変化はなかった。そうした中で、米国にあっては、「いわゆる共産主義の中国」（傍点引用者）というレーガン大統領の言葉[47]に象徴されるように、対外態度のみならず国内体制に関しても、中国への距離感が抜本的に縮小していくように感じられた。確かにこの時期の中国では、経済面に続いて政治面における開放性の増大（つまり民主化）の兆候も現れていたが、米国は「中国の政治制度が現実にそうである以上に変化しつつあると信じた」のである[48]。

❖冷戦終結以後

冷戦が終息するに及び、ソ連による欧亜大陸の席捲を阻むために中国と連携する必要は失われた。中国自身には未だアジアで優位を確立するだけの軍事力も経済力も備わっておらず、そのイデオロギーも吸引力を減退させていた。一九八九年の天安門事件で民主化への期待が打ち砕かれて以来、国内体制をめぐる中国への距離感はかえって拡大した。そのため――場合によっては日本の台頭を牽制する存在たり得ることを別として――中国に対する戦略的な関心は一時焦点を失うこととなった。

例えば、第一次『東アジア戦略報告』で地域の戦略状況を概観した部分において、中国はソ連、日本、朝鮮半島の次にようやく取り上げられた[49]。また、第二次『東アジア戦略報告』はアジアの安全保障に係る「重要局面」として一一の項目を挙げたが、中国を論じた項目はその九番目であった[50]。大戦略をめぐる論壇や学界での議論においても、中国はやや視野に入りにくくなった[51]。

とは言え、中国が巨大な力を秘めているとの認識は、冷戦終結によって影響を受けることがなかった。キッシンジャーを含む国際政治学界の重鎮からは、早くも双極構造の崩壊直後に、やがて米国、ロシア、欧州、日本——および場合によってはインド——に加えて、中国を一つの「極」とする多極の世界が訪れるとの見方が示されていた[52]。一九九七年のQDR報告によれば、中国はアジアにおける「軍事大国」になる潜在力を備えているのみならず、一部では二〇一五年以降、米国と「同格の競争者」として立ち現れる潜在力を有すると考えられた[53]。

QDR報告の二〇〇一年版は、アジアに「恐るべき資源基盤を有する軍事的競争者」が出現する可能性があると述べ、「東アジア沿海（＝ベンガル湾から日本海まで）」が最も挑戦的な地域であると指摘した[54]。二〇〇六年に公表されたQDR報告の見立てでは、「戦略的岐路」にある主要国および新興国の中で、中国は米国の伝統的な軍事上の優位を相殺し得る「断裂的」な軍事技術の活用に関して「最大の潜在力」を有する存在であった[55]。

実際のところ、中国は一九九〇年代以降、その潜在力を着実に顕在化させていくかのようであった。その結果、第一章で素描したように、中国の国力増大は目を瞠《みは》らせるものとなった。江沢民、次いで胡錦濤が政権を握ってからも「改革・開放」が継続され、経済の高度成長は止まらなかった。経済力の伸長を背景に、軍事力の拡大も急速に進むこととなった。

中国の軍事態勢は、すでに触れたように超大国との全面戦争に主眼を置くものではなくなり、台湾の独立阻止に焦点を合わせつつ、局地戦争を遂行するための通常戦力に重点を移していた[56]。米国で注意が集まったのは、有事に際して米国の介入に掣肘《せいちゅう》を加えることを目的とする接近阻止・領域拒否(A2AD)の能力であった[57]。

❖関与政策とその根拠

それでは、このように増大してきた中国の力は、米国にとっていかなる意味を帯びることとなったのであろうか。一九九〇年代後半から二〇〇〇年代の前半にかけては、対外態度および国内体制に関する中国への距離感はむしろある程度縮小し、従って中国の国力増大は当面必ずしも米国への戦略的な挑戦をもたらすものとは受け止められなかった。

中国に対する米国の政策は「関与(engagement)」という言葉で総括され得るものであった。それは、各種の交流促進とりわけ経済関係の強化を通じて中国の経済発展を確かなものにすれば、中国は国際制度への支持を強めるだけでなく、やがては政治体制の変革にも踏み出すだろうとの期待に基づいていた。クリントン大統領に言わせれば、「中国を世界に迎え入れるほど、世界は中国に変化と自由をもたらすことになる」というわけである[58]。

一九九五〜九六年の台湾海峡危機を始めとして、米中間にはしばしば緊張が走ったものの、両国の経済関係は拡大を続け、貿易総額(名目)は一九九一年以降の一〇年間で五倍近くに増大した[59]。一九九〇年代前半には中国に付与する最恵国待遇の更新が争点となり、後半には中国のWTO加盟が課題として浮上したが、曲折を経ていずれも実現に向かった。

江沢民政権(特にその前半)および胡錦濤政権(特にその前半)の対外政策は、全体として「関与」政策の期待に添ったものと見られた。中国は多極世界の到来を期待しつつも、米国を中心とする単極の国際体系を前提として、その中で地位上昇を追求するに至ったのである。近隣諸国への安心供与および主要国との提携構築(条件付き協力)がその主要な方途であり、それと並行して中国は——上海協力機構(SCO)の創設を推進する等——地域的、世界的な多国間制度への関わり合いを積極化していった。そうした中で中国が提唱し始めたのが「新安全観」であり、それは相互信頼、相互利益、平等、協業を核心とすることとなった[60]。

このような対外態度は、全体として、鄧小平が天安門事件の直後に説いたとされる「韜光養晦《とうこうようかい》(=能力を隠し、時機を待つ)」の指針とも整合するものと言えた[61]。その間、国内体制をめぐっても——西側諸国による「和平演変(=平和的手段での体制転覆)」に対する警戒が唱えられる一方で——村落における選挙制度の改革を始め、民主化が進展する可能性を窺わせる若干の動きが見られた。

九・一一事件後、米国の関心がもっぱら「ならず者国家」や敵性の非国家主体——および大量破壊兵器の拡散——に向けられる中で、中国がおおむね「対テロ戦争」に協力する姿勢を示し、また北朝鮮の核問題に対する関与を強めたことから、米国における中国への距離感は一時大いに縮まった。ブッシュ(子)大統領がテロの脅威に直面するという点で「同一の側」に立っていると考えた「世界の大国」の中には、当然ながら中国も入っていたのである。

また、中国は二〇〇一年にWTOへの加盟を果たしたが、二〇〇二年の『国家安全保障戦略』は、「市場原理の力」および「WTOの要求事項」は中国において「開放性および法の支配」を前進させるであろうと述べた[62]。中国が「政治的な開放性への道を歩み始めた」こととも相俟って、ブッシュ(子)政権が「強力、平和的で繁栄する中国の登場を歓迎する」と表明するに至った所以である[63]。

実際、胡錦濤政権は人権、自由、民主主義等を「普遍的価値」として認める徴候を示した。温家宝首相は二〇〇七年、それらは「人類が非常に長い歴史の過程で共に追求してきた価値観であり、共に創造してきた文明の成果である」と語った[64]。また、二〇〇八年の日中共同声明においては、「国際社会が共に認める基本的かつ普遍的価値」に言及がなされたのである[65]。

その頃までには、テロリズムへの対抗や大量破壊兵器の不拡散に止まらず、経済面や環境面、保健面その他で米中が多くの利益を共有していることが意識されるようになっていた。ブッシュ(子)政権は『国家安全保障戦略』二〇〇六年版でも、「平和的で繁栄し、かつ我々と協力して共通課題および相互利益(=世界経済、テロリズム、兵器拡散、エネルギー安全保障、大流行病、環境破壊等)に取り組むような中国」——言い換えれば「責任ある利害関係者」として振る舞う中国——の「登場を歓迎する」と表明し、「関与」政策における期待が持続していることを明示した[66]。

中国の対外態度に対する評価は、専門家の間でも全般的に高まった。中国が現行の国際規範を進んで受容し、国際組織に喜んで参加する主体になりつつあるとの見方が広がったのである。E・S・

メデイロスとM・T・フラベルは、中国が「国際的な制度、規則および規範の現行配置の多く」を積極的に受け入れる「新たな外交」を展開しつつあると指摘した[67]。A・I・ジョンストンによれば、そのような中国を「現状打破」国家と見なすことは困難であり、むしろ中国は「一九四九年〈=共産党政権成立時〉以来のどの時期」よりも「現状維持」志向になったと考えるべきであった[68]。D・シャンボーの見立てでは、アジア諸国の大半は中国を「良き隣人、建設的な提携者、注意深い聞き手」「脅迫的でない地域大国」、そして「現状維持」国家と捉えるようになっており、「世界における中国の評判がこれほど良かったことはない」のであった[69]。

❖関与政策への疑問

ところが、米国が重きを置く勢力均衡、開放性、国際制度との関係で測られる中国への距離感は、二〇〇〇年代前半に一旦縮小した後、再び拡大することとなった。

その理由は第一に、中国が地域的な覇権を狙っているとの懸念が消えなかったことである。国防総省の『中国の軍事力』年次報告や議会の諮問機関である米中経済・安全保障再検討委員会（USCC）の年次報告は、中国はアジアにおいて「卓越した」国家になることを望んでおり、米国をその「主要な障害」と捉えていると早くから指摘していた[70]。

二〇〇〇年代半ば以降、中国の軍事力近代化が有するそうした含意に対する警戒は逐次強まっていった。中国は台湾との戦力比で優位に立ちつつあり、また台湾有事において米国の介入を抑止、阻止する能力を高めているだけではなかった。二〇〇六年のQDR報告に従えば、「中国の軍備増強の速さと広がり」が「すでに地域の軍事バランスを危うくしている」状況が生じたのである[71]。

第二の理由は、中国の政治改革が期待通りの進展を見なかったのみならず、その産業政策や貿易慣行にも不満が高まったことである。その背景には、米国の対中貿易赤字が、中国がWTOに加盟した後も顕著な増加を続けたことがあった[72]。通貨価値の操作や国有企業の優遇、知的財産の侵害により、米国企業による中国への輸出や中国での活動が妨げられているとの批判が絶えなかった。USCCに言わせれば、中国の「管理貿易原則」や「略奪的慣行」と米国の「開放市場手法」との間には「根本的な相違」が残っており、それが構造的な不均衡の原因となっていたのである[73]。

第三の理由は、国際的な規範に対する中国の姿勢に疑問が募ったことである。USCCの報告においては、中国の経済政策が、単に米国を害するのみならず、WTOやIMFの加盟国としての義務に反する側面を含んでいることが強調された[74]。また、『中国の軍事力』報告は、中国が航行の自由に背を向けるような主張を展開していることに留意し始めた[75]。

実際のところ、『国家安全保障戦略』二〇〇六年版は、「関与」政策の期待が継続していることを示すと同時に、その期待が未だ実現していないことを認めるものでもあった。中国が不透明な軍備拡張や貿易上の重商主義を含む「旧い考え方や振る舞い方」を続けていることへの警告が盛り込まれたのである[76]。

その間、中国は「和平発展」を掲げるようになっていたが、その根底には米国が「対テロ戦争」に精力を費やす分、自国への圧力は弱まる筈であり、そこから二〇年にわたる「戦略的好機」が生ずるとの想定があった[77]。ところが、中国への距離感が増大するに伴って、米国にとって中国の国力拡大は次第に戦略的な挑戦を構成するものとなったのである。

中国が国力の急速な伸長を続けても、米国がそれについて直ちに懸念することはなかった。中国の対外態度が――そしてある程度はその国内体制も――総体として「関与」政策の期待に応えるものと見られたからである。しかし、二〇〇〇年代半ばを境として、米国にとって中国の力が持つ意味は負の方向に変化していった。

オバマ政権が登場して以来、中国の戦略的な挑戦は一段と深刻なものとなった。そこには中国における大戦略の展開が反映されていると解釈することができる。そこで、次章では、近年における中国の対外的な自己主張について、これを大戦略の脈絡にはめ込んで説明し、米中の大戦略がどのように相関しているかを見ることとする。

註

1――Barack Obama, *National Security Strategy*, May 2010, p. 7.

2――山本吉宣他『日本の大戦略《グランド・ストラテジー》――歴史的パワーシフトをどう乗り切るか』(ＰＨＰ研究所、二〇一二年）二四頁。

3——Paul Kennedy, "Grand Strategy in War and Peace: Toward a Broader Definition," in Kennedy, ed., *Grand Strategy in War and Peace* (New Haven, CT: Yale University Press, 1991), p. 5. 強調原文。

4——Department of Defense［以下DoD］, Joint Chiefs of Staff, *Dictionary of Military and Associated Terms*, June 1, 1987, p. 244.

5——John J. Mearsheimer, *Liddell Hart and the Weight of History* (Ithaca, NY: Cornell University Press, 1988), p. 17.

6——Barry R. Posen, *The Sources of Military Doctrine: France, Britain, and Germany between the World Wars* (Ithaca: Cornell University Press, 1984), p. 13. Richard Rosecrance and Arthur A. Stein, "Beyond Realism: The Study of Grand Strategy," in Rosecrance and Stein, eds., *The Domestic Bases of Grand Strategy* (Ithaca, NY: Cornell University Press, 1993)も同様に、大戦略を「国家に利用可能なすべての資源（軍事的なものに限られない）」を「平戦両時において安全を達成するため、効果的に配置しようとする」ものと見ている（p. 4）。なお、Kennedy, "Grand Strategy"の言う「最善の利益」も実質的には安全を指している。

7——Robert J. Art, "A Defensible Defense: America's Grand Strategy after the Cold War," *International Security*, Vol. 15, No. 4 (Spring 1991), pp. 6-7. Robert J. Art, *A Grand Strategy for America* (Ithaca, NY: Cornell University Press, 2003)にも同様の概念規定が盛り込まれている（p. 2）。

8——B.H. Liddell Hart, *Strategy* (2nd revised ed.; New York: Meridian Book, 1991［1954］), pp. 321-322。リデルハートの大戦略については、石津朋之『リデルハートとリベラルな戦争観』（中央公論新社、二〇〇八年）一八一～一八二頁、石津朋之・永末聡・塚本勝也『戦略原論——軍事と平和のグランド・ストラテジー』（日本経済新聞出版社、二〇一〇年）一三、一一四頁等を参照。

9 ——Edward N. Luttwak, *Strategy: The Logic of War and Peace* (Cambridge, MA: Harvard University Press, 1987), p. 70.

10 ——そうした広い定義を採用したものには、山本他『日本の大戦略』の他、Richard Fontaine and Kristin M. Lord, "Debating America's Future," in Fontaine and Lord, eds., *America's Path: Grand Strategy for the Next Administration*, Center for a New American Security, May 2012, p. 6、石津他『戦略原論』四五九頁が含まれる。

11 ——これらはStephen G. Brooks, G. John Ikenberry, and William C. Wohlforth, "Don't Come Home, America: The Case against Retrenchment," *International Security*, Vol. 37, No. 3 (Winter 2012/13), p. 11に言う「中核的目標」に近い。それらの追求を通じて、安全、繁栄および国内的自由という「中核的利益」の増進が図られてきたというのが、そこでの言葉の使い方である。

12 ——スパイクマンの所説はNicholas John Spykman, *America's Strategy in World Politics: The United States and the Balance of Power* (New York: Harcourt, Brace and World, 1942) による。引用はp. 457より。なお、Robert J. Art, *America's Grand Strategy and World Politics* (New York: Routledge, 2009), ch. 3では、ドイツおよび日本が欧亜大陸を支配したとしても、米国は長期にわたって安全を保つことができたはずだと主張されている。

13 ——George F. Kennan, *American Diplomacy, 1900-1950* (Chicago: University of Chicago Press, 1951), pp. 4-5.

14 ——ケナンの思考については、John Lewis Gaddis, *Strategies of Containment: A Critical Appraisal of Postwar American National Security Policy* (New York: Oxford University Press, 1982), ch. 2を参照。引用はp. 33より。

15 ——Art, *Grand Strategy for America*は、これらの理由を挙げて「欧亜における大国間戦争」の防止を米国の「非常に重要」な国益と規定した上で、「欧亜の東部、西部または双方を支配しようとする侵略国」を「欧亜における大国間平和」に対する「最大の脅威」と論じている(pp. 7-8)。

16——このような見方はJohn J. Mearsheimer, *The Tragedy of Great Power Politics* (New York: W.W. Norton, 2001)の強調するところである(pp. 41-42)。

17——Art, *America's Grand Strategy*, p. 99にそうした議論がある。なお、ケナンは「自らに似た国々の少なくともいくつかが独立を保つこと」を米国の「死活的な利益」と見ていた。Gaddis, *Strategies of Containment*, p. 35.

18——Andrew J. Bacevich, *American Empire: The Realities and Consequences of U.S. Diplomacy* (Cambridge, MA: Harvard University Press, 2002)はこれを指して「開放性の戦略」と呼んでいる。引用はp. 88より。

19——G. John Ikenberry, *After Victory: Institutions, Strategic Restraint, and the Rebuilding of Order after Major Wars* (Princeton, NJ: Princeton University Press, 2001)は、米国が自国の力への拘束を伴う「制度による束縛」の戦略を取ったことが、第二次世界大戦後(の西側)における国際秩序の安定に繋がった旨を詳細に論じている。

20——一九九〇年代における米国の大戦略に関する選択肢をまとめたものに、Barry R. Posen and Andrew L. Ross, "Competing Visions for U.S. Grand Strategy," *International Security*, No. 21, No. 3 (Winter 1996/97)がある。

21——George Bush, *National Security Strategy of the United States*, March 1990, p. 1.

22——Patrick E. Tyler, "U.S. Strategy Plan Calls for Insuring No Rivals Develop," *New York Times*, March 8, 1992; "Excerpts from Pentagon's Plan: 'Prevent the Re-Emergence of a New Rival,'" *New York Times*, March 8, 1992.

23——DoD, *Defense Strategy for the 1990s: The Regional Defense Strategy*, p. 3.

24——William J. Clinton, *A National Security Strategy of Engagement and Enlargement*, July 1994, pp. 2, 7.

25——DoD, *Report of the Quadrennial Defense Review*, May 1997 [以下*QDR1997*], p. 8.

26 ——DoD, *Quadrennial Defense Review Report*, September 30, 2001［以下 *QDR2001*］, p. 2.

27 ——George W. Bush, *The National Security Strategy of the United States of America*, September 2002, cover letter.

28 ——W. Bush, *National Security Strategy* (2002), cover letter.

29 ——DoD, *The National Defense Strategy of the United States of America*, March 2005, p. 6.

30 ——DoD, *National Defense Strategy*, June 2008, p. 16. なお、『国家安全保障戦略』、QDR報告、『国家防衛戦略』を含む安全保障に関する公式文書の相互関係については、福田毅『アメリカの国防政策――冷戦後の再編と戦略文化』(昭和堂、二〇一一年)二九～三四頁を参照。

31 ——George Bush, "Address before a Joint Session of the Congress on the Cessation of the Persian Gulf Conflict," March 6, 1991, *Public Papers of the Presidents of the United States: George Bush, 1991*, Book I (Washington, DC: U.S. Government Printing Office, 1992), p. 221.

32 ——W. Bush, *National Security Strategy* (2002), cover letter.

33 ——George W. Bush, "Remarks to the United Nations General Assembly in New York City," September 23, 2008, *Weekly Compilation of Presidential Documents*, Vol. 44, No. 38 (September 29, 2008), p. 1243.

34 ——James A. Baker, III, "America in Asia: Emerging Architecture for a Pacific Community," *Foreign Affairs*, Vol. 70, No. 5 (Winter 1991/92), pp. 3-4.

35 ——DoD, *A Strategic Framework for the Asian Pacific Rim: Report to Congress: Looking toward the 21st Century*, April 1990, p. 7.

36 ——DoD, *A Strategic Framework for the Asian Pacific Rim: Report to Congress*, July 1992, p. 2.

37 ——DoD, *United States Security Strategy for the East Asia-Pacific Region*, February 1995, p. 5.

38 ——縮約に関しては、Peter Feaver, ed., *Strategic Retrenchment and Renewal in the American Experience*, U.S.

Army War College, August 2014にまとまった分析がある。

39——入江昭『増補・米中関係のイメージ』(平凡社、二〇〇二年)六五、一二七、一二八頁。

40——Spykman, *America's Strategy*, pp. 460, 469.

41——Gaddis, *Strategies of Containment*, p. 47. 強調原文。

42——A.F.K. Organski, *World Politics* (New York: Alfred A. Knopf, 1958), p. 446.

43——Richard M. Nixon, "Asia after Viet Nam," *Foreign Affairs*, Vol. 46, No. 1 (October 1967), p. 121.

44——石井修『覇権の翳り——米国のアジア政策とは何だったのか』(柏書房、二〇一五年)一八七頁。

45——"An Interview with the President: The Jury Is Out," *Time*, Vol. 99, No. 1 (January 3, 1972), p. 11.

46——Gaddis, *Strategies of Containment*, p. 282. とは言え、中国が「『パワー』のわかりやすい象徴である核兵器」を保有するに至ったことが、米国輿論における対中接近への「受け皿」として機能したことも無視し得ない。中山俊宏「米国の視線——米国における対中イメージの構造」高木誠一郎編『米中関係——冷戦後の構造と展開』(日本国際問題研究所、二〇〇七年)二二四頁。

47——Ronald Reagan, "Remarks at a Luncheon with Community Leaders in Fairbanks, Alaska," May 1, 1984, *Public Papers of the Presidents of the United States: Ronald Reagan, 1984*, Book I (Washington, DC: U.S. Government Printing Office, 1986), p. 617.「いわゆる」共産主義というのは、中国が膨張主義でなく、また米国の投資を欲しているとされたがゆえであった。

48——James Mann, *About Face: A History of America's Curious Relationship with China, from Nixon to Clinton* (New York: Alfred A. Knopf, 1998), p. 147. 井尻秀憲『アメリカ人の中国観』(文藝春秋、二〇〇〇年)も、「中国近代化と改革運動への『期待』」が「『楽観主義的想い入れ』という側面を多分にひめていた」ことを指摘している(九四頁)。

49——DoD, *Strategic Framework* (1990), pp. 5-6.

50——DoD, *Strategic Framework* (1992), pp. 8-11. なお、第三次『東アジア戦略報告』および一九九八年に発表された第四次『東アジア戦略報告』は、同盟国、提携国について記述した後に中国を含むそれ以外の国々に論及するという構成を取っているため、この観点からの比較は難しい。

51——例えば、この時期を代表する論考と言ってよいArt, "Defensible Defense" や Stephen Van Evera, "Why Europe Matters, Why the Third World Doesn't: American Grand Strategy after the Cold War," *Journal of Strategic Studies*, Vol. 13, No. 2 (June 1990) は中国の動向にほとんど触れていない。

52——そうしたものには Richard Rosecrance, "A New Concept of Powers, *Foreign Affairs*, Vol. 71, No. 2 (Spring 1992)" Kenneth N. Waltz, "The Emerging Structure of International Politics," *International Security*, Vol. 18, No. 2 (Fall 1993)" Henry Kissinger, *Diplomacy* (New York: Simon & Schuster, 1994) がある。

53——*QDR1997*, p. 5.

54——*QDR2001*, p. 4.

55——DoD, *Quadrennial Defense Review Report*, February 6, 2006〔以下*QDR2006*〕, p. 29.

56——そのような変化を含む中国の軍事態勢の長期的な展開については、浅野亮「中国の軍事戦略の方向性」『国際問題』第四九二号(二〇〇一年三月)、浅野亮「軍事ドクトリンの変容と展開」村井友秀他編『中国をめぐる安全保障』(ミネルヴァ書房、二〇〇七年)、茅原郁生『中国軍事大国の原点——鄧小平軍事改革の研究』(蒼蒼社、二〇一二年)等を参照。

57——「将来の敵対者」のA2AD能力が多くの関心を集めるようになったのは、二〇〇一年のQDR報告をきっかけとしてであった。*QDR2001*, pp. 30-31.

58——William J. Clinton, "Address before a Joint Session of the Congress on the State of the Union," January 19,

1999, *Weekly Compilation of Presidential Documents*, Vol. 35, No. 3 (January 25, 1999), p. 85.

59——U.S. Census Bureau, “Trade in Goods with China” <https://www.census.gov>.

60——「新安全観」については、高木誠一郎「中国の『新安全保障観』」『防衛研究所紀要』第五巻第二号（二〇〇三年三月）を参照。

61——「韜光養晦」の由来に関しては、例えば中居良文「台頭中国とアメリカ——経済発展のためのレトリック」中居編『台頭中国の対外関係』（御茶の水書房、二〇〇九年）一五五〜一五八頁が参考になる。

62——W. Bush, *National Security Strategy* (2002), p. 28.

63——W. Bush, *National Security Strategy* (2002), pp. 27, 28.

64——「温家宝：关于社会主义初级阶段的历史任务和我国对外政策的几个问题」二〇〇七年二月二六日、人民网。この時期の中国における「普遍的価値」をめぐる動向については、劉傑『中国の強国構想——日清戦争後から現代まで』（筑摩書房、二〇一三年）二五九〜二六三頁に分析がある。

65——「『戦略的互恵関係』の包括的推進に関する日中共同声明」二〇〇八年五月七日。

66——George W. Bush, *The National Security Strategy of the United States of America*, March 2006, p. 41.「責任ある利害関係者」はRobert B. Zoellick, “Wither China: From Membership to Responsibility?” Department of State, September 21, 2005より。

67——Evan S. Medeiros and M. Taylor Fravel, “China’s New Diplomacy,” *Foreign Affairs*, Vol. 82, No. 6 (November/December 2003). 引用はtitle, p. 22より。

68——Alastair Iain Johnston, “Is China a Status Quo Power?” *International Security*, Vol. 27, No. 4 (Spring 2003), p. 49; Do., *Social States: China in International Institutions, 1980-2000* (Princeton, NJ: Princeton University Press, 2008), p. 207.

69——David Shambaugh, "China Engages Asia: Reshaping the Regional Order," *International Security*, Vol. 29, No. 3 (Winter 2004/05), pp. 64, 65, 66.

70——DoD, *Annual Report on the Military Power of the People's Republic of China*, June 2000; U.S.-China Economic and Security Review Commission［以下USCC］, *Report to Congress*, July 2002, p. 16.

71——*QDR2006*, p. 29.

72——米国の公式統計によれば、対中貿易赤字は一貫して拡大し、二〇〇八年には二〇〇一年の三倍以上となった。Census Bureau, "Trade in Goods." ただし、赤字の規模は統計の取り方によって大きく変わってくる。この点については、大橋英夫「米中経済関係の基本構造」高木編『米中関係』一二八〜一二九頁等を参照。

73——USCC, *2006 Report to Congress*, November 2006, p. 2.

74——例えば、USCC, *2006 Report*は、中国によるWTO上の義務履行を「むらがあり、たどたどしい」と論評し(p. 27)、中国の為替操作はWTOおよびIMFの規則に「文字上も精神においても」違反すると非難した(p. 52)。

75——DoD, *Military Power of the People's Republic of China: Annual Report to Congress*, March 2008, p. 19.

76——W. Bush, *National Security Strategy* (2006), p. 41.

77——「江泽民在中国共产党第十六次全国代表大会上的报告」二〇〇二年一一月八日、人民网。

第3章 中国の自己主張と米国

二〇一二年一一月、政権を掌握した習近平総書記（翌年三月に国家主席就任）は、共産党の創立から一〇〇年後に当たる二〇二一年に「小康社会（＝ある程度ゆとりのある社会）を全面的に建設」し、新中国の成立から一〇〇年後となる二〇四九年には「豊かで強く、民主的、文化的、調和的な社会主義近代化国家を建設する」という二つの「目標」に言及し、これらは「中華民族の偉大な復興」という「夢」とともども「必ず実現することができる」と述べた[1]。

こうした「目標」「夢」が公然と語られるようになったのは、まさに中国の対外的な攻勢が本格化するのと軌を一にしていた。それでは、そうした中国の動向は大戦略上の展開とどのように関係しており、またいかなる意味で米国にとって戦略的な挑戦をもたらすのであろうか。本章は、かかる観点に立って、二〇〇〇年代末以降における中国の強硬な自己主張およびそれに対する米国の応答に分析を加えるものである。

第一節では、中国が攻勢を強める背景となった国際場裡における力の分布に関する認識の変化を略述する。第二節では、軍事面、経済面における中国の戦略的な挑戦を跡づける。第三節では、中国の伝統的な秩序観および大戦略の特徴を考察し、それとの関連において対外態度の変化が有する含意を探る。第四節では、中国の自己主張が米国の大戦略に抵触《ていしょく》する部分が大きくなりつつあることを指摘した上で、米国の対応策を素描することとする。

1 自己主張の背景

❖オバマ政権の登場

二〇〇九年一月に就任したオバマ政権は中国の国力増大を受け入れ、立場の相違をうまく処理しつつ協力の範囲を広げていこうとした。それは中国の助力を得なければ解決の難しい問題が多くなっている一方、中国の内政、外交が総じて言えば「関与」政策の期待と合致する方向に変わってきたという思考に基づくものであった[2]。

そうした考え方は、スタインバーグ国務副長官による「戦略的再保証」の提案にも表れた。中国が他国の安全や福利を犠牲にしない旨を保証するのと引き換えに、米国も中国の台頭を進んで受け入れるという「取引」が唱えられたのである[3]。『国家安全保障戦略』の二〇一〇年版においては、中国との間で「積極的、建設的かつ包括的な関係」を追求することが謳われた。経済回復、気候変動対策、不拡散その他の課題について、米国および国際社会と協力しつつ「責任ある指導的役割」を引き受けるような中国を「歓迎」すると言うのである[4]。

米中間にはブッシュ(子)政権の下で始まった経済閣僚による「戦略経済対話」があったが、オバマ政権はこれに政治・安全保障分野を加えて拡充し、新たに「戦略・経済対話」を始動させた。それは、中国の国力伸長に見合う形で、米中関係の非対称性——中国にとっての対米関係が「対外戦略の根本的規定要因」である一方、米国にとっての対中関係は「対外戦略の一構成要素にすぎない」という状態[5]——が修正されつつあることを示唆する動きでもあった。

❖単極終焉の認識

ところで、その頃までには、米国を中心とする単極の国際政治が終わりに近づいているという意識が強まっていた。アフガニスタンおよびイラクでの「対テロ戦争」は所期の成果を上げることができず、また二〇〇八年のリーマン・ショックが深刻な世界不況の引き金となったことから、米国の指導性が大きく傷ついたと感じられたのである。「世界の警察官ではない」というオバマ大統領の発言に示されるように[6]、米国は海外での軍事行動について概して慎重な姿勢を見せるようになった。

そうした中で、第一章で見たように、国家間の「力の移行」や非国家主体への「力の放散」、「その他（＝西洋以外）の台頭」といった動向に注意が向けられており、あわせて「無極」「Gゼロ」といった議論も関心を呼んでいた[7]。米国の国家情報会議（NIC）も「多極」の状態を展望し、あるいは「覇権国」の消滅を予言していたのである[8]。

一方、リーマン・ショックに端を発する経済不況に悩む先進諸国を尻目に景気後退からいち早く立ち直った中国は、いよいよ米国の衰退傾向が明らかとなり、多極の世界への移行が早まったと受け止めた。胡錦濤主席が二〇〇九年に「世界における多極化の見通しがますます明らかになってきた」と言明した通りである[9]。中国はその後も多極化の進展に自信を強めていき、例えば二〇一六年の米中戦略・経済対話に際して、習近平主席は世界の多極化が「深化し、前進している」という認識を示した[10]。

実際のところ、二〇一〇年までに名目GDPで世界第二位に躍り出た中国は、ほどなく購買力平価に基づくGDPで米国を凌ぐに至る等、世界経済におけるその存在感は拡大の一途をたどることとなった。とは言え、各国における準備通貨の構成に関しては米ドルが群を抜いた状態が続き、国際決済に用いられる通貨としての米ドルの優位も動かなかった[11]。

また、中国では経済構造の転換が進まず、景気回復のための施策を通じて、投資および輸出への依存や国有企業の優遇がかえって助長された。格差拡大、環境汚染、腐敗蔓延といった経済、社会の歪みが深刻になると共に、時として民族主義の表出を制御することが難しくなり、また海外における資源の確保をめぐる不安も高まった。その間、経済成長は徐々に鈍化し、それが「新常態」と称せられるようになった。

2　自己主張の展開

❖韜光養晦の修正

こうした状況の中で、中国は二〇〇八〜〇九年頃から対外的な自己主張を俄然強めていった。中国ではそのしばらく前から鄧小平以来の「韜光養晦」路線を継続すべきか否かが議論されていたが、〇六年八月の段階では「韜光養晦」の重要性が改めて確認されていた[12]。ところが、〇九年七月、胡錦濤主席が「韜光養晦」の堅持と並んで「有所作為（＝為すべきことを為す）」の積極化を指示するに至り、その重点は後者にあると捉えられた[13]。

習近平政権は本章の冒頭で触れた「二つの一〇〇年」目標および「中国の夢」を高唱すると共に、米国に対して「新型大国関係」の構築を呼びかけた[14]。対米関係については「相互尊重」「衝突せず、対抗せず」等の原則が掲げられる一方[15]、「中国の特色ある大国外交」の必要が打ち出され[16]、地域的にも国際的にもさらなる攻勢がかけられるようになった。中国という「眠れる獅子」は――習近平が言うように「平和的で親しみやすく、文明的」であるかどうかはともかく――「もはや目覚めた」

というわけである[17]。

❖軍事面での挑戦

その間、中国は軍事力近代化の歩度をいささかも緩めることはなかった。軍事支出が急伸を続ける中で、空母や対艦弾道ミサイル、ステルス型戦闘機を始めとして、接近阻止・領域拒否（A2AD）や戦力投射に活用される先進装備の導入が行われ、戦略能力を大幅に向上させる兵器体系、およびそれを支える技術基盤（核・非核の新型ミサイルや宇宙・サイバー攻撃の体系を含む）の開発も進むこととなった。

中国海軍は周辺海域や西太平洋――「第一列島線」（おおむね九州から沖縄、台湾、フィリピンを通ってボルネオに至る）、「第二列島線」（おおむね伊豆諸島、小笠原諸島、マリアナ諸島、ニューギニアを結ぶ）といった言葉で語られる領域――においてだけでなく、さらに遠方での作戦能力を向上させてきた[図1参照]。ソマリア沖における海賊対処活動への参加を継続し、リビアおよびイエメンで非戦闘員退避活動に従事した他、地中海等でロシアとの合同演習を実施し、東アフリカのジブチに初の海外拠点を設置する運びとなった。

二〇一五年五月に発表された中国の『国防白書』では、海軍を「近海防御」型から「近海防御と遠海護衛との結合」型に、空軍を「国土防空」型から「攻防兼備」型にそれぞれ転換することが謳われた[18]。そして、陸軍による国土防衛を主体とする年来の軍事態勢を改め、海・空軍や（第二砲兵を格上げして新設した）ロケット軍――さらにはサイバー・宇宙能力――の強化に力点を移すべく、習近平政

図1 第一列島線と第二列島線

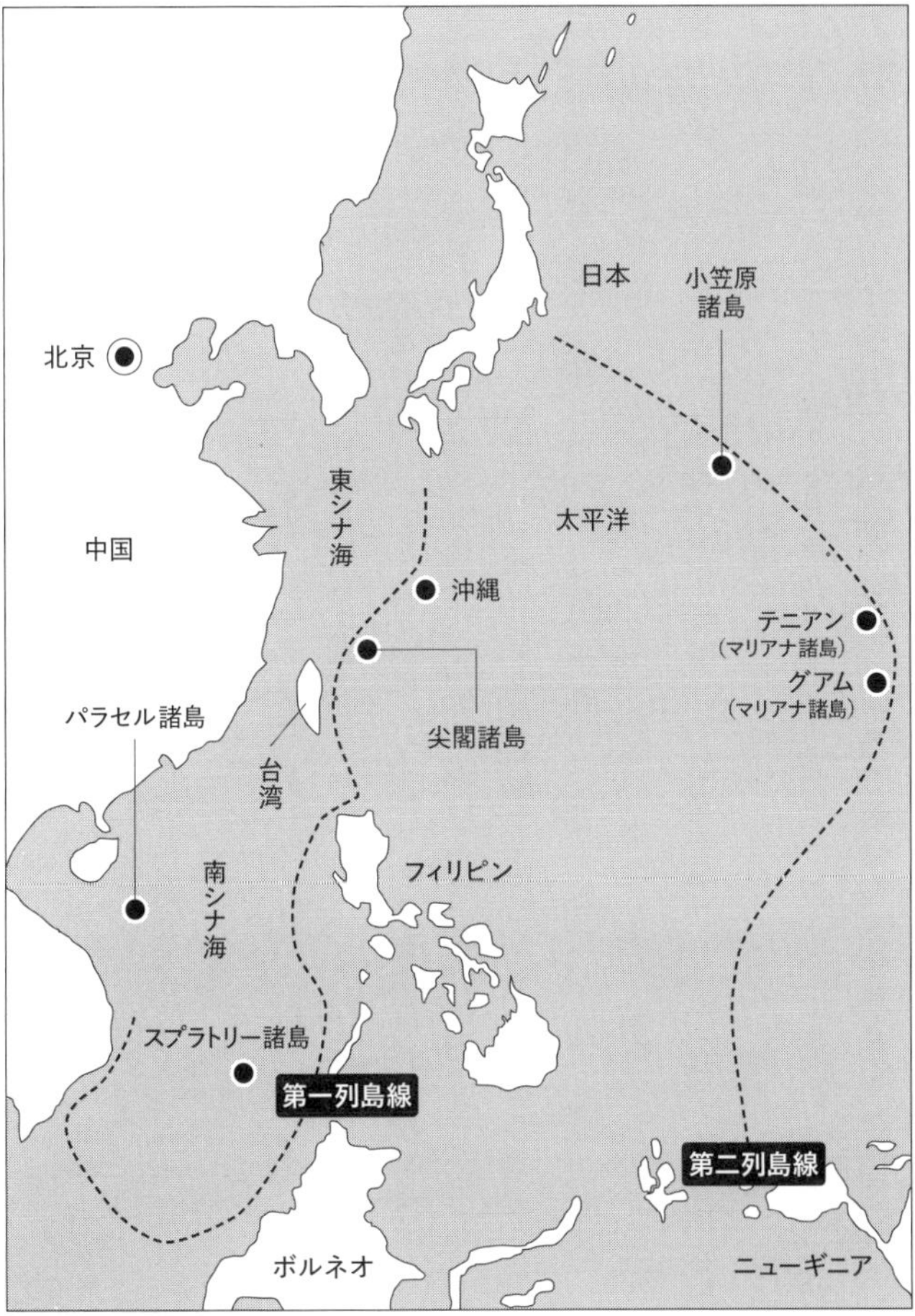

出典：編集部作成

権は大規模な軍事機構改革を始動させた。

❖海洋進出の加速

このような中国の軍事動向については——依然として台湾有事に焦点が据えられ、あわせてアジア・太平洋以外の地域における活動も念頭に置かれるようになっているとは言え——周辺海域における権益の主張を後押しするという側面が大きくなった。第五章で詳述するように、中国は一九五〇年代以来、南シナ海の大部分を囲い込む形で地図上に引かれた「九段線」の内側をすべて自国の領域——少なくとも島嶼や岩礁は領土、その周囲二〇〇海里内は排他的経済水域(EEZ)——と見なす独自の立場を取ってきた。「海洋強国」の建設を前面に掲げるに至った中国は[19]、そうした立場に基づいて、他の沿岸国(島嶼等の全部または一部に対して領有権を主張している国を含む)等による資源探査や漁船操業、軍事活動の妨害を続ける一方、係争海域での石油掘鑿《くっさく》に乗り出した。

二〇一四年以降、南シナ海では中国による人工島の造成が急速に進み、その軍事拠点としての利用も視野に入ることとなった。一六年七月、ハーグの仲裁裁判所は「九段線」の法的根拠を否定する判断を示したが、中国はこれを「ただの紙屑」「政治的茶番」等と呼んで反発し[20]、かえって南シナ海における実効支配を拡大する構えを見せた。東シナ海においても、中国は日本との了解に反してガス田の独自開発を始めると同時に、尖閣諸島周辺への公船の侵入を繰り返し、また一三年一一月には「防空識別区」の設定を宣言した。

その間、中国が「核心利益（＝譲ることのできない利益）」と呼ぶものの範囲が拡大する傾向も現れた。従来、主権や領土に関する「核心利益」としては、台湾、チベット、新疆が挙げられるのが通例であったが、二〇一〇年代に入ってからは、南シナ海、そして尖閣諸島までもが「核心利益」に含まれるとの言説が聞かれるようになったのである[21]。

「相互尊重」を前提とする「新型大国関係」の下では、米国もそうした中国の「核心利益」に敬意を払い、アジアの安全保障に対する関与を低下させることになるはずであった。習近平主席は「太平洋は中国と米国という二つの大きな国を容れるに十分の広さがある」旨の発言を繰り返し[22]、また二〇一四年五月には「アジアの安全は結局のところアジアの人民が保持すればよい」とする「新アジア安全観」を打ち出した[23]。

❖経済面での挑戦

経済力に自信を深めた中国は——多くの場合、新興五ヵ国（BRICS）に列する他国と歩調を合わせて——これまで米国主導で形成、維持されてきた国際経済体制の内部で運営の修正を求める傍ら、その外部に新たな秩序を作ろうとするようになった。例えば、国際通貨基金（IMF）および世界銀行において出資割当額およびそれに伴う投票権の増加を要求し、これら機関および世界貿易機関（WTO）の首脳人事についても働きかけを強めた。また、WTOの多角的貿易交渉で途上国への「特別かつ異なる待遇（S&D）」強化を主張すると同時に、米国を除外した形でアジアにおける広域経済連携の実現を企て、二〇一二年には地域包括経済連携（RCEP）の交渉開始にこぎつけた[24]。

さらに、中国が二〇〇九年に初めて提唱したIMFの特別引出権（SDR）準備通貨構想は、人民元のSDR構成通貨組み入れを目指すと共に、基軸通貨たる米ドルの地位に挑戦するものと言えた[25]。二〇一五年には人民元をSDR構成通貨に加えることが決定されたのに続き、IMFにおける中国の出資割当額（投票権）も大幅に引き上げられる運びとなった。また、中国は、特に近隣諸国との間において、人民元での貿易決済や債券発行を容易にすることを狙った施策の導入を進めてきた。その結果、国際決済に使われる人民元の割合も上昇する兆しを見せた[26]。

❖大経済圏の追求

そうした施策は東アジアから欧州、アフリカに至る巨大な経済圏の構築を目指す政策の一環でもあった。習近平政権は中央アジアを経由する「シルクロード経済ベルト」ならびに南シナ海およびインド洋の沿岸を包含する「二一世紀海上シルクロード」の形成を打ち出し、それらを「一帯一路」と総称してきた[27]。中国政府は「一帯一路」に沿った国々の政府や企業、金融機関が中国で人民元建ての債券を発行したり、中国の金融機関や企業が国外で債券（人民元建てのものを含む）を発行して集めた資金をそうした国々で使ったりすることを支援、奨励する方針を明示したのである[28]。

また、二〇一五年七月にはBRICSの新開発銀行（本部・上海）、一六年一月には中国を最大の出資国とするアジアインフラ投資銀行（AIIB）（本部・北京）が、それぞれ開業に至った。AIIBや新開発銀行は中国独自の「シルクロード基金」等と相俟って、「一帯一路」構想の推進に必要な資金を賄うことになると位置づけられてきた。習近平主席はＡＩＩＢの開業に当たって、「ＡＩＩＢを含む新旧の国際金融機関が共同で『一帯一路』の建設に参加することを歓迎し続ける」と述べたのである[29]。

実際のところ、中国は二〇一三年一〇月に「運命共同体」意識の定着を狙って善隣友好を基本とする「周辺外交」理念を打ち出す等、アジアにおける地歩をさらに強固なものにしようと試みてきた[30]。欧州や中東、アフリカでも貿易や投資（港湾施設の権利取得を含む）、それに援助を通じて影響力の増大を図り、さらには中南米でも大規模な鉄道や運河の建設事業に乗り出した。のみならず、習近平政権はアフガニスタンやシリアの和平にも何らかの形で関与する姿勢を見せ始めた[31]。

その間、中国では二〇一四年以降、「法治」の推進が唱えられると同時に、反スパイ法、国家安全法、反テロ法、外国ＮＧＯ（非政府組織）管理法が相次いで制定される等、社会統制の強化が進んだ。国内で活動する外国企業に情報関連の技術開示が要求される一方、米国の企業や政府機関に対する大規模なサイバー攻撃への関与が疑われるようにもなった。また、中国は二〇一一年、ロシア等と共に情報セキュリティに関する「国際行動規範」を提案したが、そこには「民間に任せるインターネット・ガバナンス」を否定し、言論の自由や通信の秘密を含む「既存の国際法」の適用を拒絶する立場が織り込まれていた[32]。

3 自己主張の含意

❖中国的秩序観の特質

ここで近年における中国の対外的な自己主張の意味を、その大戦略および大戦略の基底に横たわる秩序観に即して考察してみよう。中国の伝統的な秩序観は、近代欧州に起源を有する主権国家体制を支えてきたそれと大きく性質の異なるものであった[33]。

第一に、主権国家体制は形式的に対等な多数の主体から構成される多元的なものとされてきた。これに対し、中国的秩序観は有徳の皇帝によって漢族主体の「天下」が統一されている状態をあるべき姿と見なす一方、漢族以外の「夷狄」は「徳」の欠如に従って地位が下がっていくとする一元的、階層的なものであった[34]。そこでは世界における中国の中心性が当然と捉えられていたが、それは分離、独立した国家主権の「根本的な非正統性」[35]を含意するものに他ならなかった。

そうした中華帝国の秩序観は、儒教的な公共倫理と法家的な国家機構とを総合したものを基盤としたものであった。中国にとって外部との関係は、国内的な秩序と同一の原則に対外的な表現を与えるものに過ぎなかった。それだけに対外秩序は内部秩序と密接に連関することとなり、為政者の徳が外部の「夷狄」を従わせるに十分なものでなくなるにつれ、国内も乱れやすくなると目された。恭順を表す儀礼を通じて皇帝の「徳を認証する」[36]朝貢使節の存在が、中国的秩序観において枢要な位置を占めていた所以である。

第二に、主権国家体制における「国境」は、明確に画定されるべきものと捉えられてきた。これに対し、中国的秩序観における「天下」は歴代王朝の支配領域に対応して膨らんだり縮んだりしたのみならず、人間世界の全体を表象する場合もあった。そうした「天下」観念の「二重性と可変性」により、「中国」とされるものの範囲は「自在に伸縮」することになったのである[37]。

第三に、主権国家体制を律する国際法には、法の定立者をも拘束する「法の支配」の思想が織り込まれてきた。これに対し、中国的秩序観に含まれる「法による支配」は、「法」を何よりも為政者に奉仕し、その支配を確かなものにするために使用される道具と見なすものであった。社会秩序を維持する方法としては徳による教化が優先されたが、それの通じない下等な人間に対しては、法による褒賞または処罰という手段が求められたのである[38]。

❖中国の大戦略と周辺

内部秩序と自国の中心性を前提とする対外秩序とが連動しているという意識は、中国にとって「周辺」における影響力の保持が必須であるとの見方に直結していた。中華帝国の「周辺」は時の経過と共に拡大する傾向を示し、清代までには満洲、蒙古、新疆、チベット、トンキン、アンナン、シャム、ビルマ、朝鮮、台湾、琉球を含むこととなった。特に内陸アジアの諸民族はしばしば軍事的に極めて強力であったことから、中国の大戦略においては、様々な方策を講じてその脅威に対抗すると共に、「天下」を統べる皇帝の権威を象徴する朝貢制度を円滑に運営することが何よりも重視されたのである。遠方の大国との交際が本格化した近代以降においては、列強による侵略を抑止し、あわせて列強から敬意を引き出すことも同様に重要と感じられるようになった。

また、「周辺」を統制するための方途については、教化、報酬や懲罰、「夷狄」相互の関係操作(夷を以て夷を制す)を含む非軍事的な手段に重きが置かれ、軍事力を用いる際には攻撃より防衛が好まれていたという理解が普通であった。伝統的な「不戦主義傾向」が強調され[39]、それに根拠を与えるものとして孫子の「不戦而屈人之兵、善之善者也(＝戦闘しないで敵兵を屈伏させるのが最高に優れたことである)」[40]といった格言が引かれることが多かったのである。

中国の大戦略に関するそのような理解自体が中国の伝統的な秩序観に沿ったものと言えたが、それに対しては強力な異論も寄せられてきた。A・I・ジョンストンによれば、中華帝国の戦略文化は実際上、在来の解釈の如き「孔子・孟子」型ではなく、「戦争準備(parabellum)」型――あるいは「峻厳な現実政策(hard realpolitik)」型――であり、大戦略に関する選好も①攻撃的、②防衛的、③妥協的という順であった。ただし、大戦略の選択に際しては彼我の戦力比に対する絶対的柔軟性(权变)が介在し、自らが弱体の時には非強制的な戦略が追求されやすかったというのである[41]。

一方、M・D・スウェインとA・J・テリスは、文化的な要因というより時の為政者が直面する物質的、構造的な条件に着目しつつ、やはり中国による同様の振る舞いを同定した。「周辺」の潜在敵に対して相対的な優位に立っている場合、中華帝国は「周辺」を管理、制圧するため主として武力に訴えてきた。しかし、内外の状況によりそうすることが難しい場合には、しばしば宥和政策や戦術的提携策といった外交術策や受動的防衛策を選んだとされるのである[42]。

強制的な手段を重視する戦略を「強国型」戦略、非強制的な方策を優先する戦略を「弱国型」戦略とそれぞれ呼ぶならば、近代以降の中国は「弱・強複合型」の大戦略を追求してきたと言える――というのがスウェイン＝テリスの説くところである。一九世紀末までに遠方の大国に対する中国の軍事的な劣位は明白となり、しかも列強の勢力浸透に伴って「周辺」の諸民族は次々と朝貢関係を停止していた。そうした中で、中国は残された「周辺」に対して支配の強化――ひいては中国領土への公式編入――を目標とした強国型の軍事行動に訴える一方、列強に対しては内政不干渉を初めとする主権国家体制の論理を用いて領土保全を図る弱国型の外交戦略を取るようになったのである[43]。

❖冷戦期の中国大戦略

冷戦期の中国についても、やはり弱・強複合型戦略を実行してきたと解釈し得る。共産党政権が樹立された時点で、新疆や蒙古の一部、チベットには中国から離れる動きが見られたが、毛沢東は直ちに軍事行動を起こし、これら地域の中国への公式編入を確かなものにした[44]。また、中国は朝鮮戦争に介入した他、台湾の「解放」を叫び続け、新疆、チベットに接する地域をめぐってインドとの間で国境紛争を起こした。

一方、第二章でも触れたように、中国は当初米国、次いで米ソ両国、続いてソ連を主敵と見なした

──中ソ間では大規模な武力衝突も生起した──が、その脅威に備えるための方途は主として受動的防衛策および戦術的提携策であった。中国軍の奉じた「人民戦争」の教義は、侵略者を国内に引き入れて撃滅する態勢を取るものであった。中国は一九五〇年代にはソ連との同盟（向ソ一辺倒）によって米国に対抗し、一九六〇年代には──核戦争の恐怖につけ込むと同時に──非同盟諸国を組織することを通じて米ソ双方を牽制した。そして、中ソ対立が激化する一九七〇年代には米国と「擬似同盟」してソ連と対峙することとなったのである。

米国との連携によるソ連の抑制は、中越紛争やソ連のアフガニスタン侵攻を経て一九八〇年代も継続したが、その性質は変化していった。ソ連の脅威が低下し始める一方、経済の「改革・開放」が軌道に乗ってきたからである。そのため中国は──「独立自主」を改めて標榜すると共に──対米連携の意義に関して、差し迫った脅威に対抗するための軍事協力よりも、交流拡大による経済利益の獲得──そして、それを通じての軍事能力の増大および政治体制の維持──を重視するに至った[45]。ところが、その間には近隣各国もまた能力の向上に努めており、中国が「周辺」に対して効果的に軍事力を行使することは難しくなった。

スウェイン＝テリスに従えば、中国はそうした状況に対応すべく弱・強複合型戦略を修正、拡充した「打算的（calculative）」戦略を取るようになった。その要諦は地域的、世界的に負の反応を引き起こすことを避けるため、可能な限り挑発的でない形で国力の増大を図るところにあると言えた[46]。

❖冷戦後の中国大戦略

冷戦の終結により、このような性格を帯びた中国の大戦略は新たな条件の下で展開されることとなった。中国は双極構造の崩壊が多極世界の到来に繋がることを期待していたが、一九九〇年代後半までには米国を中心とする単極の国際体系（一超多強）が成立しているとの認識が定着するに至った[47]。天安門事件による孤立からの脱却を果たし、順調な経済成長を続けた中国ではあったが、特に台湾海峡危機を経て米国や近隣諸国ではその動向への懸念も強まった。中国にとっての米国はもはや主敵に対抗するために連携する相手ではなく、人権を始めとする「価値」の面で圧力を掛け、また台湾の独立や近隣諸国の挑戦に後ろ楯を与え得る存在であったが、さらなる国力発展には米国との緊密な交流が欠かせないことも強く認識されていた。

そこで、中国は当面するところ単極構造の世界を受容し、「韜光養晦」の基本姿勢を維持しつつ、大国の地位を築いていくことに焦点を据えるようになった。それは「打算的」戦略の継続と言うことも出来たが、A・ゴールドスタイン（金骏远）に倣って、「和平崛起」「和平発展」を中核とする大戦略と解釈してもよかった[48]。E・N・ルトワックも大戦略としての「和平崛起」「和平発展」に言及し、そこに表れた中国の姿を「中国《チャイナ》1・0——平和的台頭」と表現した[49]。キッシンジャー元国務長官に言わせれば、中国の対外姿勢は「毛沢東」より「ビスマルク」のそれに近いものとなった[50]。

この時期の中国における対外政策の力点は、条件付きではありながらも主要国との間で協力関係を推進し、多国間制度をもっぱら国益増進の手段と捉えつつもそれへの参加を積極化することに置かれた。また、領土をめぐる紛議については、友好的な解決を図ることを優先し、あるいは処理を無期限に延期するという態度が取られた。そうした姿勢を通じて、米国の警戒を解くように努めると同時に、近隣諸国に安心を供与し、現行秩序から経済面、安全面で最大限の利益を得ようとしたのである。

他方、このような中国の大戦略は、あくまでも国際場裡における米国の圧倒的な優位が持続する限りのものと想定された。ゴールドスタインの見るところでは、それは「有効期限」のある「過渡期の戦略」に過ぎず、台頭を遂げた後の中国がそれに導かれることはなさそうであった[51]。ジョンストンが言うように、中国の戦略文化が力関係の変化に頗《すこぶ》る敏感であるとするならば、国力に自信をつけた中国が大戦略に係る選択をより攻撃的な方向に移しても不思議はなかった。スウェイン＝テリスに従えば、中国の力が増大するに伴って既存の「打算的」戦略は強国型戦略に類するものへと変化していく可能性があり、ゆくゆくは——「渾沌とした中国」や「協力する中国」ではなく——「自己主張する中国」が登場する公算が最も大きかった[52]。

❖中国大戦略の変化？

はたして二〇〇〇年代末以降、国際体系が米国を中心とする単極であるとの認識が後退する中で、中国が対外的な攻勢を活発化してきたことに伴い、その大戦略における変化が指摘されるに至った。「衝突せず、対抗せず」と唱える一方で、「核心利益」の拡大を窺わせ、地域的、国際的に自己主張を強めていく中国の姿は、「ソフトな言葉とハードな行動の間のギャップ」によって特徴づけられるのみならず[53]、米国との間で従来より「はるかに高い水準の緊張を引き起こすことを厭わない」とさえ評価されるようになった[54]。

中国政府は未だ「和平発展」の旗を下ろしていないものの、ゴールドスタインの見るところでは、習近平政権が追求しているのはもはや「和平崛起」「和平発展」の戦略ではなく、「中国の特色ある大国」戦略とでも呼ぶべきものである[55]。また、ルトワックも二〇〇九年このかた「和平崛起」「和平発展」の信憑性は失われたと断言しており、中国は「中国2・0――対外強硬路線」次いで「中国3・0――選択的攻撃」に転じたと主張している[56]。

ゴールドスタインに言わせれば、習近平路線の特徴は、中国の台頭が及ぼす影響について他国が警戒、憂慮の態度を抱くのは必然であり、この現実を変えたいと思うのは無駄だと認めるところにある。他国があくまで疑念を抱き続け、中国への協力が望み難い場合にも、日増しに強力となっている中国は自らの利益を保障するに必要な措置を取る能力を有しているというのである[57]。諸外国による「牽制と圧力」は増大しているが、それでも「有利な国際環境を主動的かつ積極的に『構築』」することは可能であり、またそうすべきだということになる[58]。

❖中国的秩序観の復権

そうした中で、中国の伝統的な秩序観の表出が改めて看取されることとなった。実は中国が全面的に主権国家体制に組み入れられ、儒教的な思考が時代遅れとして退けられた二〇世紀においても、徳に基礎を置く世界秩序という旧来の概念が完全に廃ることはなく、むしろそれが近代の民族主義的な言説と結び付いて、「有徳の模範国家」としての中国という形象を作り上げていた[59]。毛沢東の中国も「儒教的伝統の鏡像版」という側面を有しており、自らを革命後の世界秩序にとっての「触媒」「前衛」「文明的中核」と位置づけた上で、途上国には中国の発展方式がより適合すると主張して、ソ連との間で共産陣営の主導権を争ったのである[60]。

中国によるそうした中心性の希求は、もとより経済力、軍事力の裏打ちを伴っていなかった。しかし、現今の中国にあっては、地域的、世界的な中心性の〝回復〟を本格的に追求するだけの力が備わりつつあると自認されていてもおかしくない。

中国的秩序観に即した中心性の確立に際しては、当然ながら「周辺」と観念される地域における影響力の確保が枢要とされてきた。近代における列強の中国進出が多く海洋を経由するものであったことから、近海を内陸同様の「周辺」に取り込み、これを統制することが重要と見られるようになった。加えて、中国の交流対象が今や地球全体に拡大していることに鑑みれば、従来になく広い地域に「周辺」の機能を果たさせることも必要となっていると考えられる。

実際のところ、スウェイン＝テリスの枠組みを使うならば、南シナ海や東シナ海における中国の強硬な自己主張は、伝統的な「周辺」に対する強国型戦略の表れと見てよいが、それはもはや遠方の大国に対する弱国型戦略と組み合わされたものではない。確かに「革命外交」の時代と比べれば、中国は「ウェストファリア化」し、あるいは「普通の国」化したと評言し得ようが[61]、にもかかわらず

「ウェストファリアの規範」をめぐる中国の態度は「非常に暫定的」であり得る[62]。二〇一〇年の国際会議で南シナ海の問題が取り上げられた際に飛び出した「中国は大きな国であり、他の国(=東南アジア諸国)は小さな国である。そしてそれは全く事実である」という楊潔篪《ようけつち》外相の発言[63]は、このことを示唆するものかもしれない。そうだとすれば、海洋進出の加速についても、一元的、階層的な伝統的秩序観と結び合わされて、世界における中国の中心性を段階的に達成していくための方策と位置づけられ得るということになる。

また、「一帯一路」に沿った大経済圏の建設は、在来の「周辺」に属しない広大な地域をゆくゆくは事実上の「周辺」に転化することに繋がり得るものである。現に、二〇一四年に刊行された習近平主席の発言集には「周辺外交」に関する演説が三篇収められているが、その中の二つは「シルクロード経済ベルト」および「海上シルクロード」を提唱した前年の演説である[64]。「一帯一路」構想に即して「周辺」が中東やアフリカ、欧州までをも含むように「拡大解釈されている」[65]と見ることができるのである。これまでも中国は「中央アジアから南シナ海に至るまで、ロシア極東からインド洋に至るまで」、陸上でも海上でも自らの「勢力範囲」を確立しつつあると論ぜられてきた。そうした観点に立つと、アフリカ等をも含む「一帯一路」は勢力範囲のさらなる拡大をもたらし、ひいては半球規模に及ぶ「拡大中国(Greater China)」の出現を助けかねないのである[66]。

「周辺」統制の強化および「周辺」自体の拡大への衝動は、もとより柔軟に伸縮可能な境界という観念とも結び付いている。「一帯一路」の地理的な限界が画されていないことに注意を促しつつ、その本質を「包容的、開放的でグローバルな協力のネットワーク」として捉えると、そこに「天下」概念に代表される中国の伝統的な秩序観の表出が嗅ぎ取られることになる。ネットワークが緊密化するにつれ、各国は次第に中国に繋ぎ止められ、各主体の重要性はネットワーク内におけるそれぞれの位置によって規定されるようになると言われるのである[67]。

活発な海洋進出や大経済圏の構築は、「戦略的辺境（战略边疆）」や「戦略的通路（战略通道）」をめぐる言説とも関連づけることができる。中国軍の徐光裕少将は早くから通常の意味での国境、即ち「地理的辺境（地理边疆）」とは異なり、国家の支配力が実際に及ぶ範囲に対応する戦略的辺境の概念を唱えており、これを「海洋管轄区」——EEZおよび大陸棚——の外縁まで押し広げるよう訴えていた[68]。ところが、近年はそれに加えて戦略的通路の概念を説き、陸上、海上、空中、サイバー空間にわたるモノ、ヒト、カネ、情報の通り道における支配力の獲得をも求めるようになっているのである[69]。

さらに、中国による対外的な自己主張の過程では、法観念の異同も顕在化し始めた。そもそも法的な国境とは別の境界線を構想し、その重要性を前面に出すことは、国際法の軽視に繋がる可能性なしとしなかった。実際、南シナ海の「九段線」をめぐる仲裁裁判所の裁定に関して、中国の当局者が「紙屑」「茶番」といった言葉を使ったことは、すでに触れたとおりである。

最後に、近年の中国では、国際社会における課題の設定や状況の評価を左右し得る言説に対する支配権を意味する「話語権」への関心が高まっていることを指摘せねばならない[70]。胡錦濤主席が中露首脳会談で「国際問題における両国の話語権を引き上げる」旨を提案したこともある[71]。しかも、第二章で紹介した「普遍的価値」の受容に繋がり得る動向とは裏腹に[72]、普及を図るべき言説の内容について、中国の伝統的な秩序観を織り込んだものにすべきだとの主張が聞かれるようになってきたのである。

一例を挙げれば、中国の著名な国際政治学者・閻学通《えんがくつう》は、中国古来の仁、義、礼という概念はそれぞれ平等、民主、自由という「普遍的な価値観」よりも優れていると述べている。中国がそうした独自の価値観を打ち出せば、その国際的な指導権の合法性は米国のそれより高まり得るというのである[73]。

4　自己主張の帰結

❖現状維持の自任

中国の対外的な自己主張の背景には、共産党支配の正統性が経済成長の持続、生活水準の向上という「実績」に多くを依存するようになっているという事情があると考えられる。海洋進出の加速もAIIBや新開発銀行の創設も、国外で天然資源を獲得し、国内企業に市場を提供する必要と密接に絡み合っている。防護すべき海外の利益が拡大するにつれ、遠方海域の防衛が強調されるようになっても不思議ではない。軍事力近代化への執心や国際経済体制再編への注力は、国力の増大に見合った地域的、世界的な地位、役割を求める民族主義の心情――「屈辱の記憶」をバネとする「失地回復」の情念[74]――に応えるものでもあろう。

しかし、地域的、世界的な攻勢の活発化が、現存の国際秩序に中国が必ずしも満足していないことを示すことも明らかである。そのような中国の不満はどこまで根源的なものと見ればよいのであろうか。言葉を換えれば、中国はどれだけ「現状維持」国家の側面を残しているのか、あるいはどのような意味で「現状打破」国家に変わったと評価できるのであろうか。

近年の中国は自らが「現状維持」の側に立つものであることを力説してきた。王毅外相に言わせれば、中国は「現代国際秩序の参与者、擁護者および改革者」、「国際・地域秩序の擁護者、建設者および貢献者」であった[75]。習近平主席も中国を「現行国際体系の参与者、建設者、貢献者」と規定した。「広大な発展途上国」を含む多数の国が「国際体系が一層公正で合理的な方向を指して発展することを望んでいる」ものの、これは決して「ひっくり返してやり直す（推倒重来）」こと、あるいは「別に一家を築く（另起炉灶）」ことを意味するものではなく、「時代に即して発展変化させ、改革して完全なものにする（与时俱进，改革完善）」ことを表すものだと述べたのである[76]。

実際のところ、オバマ政権が期待した通り、中国が米国との協調の下、国際場裡で「責任ある指導的役割」を演ずる兆候も見えるかのようであった。王毅外相は二〇一三年、国際的、地域的に喫緊な問題の処理に「より主体的、建設的に参加する」等、中国は「国際社会に多くの公共財を提供するよう努める」と言明した[77]。アフガニスタン、中東・アフリカ方面における和平交渉や海賊対処、非戦闘員退避をめぐる中国の動向を評価するに当たっては、そうした観点をも取り入れる必要があろう。

また、AIIBの創設に関して、李克強首相を始めとする中国当局者は、やはり「別に一家を築く」ものであることを否定し、国際金融体制を「補充」するものだと強調してきた[78]。はたしてAIIBや新開発銀行が既存の国際金融機関に代替するものでなく、これを補完するものである限り、それらを通じた開発資金の供給は米国を含む国際社会の全般的な利益にも寄与することとなり得よう。中国は既存の国際金融制度を「大枠で受容」しつつ、「米欧主導の現状」を問題としてきたに過ぎないとも言えるのである[79]。

さらに、中国がリーマン・ショックの直後に行った巨額の財政支出は、世界経済がさらに落ち込むのを防ぐ役割を果たした。中国は主要六ヵ国（P5＋1）の一つとしてイランの核問題に関する交渉に加わり、それは二〇一五年七月に包括的な合意に達した。一方、北朝鮮の核問題をめぐる「六ヵ国協議」は中断したままであり、その間も北朝鮮は核実験やミサイル発射を繰り返したが、国連安保理は中国の賛同をも得て、いく度か制裁決議、非難声明を採択した。中国は二酸化炭素の排出を二〇三〇年以前に削減し始めること等を表明し、それは地球温暖化対策に関するパリ協定の採択に繋がった。

そうしたことを背景に、米国の『国家安全保障戦略』二〇一五年版では、二〇一〇年版とほぼ同様に、気候変動、経済成長、朝鮮半島の非核化等をめぐって中国との協力を目指す姿勢が示された[80]。また、オバマ大統領は二〇一六年九月、米中両国は「かつてなく多くの領域にわたって関与している」と述べ、その例としてイランの核兵器取得阻止、朝鮮半島の非核化および気候変動における共同指導に言及した[81]。

他方、中国の大規模な景気対策は経済構造の改革を遅らせる方向に働き、それに伴う鉄鋼や石炭の過剰生産が国際的に問題とされるに至った。核兵器やミサイルの不拡散をめぐって、米国のそれとは異なる中国の国益が表出する場面も少なくなかった。シリアやイラクにおける「イスラム国」の挑戦やロシアによるクリミアの併合といった喫緊の問題に対する中国の姿勢も、必ずしもオバマ政権を満足させなかった。また、気候変動についての中国の態度には、「経済発展に悪影響を与えない限り、ある程度の具体的な削減義務を負う」という「機会主義的な行動パターン」が見られた[82]。結句、中国による国際的な「公共財」の提供は米国の目には到底十分とは映らず、オバマ大統領が中国の「ただ乗り」に苦言を呈する一幕もあった[83]。

❖米国大戦略との軋轢

米国の観点に立った場合、中国による「ただ乗り」が問題となり得るだけではない。中国の自己主張が既存の国際秩序に対する「現状打破」の要素を孕んでいることを見逃すわけにはいかないのである。

まず、中国は冷戦終結このかた世界の多極化を展望してきたが、近年はその到来を公式に語るようになっている。しかし、在来の国際体系が単極である場合、そもそも多極の国際政治を望むこと自体、

「現状打破」の志向を孕んでいることになる。「不均衡な力による既成の秩序を打ち倒し、これを勢力均衡体系に置き換える」ことが目指されるからである[84]。

また、中国による「話語権」の追求が「米国の『話語覇権』の打破」[85]を通じて中国的秩序観を世界に広げようとするものであり、しかもその秩序観が主権国家体制の「非正統性」を内包しているとすれば、それは現行の世界秩序を根底から改変する試みを意味することにもなる。

しかし、当面恐らくより重要なことは、中国の対外的な攻勢が米国の大戦略を構成する基本的な要素と相容れない側面を有していることである。第二章で指摘したように、米国において、東半球の勢力均衡、開放的な経済秩序、国際制度への依拠との関係で測られる中国への距離感は、二〇〇〇年代中頃を境に再び拡大しつつあった。近年における中国の自己主張は、そうした状況をいっそう深刻化させてきたのである。

第一に、海洋進出およびそれを支える軍事力近代化をめぐる近年の動向に鑑みれば、米国やアジア・太平洋諸国が何らかの効果的な対策を講じない限り、中国が遠くない将来、地域的な覇権を握ると仮定しても非常識とは言えなくなった。米中が互いに地域における他方の戦力に対抗するために投入し得る資源は、すでに「おおむね同量」となっており[86]、両国海軍の「戦力およびプレゼンスのバランス」、さらには中国と米国ならびにその同盟国および提携国との間の「地域的な戦力のバランス」が「中国有利の方向に移行しつつある」との主張も聞かれるようになっている[87]。

こうした趨勢の下では、中国にとって南シナ海および東シナ海における軍事的な優位の確立も夢ではないであろう。それが果たされた場合、中国は当該海域の資源を手中に収め、また東南アジア諸国を自在に強要し得るようになるばかりでなく、米国による介入を抑止しつつ、日本や韓国、台湾に圧力を掛けることも容易になると見られるのである。

第二に、中国は開放性を基礎とする経済秩序への姿勢を曖昧に保ったまま、大経済圏の形成を初めとする国際経済体制の再編に乗り出した。中国経済の構造改革が停滞する中で、米国企業にとっての投資環境は悪化し、米中の貿易不均衡はさらに巨大となった[88]。中国の金融当局による外国為替市場への大規模介入も批判の的となった。ＡＩＩＢや新開発銀行が軌道に乗り、あるいはＲＣＥＰの交渉が進んだとしても、それで「重商主義」的な中国の産業政策や貿易慣行が改まるとは確信し難い。その上、中国は言論の締め付けを強化しており、サイバー空間の自由も認めようとしていない。

従って、中国がアジアにおける地域覇権の達成に近づくほど、モノ・カネ・ヒト・情報の円滑な移動がかえって不確実になるとさえ言えるかもしれない。また、アジアから欧州、アフリカに至る経済圏の成立に伴って、例えば「一帯一路」に沿った国々の間で軍事協力が強化されていった場合、東半球における勢力均衡の維持がいっそう難しくなりかねないであろう[89]。

第三に、中国の対外的な攻勢と既存の国際制度との間の緊張がいよいよ表面化してきた。海洋権益をめぐる中国の言動には、公海における航行や上空飛行の自由、紛争の平和的解決、ＥＥＺの性格等をめぐる国際的な規範に抵触する面があり、そのことは二〇一六年七月の仲裁裁判所による判断を通じて劇的に示されたところであるが、先述のように中国はこれを全く受け入れようとしなかった。同年九月、オバマ大統領は国連総会における演説で、恐らくは中国をも念頭に置きつつ、「強国が国際法によって課せられた制約に異議を唱えている」との認識を示したのである[90]。

また、中国の通商政策や為替政策についても、国際規範に背反しているとの批判が消えておらず[91]、米国を含む先進諸国は中国をWTO規定上の「市場経済国」に認定するに至っていない。AIIBや新開発銀行による資金の供給に関しても、特に人権や環境をめぐって開発援助の基準が引き下げられかねないとの懸念が抱かれている。

いずれにせよ、米国との間で中国の企図するような「新型大国関係」を構築することは非常に難しいはずである。中国が米国に対して「相互尊重」の対象とすることを求める「核心利益」は、「周辺」管理の強化——場合によっては、それに加えて「周辺」自体の拡張——を内容に含むものである。しかし、極東に関する米国の大戦略を言い換えると、「米国はまさに中国の周辺で戦後秩序を形成してきた」ということになるからである[92]。

❖米国のリバランス政策

実際、中国が「新型大国関係」の構築を持ち掛けても、米国はおいそれとそれに乗ろうとはしなかった[93]。本章の冒頭に記したように、オバマ政権の対中政策は当初、協力の促進を前面に据えた融和的なものであった。二〇〇九年一一月に発表された米中共同声明に、双方が互いの「核心利益」を尊重することが「極めて重要」である旨が記されたことは、これを象徴するものと言えた[94]。しかし、中国の対外的な自己主張が強まるにつれて、相違の管理という側面が重要性を増していった[95]。二〇一一年一月の米中共同声明に「核心利益」という言葉は盛り込まれなかったのである[96]。

中国の地域的、国際的な攻勢に対し、オバマ政権は二〇一一年秋以降、アジア・太平洋へのリバランス（再平衡）と総括される対応策を打ち出した[97]。その主柱となったのは、国防態勢の重心移動、海洋問題への積極関与および環太平洋経済連携（TPP）の推進であった。

二〇一二年一月に策定された「国防戦略指針」には、米軍展開の重心を「アジア・太平洋地域に向けてリバランスさせる」ことが明記された[98]。その一環として海・空軍を太平洋に重点配備する方針が示され、海兵隊の豪州への交替展開も始まった。米軍は中国のA2AD戦力に対抗すべくエア・シー・バトル（ASB）概念の形成を進め、それは国防政策をめぐる議論の焦点となっていった。

リバランスの提起は「ならず者国家」やテロ集団が国防戦略の焦点となっていた時代の終焉を告げるものでもあった。二〇一〇年五月に取りまとめられた四年次国防見直し（QDR）報告では、未だアル・カーイダを主敵とする「現行の軍事行動に打ち勝つ」ことが「最高の優先課題」とされていた[99]。ところが、二〇一二年の「国防戦略指針」では「今日の戦争」から「将来の挑戦」への力点の移行が謳われ、これを受けて一四年三月のQDR報告はアジア・太平洋へのリバランスを含む「二一世紀の国防における優先課題」への取り組みを強調するものとなった[100]。そして、一五年六月に公表された『国家軍事戦略』は、中国を――ロシア、イラン、北朝鮮とともども――「国際秩序の重要側面を修正しようと試みている」国家として挙げ、軍事的にも「暴力的な過激主義」勢力ではなく

「国家主体」の挑戦に「より大きな注意を払わねばならない」と指摘した上で、「米国が主要国との国家間戦争に関わる確率」は「低いが、高まりつつある」と論定するに至った[101]。

南シナ海をめぐって、クリントン国務長官は二〇一〇年七月、航行の自由や国際法の尊重を米国の「国益」と言明していたが[102]、米国のそうした姿勢はその後ますます明瞭となっていった。東シナ海についても、尖閣諸島に対する日米安全保障条約の適用が改めて確認され、中国の宣言した「防空識別区」を認めない立場が明らかにされた。二〇一五年の『国家安全保障戦略』には、「空域および海洋領域に対する非合法かつ攻撃的な主張」を拒絶し、特にアジアにおける領土紛議に関して「威圧および独断的な振る舞い」を非難する旨が盛り込まれた[103]。

二〇一五年九月の米中首脳会談に際して、オバマ大統領は南シナ海および東シナ海について、「国際法の許すところでは、どこでも航行し、飛行し、活動し続ける」と言明した[104]。そして、同年一〇月以降、中国が南シナ海で造成を進める人工島等の近傍に艦船を派遣し、中国による過剰な権利主張を認めない姿勢を示すようになった(航行の自由作戦)。その間、中国の海洋進出を牽制すべく、日本やインド、東南アジア諸国との関係強化も推進されてきた。

二〇一〇年三月に開始されたTPP交渉は、アジア・太平洋の広い地域にわたって、従来になく高度の市場開放を達成しようとするものであった。関税の撤廃、引き下げのみならず、投資や知的財産権、政府調達、労働や環境を含む広汎な分野における共通の規則作成を目指し、それを通じて交易の活発化を図ろうとしたのである。TPP交渉は一六年二月、署名にこぎつけたが、仮に協定が発効し、それが参加国の経済を活性化していった場合、中国がこれに加わろうとすれば、在来の「重商主義」的な政策や慣行を抜本的に修正することが必要になってくると考えられた。

オバマ政権はTPPの追求に当たって、米国を除外した広域経済連携を企図する中国への対抗という側面のあることを隠さなかった。「アジアだけの経済圏を阻止」することが「米国のTPP戦略の原点」であると評せられた所以である[105]。大統領は「中国が世界で最も速く成長しつつある地域のための〔貿易〕規則を書くことを望んでいる」が、そうなれば米国の労働者や企業は不利な立場に置かれるであろうから、「我々こそがそうした規則を書くべきなのだ」と繰り返した[106]。また、TPPを通じてアジア・太平洋における貿易や経済成長が促進されれば、米国との間の同盟関係や提携関係もそれだけ強固になると期待された。オバマ大統領によれば、TPPはそうした「重要な戦略的利益」をもたらすという意味で「リバランスの中核的な柱」となるはずであった[107]。

❖戦略的不信感の逓増

オバマ政権によるリバランスの展開と並行して、米国の学界や論壇における中国の捉え方も厳しいものになってきた。対中政策をめぐって「何十年間かで最も激しい論争」が展開されるようになり、中国に対してより厳しい対応を求める議論が注意を集めているのである[108]。かつて中国の「現状維持」志向を説いていたD・シャンボーは、「現状打破」傾向が勝りつつあることを指摘するようになった[109]。米中関係の行方について楽観論と悲観論に同様の比重を与えていたA・L・フリードバーグは大きく後者に傾き、「関与」政策が功を奏してこなかったとして、バランシング（平衡追求）の改善を訴えた[110]。

また、オバマ政権初期に国務副長官として「戦略的再保証」を唱えたJ・スタインバーグが退任後の二〇一四年にM・E・オハンロンと共同で米中関係に関する著書を出版する際には、標題に「決意」を付け加えることが適当と判断された[111]。さらに、冷戦期に中国との軍事協力を進めたM・ピルズベリーは、本章の冒頭で触れた「二つの一〇〇年」目標に関連して、中国は毛沢東以来、一貫して「二〇四九年までに世界の経済的、軍事的、政治的な指導国として米国に取って代わる」ことを目指す「一〇〇年マラソン」に従事してきたと主張して耳目を引くこととなった[112]。

中国に対する見方の変化は一般世論にも表れた。ピュー研究所が毎年実施してきた調査によれば、米国で中国を「非常に肯定的」または「どちらかと言えば肯定的」と見る者と「どちらかと言えば否定的」または「非常に否定的」と見る者との割合を比較すると、二〇一二年以前は肯定論が比較的多かったが、同年以後は否定論が過半を占めるようになった[113]。

一方、ピュー研究所の調査は、中国国内における米国観が負の方向に変化していることをも示してきた。二〇一〇年から一三年にかけて、米中関係を「協力関係」と表現する者は半分以下に減り、「敵対関係」と表現する者が約三倍に増えた[114]。また、二〇一五年、一六年の段階で、米国が「中国がゆくゆくは米国と同様に強力になることを受け入れている」と考える中国人は、米国は「中国が米国と同様に強力になることを妨げようとしている」と考える中国人の半分強に過ぎなかった[115]。

このように、大戦略上の相剋を背景に、米国の中国専門家K・リーバーソルと中国の国際政治学者・王緝思《おうしゆうし》の言う「戦略的不信感」の増大が米中両国で見られるようになった。双方において、「他方が自国の側の中核的な期待および利益を計画的に犠牲にしつつ、その重要な長期的目標を達成しようとしている」という心象が、ますます抱かれやすくなっているのである[116]。

米国を中心とする国際秩序を中国がどこまで受け入れているかを探究するに際しては、両国間における大戦略の相関を概観するだけでは不十分であろう。既存の秩序に強い不満を抱く国家であっても、通常そのある部分については「現状維持」を選好するからである。現に当今の中国も、現行秩序の「擁護者」であることを自任しつつ、国際体系を「改革して完全なものにする」ことを標榜している。

そこで、個別の政策領域に関する検討を通じて、中国の対外政策がどのような意味で「現状維持」的または「現状打破」的であるかを見る必要が生じてくる。そのことを念頭に置きつつ、次章においては、協調の実績あるいは潜在的な発展性が強調されてきた分野である核兵器(およびその送達手段となり得る弾道ミサイル)の不拡散をめぐる米中関係を検討することとする。

註

1——「习近平：承前启后 继往开来 继续朝着中华民族伟大复兴目标奋勇前进」二〇一二年一一月二九日、新华网。なお、二つの目標はすでに胡錦濤主席によって言及されていた。「胡锦涛在中国共产党第十八次全国代表大会上的报告」二〇一二年一一月八日、人民网。

2——オバマ政権一期目における対中政策のそのような特徴は、Jeffrey A. Bader, *Obama and China's Rise: An Insider's Account of America's Asia Strategy* (Washington, DC: Brookings Institution Press, 2012) に詳述されている。

3——James B. Steinberg, "China's Arrival: The Long March to Global Power," Center for a New American Security, September 24, 2009.

4——Barack Obama, *National Security Strategy*, May 2010, p. 43.

5——高木誠一郎「米国と中国の対外戦略における相手方の位置づけ」高木編『米中関係——冷戦後の構造と展開』(日本国際問題研究所、二〇〇七年) 一六頁。

6——Barack Obama, "Address to the Nation on the Situation in Syria," *Daily Compilation of Presidential Documents* [以下*DCPD*], September 10, 2013, p. 4.

7——「その他の台頭」はFareed Zakaria, *The Post-American World*, Release 2.0 (New York: W.W. Norton, 2011)、「無極」はRichard N. Haass, "The Age of Nonpolarity: What Will Follow U.S. Dominance," *Foreign Affairs*, Vol. 87, No. 3 (May/June 2008)、「Gゼロ」はIan Bremmer, *Every Nation for Itself: Winners and Losers in a G-Zero World* (New York: Portfolio/Penguin, 2012) をそれぞれ参照。

8——National Intelligence Council, *Global Trends 2025*, November 2008, pp. 1, 81; National Intelligence

Council, *Global Trends 2030*, December 2012, p. 18.

9——「胡锦涛等中央领导出席第十一次驻外使节会议」二〇〇九年七月二〇日、新华网。

10——「习近平在第八轮中美战略与经济对话和第七轮中美人文交流高层磋商联合开幕式上的讲话」二〇一六年六月六日、新华网。

11——例えば、二〇一六年末における世界の外貨準備に占める米ドルの比率は約六五%（第二位のユーロは約一九%）であった。International Monetary Fund (IMF), "World Currency Composition of Official Foreign Exchange Reserves" <http://data.imf.org>. また、国際決済に使われる通貨の中での米ドルの割合は、同年一二月時点で約四二%（第二位はユーロで約三一%）であった。Society for Worldwide Interbank Financial Telecommunication (SWIFT), "RMB Tracker" <https://www.swift.com>.

12——高木誠一郎「米中関係と日本——冷戦後から現在まで」『国際問題』第六二八号（二〇一四年一・二月）八〜九頁。

13——伊藤剛・高原明生「民主党政権誕生以降の日中関係 二〇〇九-一二年」高原明生・服部龍二編『日中関係史 1972-2012 I 政治』（東京大学出版会、二〇一二年）四九四頁、飯田将史「日中関係と今後の中国外交——『韜光養晦』の終焉?」『国際問題』第六二〇号（二〇一三年四月）四五頁、高木「米中関係と日本」一〇頁。

14——代表的なものとして、二〇一三年六月の米中首脳会談における習近平主席の発言を参照。「构建中美新型大国关系」二〇一三年六月七日、人民网。ただし、「新型大国関係」が最初に提起されたのは胡錦濤政権期であり、胡錦濤自身が二〇一二年の米中戦略・経済対話の開会に際してこの言葉を使っていた。「胡锦涛：推进互利共赢合作 发展新型大国关系」二〇一二年五月三日、新华网。なお、「新型大国関係」に関しては、Michael S. Chase, "China's Search for a 'New Type of Great Power Relationship,'" *China Brief*,

Vol. 12, No. 17 (September 7, 2012)、高木誠一郎「中国の大国化と米国――リバランスと『新型大国関係論』への対応」日本国際問題研究所、二〇一四年一月二九日、増田雅之「パワー・トランジッション論と中国の対米政策――『新型大国関係』論の重点移行」『神奈川大学アジア・レビュー』第二号(二〇一五年三月)等に分析がある。

15――例えば、「习近平会见美国总统奥巴马」二〇一四年三月二五日、新华网および「习近平在第八轮中美战略与经济对话」では、「衝突せず、対抗せず」が「相互尊重」および「協力共嬴」と共に米中関係の「原則」として言及されている。

16――習近平主席は二〇一四年一一月、「中国は是非自らの特色ある大国外交を行わねばならない」と述べた。「习近平出席中央外事工作会议并发表重要讲话」二〇一四年一一月二九日、新华网。「中国の特色ある大国外交」の展開を整理したものに、中国现代国际关系研究院课题组「中国特色大国外交全面发力」『现代国际关系』二〇一六年第一期がある。

17――「习近平在中法建交50周年纪念大会上的讲话(全文)」二〇一四年三月二七日、新华网。

18――『中国的军事战略・白皮书(全文)』二〇一五年五月、国务院新闻办公室。

19――「胡锦涛在中国共产党第十八次全国代表大会上的报告」。

20――「戴秉国:南海仲裁案判决『不过是一张废纸』」二〇一六年七月六日、BBC中文网、「所谓南海仲裁裁决纯属废纸」二〇一六年七月一二日、新华网、「中国外长王毅就所谓南海仲裁庭裁决结果发表谈话」二〇一六年七月一二日、新华网等を参照。

21――南シナ海についてはEdward Wong, "Chinese Military Seeks to Extend Its Naval Power," *New York Times*, April 23, 2010、尖閣諸島については牧野田亨「『尖閣、核心的利益』中国政府 初の公式発言」『読売新聞』二〇一三年四月二七日をそれぞれ参照。なお、「核心利益」に関しては、Michael D. Swaine, "China's

Assertive Behavior: Part One: On 'Core Interests,'" *China Leadership Monitor*, No. 34 (February 22, 2011)、前田宏子「中国における国益論争と核心的利益」『PHP Policy Review』第六巻第四八号（二〇一二年二月二日）、高木誠一郎「中国外交における『核心利益』論の展開」『問題と研究』第四二巻第二号（二〇一三年四・五・六月）等に分析がある。

22——Barack Obama, "Remarks Prior to a Meeting with President Xi Jinping of China in Rancho Mirage, California," *DCPD*, June 7, 2013, p. 2.

23——「习近平：积极树立亚洲安全观 共创安全合作新局面」二〇一四年五月二一日、新华网。

24——そうした中国（および他の新興国）の動向については、飯田敬輔『経済覇権のゆくえ——米中伯仲時代と日本の針路』（中央公論新社、二〇一三年）二〇二〜二一六頁にまとまった記述がある。

25——Zhou Xiaochuan, "Reform the International Monetary System," Bank for International Settlements, March 23, 2009.

26——ただし、人民元の国際化は容易に進んでおらず、国際決済で使われる人民元の割合は二〇一五年八月に約二・八％に達した後、一六年一二月には約一・七％まで下がった。SWIFT, "RMB Tracker." 世界各国の外貨準備に占める人民元の割合も、二〇一六年末時点で約１・１％に過ぎなかった。IMF, "Currency Composition."

27——「シルクロード経済ベルト」「二一世紀海上シルクロード」を提唱した習近平主席の演説は、それぞれ「习近平在纳扎尔巴耶夫大学的演讲（全文）」二〇一三年九月七日、新华网、「习近平在印度尼西亚国会的演讲（全文）」二〇一三年一〇月三日、新华网である。

28——National Development and Reform Commission, Ministry of Foreign Affairs, and Ministry of Commerce of the People's Republic of China, *Vision and Actions on Jointly Building Silk Road Economic Belt and 21st-Century*

Maritime Silk Road, March 28, 2015.

29――「习近平在亚洲基础设施投资银行开业仪式上的致辞（全文）」二〇一六年一月一六日、新华网。

30――「习近平在周边外交工作座谈会上发表重要讲话」二〇一三年一〇月二五日、新华网。「习近平主席在博鳌亚洲论坛2015年年会上的主旨演讲（全文）」二〇一五年三月二八日、新华网。

31――中国の対外的な関与が拡大していく様子は、David Shambaugh, *China Goes Global: The Partial Power* (New York: Oxford University Press, 2013), ch.3 および青山瑠妙・天児慧『超大国・中国のゆくえ2　外交と国際秩序』（東京大学出版会、二〇一五年）第二章によって概観することができる。

32――土屋大洋『サイバーセキュリティと国際政治』（千倉書房、二〇一五年）一五五～一六一頁（引用は一五七頁より）。

33――中国的秩序観の特質については、John King Fairbank, ed., *The Chinese World Order: Traditional China's Foreign Relations* (Cambridge, MA: Harvard University Press, 1968)、Christopher A. Ford, *The Mind of Empire: China's History and Modern Foreign Relations* (Lexington, KY: University Press of Kentucky, 2010)、Henry Kissinger, *On China* (New York: Penguin Press, 2011), ch. 1、中西輝政『帝国としての中国――覇権の論理と現実〈新版〉』（東洋経済新報社、二〇一三年）等を参照。

34――そのような特徴を有する中国の伝統的な秩序観は「大一統」と呼ばれた。王偉彬「中華帝国的国際秩序」中園和仁編『中国がつくる国際秩序』（ミネルヴァ書房、二〇一三年）一八頁、山本秀也「中国の『大一統』回帰とその影響――南シナ海問題を中心として」『国際安全保障』第四五巻第二号（二〇一七年九月）。

35――Ford, *Mind of Empire*, p. 4.　強調原文。

36――Ford, *Mind of Empire*, p. 99.

37——中西『帝国としての中国』四四頁。

38——Ford, *Mind of Empire*, p. 50; John K. Fairbank, "A Preliminary Framework," in Fairbank, ed., *Chinese World Order*, p. 6.

39——John K. Fairbank, "Introduction: Varieties of the Chinese Military Experience," in Frank A. Kierman, Jr. and John K. Fairbank, eds., *Chinese Ways in Warfare* (Cambridge, MA: Harvard University Press, 1974), p. 7.

40——訳文は金谷治『孫子』(岩波書店、一九六三年)三五頁に基づく(句読法、用字を一部変更)。

41——Alastair Iain Johnston, *Cultural Realism: Strategic Culture and Grand Strategy in Chinese History* (Princeton, NJ: Princeton University Press, 1995).

42——Michael D. Swaine and Ashley J. Tellis, *Interpreting China's Grand Strategy: Past, Present, and Future* (Santa Monica, CA: RAND Corporation, 2000).

43——Swaine and Tellis, *Interpreting*, p. 75.

44——Swaine and Tellis, *Interpreting*, p. 63; Kissinger, *On China*, pp. 99-100.

45——金骏远(顾苏丹・王文华译)「中国安全挑战和大战略的演变」『国际安全研究』二〇一五年第一期、第二〇页。

46——「打算的」戦略の基本的な論理および要素については、Swaine and Tellis, *Interpreting*, pp. 113-114を参照。

47——高木誠一郎「冷戦後の国際権力構造と中国の対外戦略——日米安保再確認をめぐって」『国際問題』第四五四号(一九九八年一月)。

48——Avery Goldstein, *Rising to the Challenge: China's Grand Strategy and International Security* (Stanford, CA: Stanford University Press, 2005), p. 192、金骏远「中国安全挑战」第二二页。なお、前者では「韜光養晦」

に代表される対外政策が「二一世紀に入っても相当続きそうである」とされている(p. 198)のに対し、後者では「和平崛起」「和平発展」の戦略が最初に鄧小平が唱えた「韜光養晦」の姿とは「いささか異なっている」ことが指摘されている(第二三頁)。「和平崛起」「和平発展」については、高木誠一郎「中国『和平崛起』論の現段階」『国際問題』第五四〇号(二〇〇五年三月)、Zheng Bijian, "China's 'Peaceful Rise' to Great-Power Status," *Foreign Affairs*, Vol. 84, No. 5 (September/October 2005) 等を参照。

49——Edward N. Luttwak, *The Rise of China vs. the Logic of Strategy* (Cambridge, MA: Harvard University Press, 2012), pp. 273-276、エドワード・ルトワック(奥山真司訳)『中国《チャイナ》4・0——暴発する中華帝国』(文藝春秋、二〇一六年)序章。

50——Kissinger, *On China*, p. 463.

51——Goldstein, *Rising to Challenge*, p.38.

52——Swaine and Tellis, *Interpreting*, ch. 5.

53——松田康博「習近平政権の外交政策——大国外交・周辺外交・地域構想の成果と矛盾」『国際問題』第六四〇号(二〇一五年四月)三七頁。

54——U.S.-China Economic and Security Review Commission〔以下USCC〕, *2014 Report to Congress*, November 2014, pp. 13-14, 265.

55——金骏远「中国安全挑战」第二八页。

56——Luttwak, *Rise of China*, p. 276、ルトワック『中国4・0』第一~二章。

57——金骏远「中国安全挑战」第二八页。

58——角崎信也「『総体国家安全観』の位相」日本国際問題研究所、二〇一五年一一月二七日。

59——Ford, *Mind of Empire*, p. 184.

60——Kissinger, *On China*, p. 95; Ford, *Mind of Empire*, p. 192.
61——益尾知佐子「鄧小平期中国の対朝鮮半島外交——中国外交『ウェストファリア化』の過程」『アジア研究』第四八巻第三号（二〇〇二年七月）、同『中国政治外交の転換点——改革開放と「独立自主の対外政策」』（東京大学出版会、二〇一〇年）二〇五頁。
62——Ford, *Mind of Empire*, p. 256.
63——John Pomfret, "U.S. Takes a Tougher Tone with China," *Washington Post*, July 30, 2010.
64——习近平『习近平谈治国理政』（外文出版社、二〇一四年）。二演説は註27で挙げたものである。
65——松田「習近平政権の外交政策」三九頁。
66——Robert D. Kaplan, "The Geography of Chinese Power: How Far Can Beijing Reach on Land and at Sea?" *Foreign Affairs*, Vol. 89, No. 3 (May/June 2010). 引用はpp. 25, 36より。なお、National Development and Reform Commission et al., *Vision and Actions* によれば、「二一世紀海上シルクロード」は「南太平洋」にも延びることになる。
67——Nadine Godehardt, *No End of History: A Chinese Alternative Concept of International Order?* German Institute for International and Security Affairs, January 2016, pp. 20, 23.
68——徐光裕「追及合理的三维战略边疆——国防发展战略思考之九」『解放军报』一九八七年四月三日。
69——徐光裕「中国战略空间观念需改变」『党政论坛・干部文摘』二〇〇九年一二月。
70——高木誠一郎「中国外交の新局面——国際『話語権』の追求」『青山国際政経論集』第八五号（二〇一一年九月）。
71——「胡锦涛会见俄罗斯总统梅德韦杰夫」二〇一〇年五月九日、新华网。
72——胡錦濤主席は二〇一一年一月の米中首脳会談に際して、「中国は人権の普遍性を認識し、尊重もする」と述べた。Barack Obama, "The President's News Conference with President Hu Jintao of China," *DCPD*, January 19, 2011, p. 8. しかし、その発言は中国国内では報じられなかった。伊藤・高原「民主党政権誕生以降の日中関係」四九五頁。

73——阎学通『历史的惯性——未来十年的中国与世界』(中信出版社、二〇一三年)第一八五～一八六页。

74——阿南友亮「海洋に賭ける習近平政権の『夢』——『平和的発展』路線の迷走と『失地回復』神話の創成」『国際問題』第六三一号(二〇一四年五月)。

75——「王毅：中国是当代国际秩序参与者、维护者和改革者」二〇一五年二月二三日、中国新闻网。「王毅在第四届世界和平论坛午餐会上的演讲(全文)」二〇一五年六月二七日、新华网。

76——「习近平在华盛顿州当地政府和美国友好团体联合欢迎宴会上的演讲」二〇一五年九月二二日、新华网。

77——「中国外长王毅在68届联大一般性辩论中代表中国政府发言」二〇一三年九月二七日、联合国新闻。

78——「李克强总理接受英国『金融时报』总编巴伯专访实录」二〇一五年四月一五日、新华网。

79——和田洋典「対外経済上の『攻勢』がもつ潜在性——ＡＩＩＢは多角主義と地域主義に何をもたらすか」『国際問題』第六四九号(二〇一六年三月)二一頁。

80——Barack Obama, *National Security Strategy*, February 2015, p. 24.

81——Barack Obama, "Remarks in Vientiane, Laos," *DCPD*, September 6, 2016, p. 5.

82——太田宏『主要国の環境とエネルギーをめぐる比較政治——持続可能社会への選択』(東信堂、二〇一六年)二九〇、三〇一頁。

83——"The Obama Interviews: China as a Free Rider," *New York Times* (video), August 9, 2014.

84——Randall L. Schweller and Xiaoyu Pu, "After Unipolarity: China's Visions of International Order in an Era of U.S. Decline," *International Security*, Vol. 36, No. 1 (Summer 2011), p. 46.

85——高木「国際『話語権』の追求」一八頁。

86——David C. Gompert and Phillip C. Saunders, *The Paradox of Power: Sino-American Strategic Restraint in an Age of Vulnerability* (Washington, DC: National Defense University Press, 2011), p. 25.

87——USCC, *2014 Report*, pp. 17, 36, 328-329, 330.

88——二〇〇八年に約二六八〇億ドルだった米国の対中貿易赤字は、二〇一五年には約三六七二億ドルとなった。

89——ただし、米中関係の焦点がすでにかなり「ゼロサム」的となっている東アジアから南アジア以東に移っていった場合、少なくとも短期的には両国の関係改善がもたらされるかもしれない。「一帯一路」構想の提示に先立ってそうした考え方を披瀝したものに、王缉思「『西进』、中国地缘战略的再平衡」『还球时报』二〇一二年一〇月一七日がある。

90——Barack Obama, "Remarks to the United Nations General Assembly in New York City," *DCPD*, September 20, 2016, p. 1.

91——例えば、USCC, *2016 Report* to Congress, November 2016は、中国は輸入代替政策、技術移転強制その他で国際的な義務の「精神および文言」に違反し続けていると論難している (p. 31)。

92——松田「習近平政権の外交政策」四一頁。

93——高木「中国の大国化」四~五頁。

94——Barack H. Obama, "Joint Statement by the United States of America and the Republic of China [sic]," *DCPD*, November 17, 2009, p. 4.

95——オバマ政権の当局者によれば、二〇一〇年一一月の米中首脳会談が「転換点」だったと言う。また、それは主として南シナ海における中国の主権主張を引き金とするものであった。Mark Landler, "Obama's

Journey to Tougher Tack on a Rising China," *New York Times*, September 20, 2012.

96 ——"U.S.-China Joint Statement," January 19, 2011 <https://obamawhitehouse.archives.gov>.

97 ——リバランスの性格については、梅本哲也「オバマ政権の世界観と米国の外交・安全保障政策」『国際問題』第六一九号（二〇一三年三月）四六～五〇頁、森聡「オバマ政権のリバランスと対中政策」『国際安全保障』第四一巻第三号（二〇一三年一二月）等を参照。

98 ——Department of Defense［以下DoD］, *Sustaining U.S. Global Leadership: Priorities for 21st Century Defense*, January 2012, p. 2.

99 ——DoD, *Quadrennial Defense Review Report*, February 2010, p. 5.

100 ——DoD, *Sustaining*, p. 1; Do., *Quadrennial Defense Review*, March 2014, p. 12.

101 ——DoD, Joint Chiefs of Staff, *The National Military Strategy of the United States of America, 2015: The United States Military's Contribution to National Security*, June 2015, pp. 2, 3, 4.

102 ——Hillary Rodham Clinton, "Remarks at Press Availability," Department of State, July 23, 2010.

103 ——Obama, *National Security Strategy* (2015), p. 13.

104 ——Barack Obama, "The President's News Conference with President Xi Jinping of China," *DCPD*, September 25, 2015, p. 2.

105 ——馬田啓一「TPP交渉とアジア太平洋の通商秩序」『国際問題』第六三二号（二〇一四年六月）五頁。

106 ——Barack Obama, "Address before a Joint Session of the Congress on the State of the Union," *DCPD*, January 20, 2015, p. 5; "Text of Obama's Statement on Trans-Pacific Partnership," *Wall Street Journal*, October 5, 2015.

107 ——Obama, "Remarks in Vientiane," p. 6

108 ——Harry Harding, "Has U.S. China Policy Failed?" *Washington Quarterly*, Vol. 38, No. 3 (Fall 2015). 引用はp.

95より。

109 ——例えばDavid Shambaugh, "China Engages Asia: Reshaping the Regional Order," *International Security*, Vol. 29, No. 3 (Winter 2004/05) とDo., "Coping with a Conflicted China," *Washington Quarterly*, Vol. 34, No. 1 (Winter 2011) とを比較せよ。ただし、シャンボーによれば、国際場裡における中国の力は依然として「実際には驚くほど弱く、非常にでこぼこした」ものであり、その意味で中国は「偏った国家」だと言う。Shambaugh, *China Goes Global*, p. x.

110 ——Aaron L. Friedberg, "The Future of U.S.-China Relations: Is Conflict Inevitable?" *International Security*, Vol. 30, No. 2 (Fall 2005) とDo., *A Contest for Supremacy: China, America, and the Struggle for Mastery in Asia* (New York: W.W. Norton, 2011) およびDo., "The Debate over US China Strategy," *Survival*, Vol. 57, No. 3 (June-July 2015) とを比較せよ。Robert D. Blackwill and Ashley J. Tellis, *Revising U.S. Grand Strategy toward China*, Council on Foreign Relations, March 2015も、中国に対する米国の大戦略について、「北京を国際体系に取り込むこと」から「意識的にその台頭をバランスすること」に主眼を移すよう唱えている (p. 18)。

111 ——James Steinberg and Michael E. O'Hanlon, *Strategic Reassurance and Resolve: U.S.-China Relations in the Twenty-First Century* (Princeton, NJ: Princeton University Press, 2014).

112 ——Michael Pillsbury, *The Hundred-Year Marathon: China's Secret Strategy to Replace America as the Global Superpower* (New York: Henry Holt, 2015). 引用はp. 12より。

113 ——Richard Wike, Jacob Poushter, and Hani Zainulbhai, *As Obama Years Draw to Close, President and U.S. Seen Favorably in Europe and Asia: Few Overseas Confident That Trump Can Handle Foreign Policy*, Pew Research Center, June 29, 2016, p. 42.

114 ——Pew Research Center, *America's Global Image Remains More Positive than China's: But Many See China*

Becoming World's Leading Power, July 18, 2013, p. 122.

115 ——Wike, Poushter, Zainulbhai, *As Obama Years*, p. 62.

116 ——Kenneth Lieberthal and Wang Jisi, *Addressing U.S.-China Strategic Distrust*, Brookings Institution, March 2012. 引用はp. 5より。

第4章 不拡散・非核化と米中関係

二〇一六年一一月、オバマ大統領は自身が臨む最後の米中首脳会談を前に、イランの核兵器獲得阻止を米中協力の実績として挙げ、また習近平国家主席とは北朝鮮の挑発に対する「強い反対で結束」していると述べた。習近平主席も、米中両国が朝鮮半島の核問題を含む重要な問題で「緊密な意思疎通および調整」を続けてきたと語った[1]。このように、核兵器の不拡散（すでに核実験を実施した北朝鮮についてはその非核化）は米中間における協調の可能性を代表する分野とされてきた。

核兵器その他大量破壊兵器——およびその送達手段となる弾道ミサイル——の不拡散は、現存の国際秩序に対する中国の態度を占う試金石となり得る政策領域である。国家による大量破壊兵器の開発、保有の抑制は冷戦期以来、重要な課題と目されており、特に近年の国際社会では、非国家主体をも視野に入れた不拡散体制の強化が喫緊と捉えられてきたからである。本章は、このような観点に立って、核兵器および弾道ミサイルの不拡散（あるいは非核化）に対する中国の態度――「現状維持」あるいは「現状打破」の志向――を探究しようとするものである。

第一節では、中国が国際的な不拡散努力への参画を徐々に進めていった過程を振り返る。第二節、第三節では、それぞれ北朝鮮、イランの核問題に関する中国の動向を取り上げ、そこに潜む戦術的考慮や戦略的志向を探り出す。第四節では、不拡散体制を主導してきた米国が自らその「現状」を変更しようとしている面のあることを指摘した上で、この点をめぐる中国の立場を特徴づけることとする。

1　既存の不拡散体制と中国

❖不拡散体制への距離

一九五〇年代から八〇年代初めまで、中国は原則的に途上国による核兵器の取得を否定していなかった。中国政府によれば、一九六三年に署名された部分的核実験禁止条約（PTBT）の中心目的は、米国が「威嚇と恫喝をいっそう憚《はばか》りなく実行し得るようにするために、中国を含め脅威を受けている全世界のあらゆる平和愛好国をして、自己防御の能力を強めることをできなくさせる」ことであった[2]。一九六八年に核拡散防止条約（NPT）が採択された際も、中国はこれを米国およびソ連による「大陰謀」「大ペテン」と呼び、両国は随意に核戦力を構築し得るのに対し、非核兵器国は自衛のための核兵器を開発する権利を奪われ、あまつさえ原子力の平和利用も制限を受けることになるとの非難を浴びせた[3]。

中国が米ソ主導で進められる核兵器の不拡散に反発したのは、何よりも自国の核開発が制約されかねなかったからである。従って、自らが一九六四年に核保有を達成する頃から、実際上は核拡散の助長を肯定しない態度も示されるようになった[4]。中国は一九八四年、国際原子力機関（IAEA）への加盟に当たって、原子力資機材・技術の輸出に際してはこれを平和目的に限定し、そのすべてに保障措置（核兵器の製造に転用されていないことを確認する措置）を適用することを約束した。そして、同年の全国人民代表大会では、趙紫陽首相が「核拡散を主張せず、また核拡散を実行せず、他国が核兵器を開発するのを援助しない」と言明するに至った[5]。

ただし、趙紫陽のこの発言は、「差別的」なNPTへの「批判的態度を保持」し、「この条約には参加しない」ということを明確にした上でのものであった[6]。また、中国はそれ以降も、先進国を中心とする多国間の輸出管理を通じた不拡散への取り組み——核兵器についてはザンガー委員会および核供給国グループ（NSG）、弾道ミサイルについてはミサイル技術管理体制（MTCR）によるもの——に否定的であり続けた。

のみならず、一九八〇年代から九〇年代にかけて、核兵器や弾道ミサイルの拡散に繋がる中国の活動はかえって盛んになった[7]。特に、パキスタンにおける保障措置の適用されない核施設の建設やそうした施設への装置、技術の提供、イランに対する核物質・装置・技術の供与は懸念の的となった。

また、サウジアラビアやパキスタンへの弾道ミサイル本体の輸出にも注意が向けられた。その他、いくつもの国の核計画やミサイル計画への協力が取り沙汰され、北朝鮮からミサイル技術の提供を受けたパキスタンが中国から入手した核技術を北朝鮮に供与した疑いも指摘された。「中東および南アジアといった不安定な地域への商取引」が「深刻な拡散懸念を呼び起こしている」という状況が続いたのである[8]。

❖不拡散体制への参画

ところが、核兵器および弾道ミサイルの不拡散をめぐる中国の姿勢は、一九九〇年代(特にその後半)以降、顕著な変化を見せることとなった。かつてNPTを「差別的」として退けた中国は一九九二年に至ってこれに加盟し、一九九五年にその無期限延長が合意された際にも異議を唱えなかった。PTBTを拒絶した中国であったが、一九九六年に包括的核実験禁止条約(CTBT)の交渉が妥結すると、直ちにこれに署名した。

また、輸出管理に対する中国の態度も変わってきた。中国は一九八九年以来、米国に対して何度もMTCRの指針を尊重することを約束した。一九九六年にIAEA保障措置の適用されない核施設に対する支援を行わないと声明したのに続いて、一九九七年にはザンガー委員会に参加した。二〇〇四年にはNSGへの加入が実現し、またMTCRへの加入意思も表明された。輸出管理に関する国内法制も逐次整備されていき、それに力点を置いた『不拡散白書』が二〇〇三年に公表された[9]。非国家主体への拡散阻止が緊要となるに及び、中国は二〇〇三年、米国の提唱する貨物安全構想（ＣＳＩ）に参加し、またその翌年には国連安保理決議１５４０の採択を支持した。

さらに、不拡散をめぐる具体的な問題の処理に対する中国の関与も積極化した。一九九八年にインド、パキスタンが相次いで核実験を実施すると、中国はこれを非難する安保理決議１１７２の作成を主導した。次節で詳述するように、北朝鮮の核問題が二〇〇二年に再燃すると、中国は「六ヵ国協議」の議長国として問題の解決に当たることとなった。イランの核活動に関しても、二〇〇六年以降、主要六ヵ国（Ｐ５＋１）――国連安保理の五常任理事国（Ｐ５）およびドイツ――の一員として交渉に臨んだ。

その間、中国自身の拡散活動も全体としては低下していった。保障措置の適用されないパキスタンの核施設に対する装置、技術の供与や、イランに対する新規の核協力は停止される運びとなった。一九九八年の印パ核実験への対応には、核兵器や核兵器送達可能な弾道ミサイルに関する計画に「いかなる形でも」寄与し得る装置や資材、技術の輸出を防止することが含まれていた[10]。二〇〇〇年にも、核兵器送達可能な弾道ミサイルの開発に対して「いかなる国をも」「いかなる形でも」支援する意図のない旨が声明された[11]。

その結果、米国の情報機関は二〇〇五年までに、核兵器関連物資・技術に関して「大半の国に対する政府公認の援助」は「おおむね抑制」されているとの結論を下すこととなった[12]。保障措置の適用されない原子力資機材・技術の輸出や核兵器送達可能な弾道ミサイル本体の供給が問題とされることもなくなった。中国に関する拡散活動の焦点は、恐らくは輸出管理法制の執行における不備を主因とする、国内の企業や個人による汎用物資・技術の供与に移ったのである[13]。

❖規範の本格的受容?

このような中国の動向について、米国では不拡散をめぐる国際的な規範・規則の本格的な受容を表すものと解釈されることが少なくなかった。そして、それは中国の自画像が、歴史上の被害者であり、不拡散体制において差別の対象となる「途上国」から、「大国」それも「責任大国(负责任大国)」へと変化してきたことと関係すると捉えられた。そこに映し出されたのは、国際場裡における利益の多くを米国と共有する中国であり、第二章で言及したように「現状維持」国家の性格を強めつつある中国であった。

例えば、E・S・メデイロスは、一九九〇年代末から二〇〇〇年代初めにかけて、不拡散への支持は中国が「責任大国」として行動することの一部となったと結論した。中国は「現行の国際的な不拡散基準を受け入れる」のみならず、時には不拡散体制を主導する「米国の一定利益に適応し、これを自らのものにさえする」意欲を強く示唆しており、その限りで「現状維持」に傾斜してきたと捉えられた[14]。

また、中国がCTBTを含む国際制度への関与を深めてきた過程を追究したA・I・ジョンストンの書籍にあっても、「責任大国」という自己規定に注意が促された。一九九〇年代末から多用されるようになった「責任大国」という用語は、多国間制度における規範・規則形成への寄与を意味すると共に、「既存の規則および規範の多くは中国の利益に相反していない」旨の「基本的承認」を体現しており、従って「明白に多国間主義的で『現状維持』的な内容」を有するものであった[15]。

さらに、B・ギルの著作によれば、一九九〇年代後半以降における不拡散政策の展開は、中国における自己認識の変化を表すと同時に、中国が周辺地域における不拡散を自国にとっての利益と見なすようになったことを反映するものと言えた。特に、関連する国内法制の形成、施行は、「規範の重要性」および規範の執行に際して「国内の仕組みによって演ぜられるべき枢要な役割」に関する認識が深まったことを実証するものと考えられた[16]。

❖規範受容への疑問

にもかかわらず、中国は不拡散に関する国際的な規範・規則を未だ内面化しておらず、その観点から言えば中国の「現状維持」志向は確かなものとなっていないとの見方は、米国においてその後も消えることがなかった。それはもとより、これまで述べてきたような方向への不拡散政策の変化が徹底するに至っていないことを一因とするものであった。

まず、国際的な不拡散努力に対する中国の関与は拡大したものの、それには一定の限界が画されていた。中国のMTCR加入は現実のものとならず、中国は二〇〇二年に合意された弾道ミサイルの拡散に関する「ハーグ行動規範」や、拡散関連物資・技術の移転阻止を掲げて米国が二〇〇三年に提唱した拡散安全保障構想（PSI）にも参加しようとしなかった。米国によるCTBTの批准が実現しない中で、中国もその批准を見合わせてきた。

また、総体として縮小してきたとは言え、中国の拡散活動が収まることはなかった。米国の情報機関に言わせれば、中国は大量破壊兵器・弾道ミサイル関連技術の「重要供給者」であり続けた[17]。国際社会の関心は企業や個人による汎用物資・技術の違法な移転に絞られてきたものの、反体制派の抑圧には峻厳たり得る中国が輸出管理の法制を厳格に執行し得ないのは不自然であり、またそうした移転がすべて中国の政府や軍の与《あずか》り知らぬところで実行されてきたとは考えにくいとの指摘もなされ得た[18]。

加えて、不拡散にまつわる中国の言動からは、対米関係をめぐる折々の戦術的考慮や独自の戦略的志向が見て取れることが少なくなかった。輸出管理に関する国内法制の拡充を含め、中国の不拡散政策はしばしば米国との間の要人往来を機に強化が図られた。パキスタンやイランへの協力自制、MTCR指針の尊重表明には、米国による制裁発動（の可能性）や米国との間での原子力協力の実施が絡んでいた。ミサイル拡散に対する態度を、米国による台湾への武器売却の問題と結び付けようとする傾向も表れた。後述するように、北朝鮮やイランの核問題についても、中国による戦術的な活用に材料を提供し、あるいは米中間の戦略的な離隔を浮き彫りにする一面があった。

2　北朝鮮核問題と米中

❖事態の推移

核兵器の材料となり得る物質には高濃縮ウランおよびプルトニウムがある。高濃縮ウランは天然ウランの濃縮を通じて、またプルトニウムは原子炉でのウラン照射で発生する使用済み燃料の再処理を通じて、それぞれ得られる核分裂性物質である。原子炉にはいくつもの種類があるが、北朝鮮が保有する黒鉛減速炉ではなく、軽水炉を使った場合、秘密裡にプルトニウムを生産することが難しくなるとされる。

北朝鮮の核問題は、直接的には、過去におけるプルトニウム生産の隠蔽が疑われたことを契機として顕在化したものである。一九九四年には緊張が最高度に達した(第一次核危機)が、米国と北朝鮮との間で「枠組み合意」が締結され、米国等による軽水炉の建設等と引き換えに北朝鮮は核施設を凍結することとなった。

しかし、やがて北朝鮮が秘密裡にウラン濃縮を企てているのではないかとの疑惑が深まり、二〇〇二年に北朝鮮が一旦それを認めたことから、核危機が再燃するに至った。「枠組み合意」の崩壊と並行して核活動を再開した北朝鮮は〇三年一月、NPTからの脱退を宣言し、使用済み燃料の再処理に公然と踏み出した[19]。

二〇〇三年八月以降、北朝鮮の核問題は中国を議長とする六ヵ国協議（他の参加国は米国、日本、韓国、北朝鮮、ロシア）を通じて処理が図られることとなった。完全で検証可能、不可逆的な非核化の実行を迫る米国に対し、北朝鮮は「敵視政策」の中止を要求し、また改めてウラン濃縮を否定しつつ、軽水炉供与を求めるようになった。

六ヵ国協議は二〇〇五年九月、北朝鮮が「すべての核兵器及び既存の核計画」を放棄する一方、他の参加国は「適当な時期」に軽水炉提供の問題について議論すること等を謳った共同声明を採択した[20]。〇七年二月には、エネルギー支援の実施等と引き換えに、北朝鮮が「すべての核計画についての完全な申告の提出」および「すべての既存の核施設の無能力化」に向けた措置を取ることが合意された[21]。

その間、北朝鮮は二〇〇六年七月に大陸間弾道ミサイル（ICBM）の原型と目されるテポドン２を発射し[22]、国連安保理が決議１６９５によって弾道ミサイル関連活動の停止を要求すると、同年一〇月、初の核実験に踏み切った。これに対し、安保理は戦車や戦闘用航空機を含む主要兵器、大量破壊兵器や弾道ミサイルの開発に寄与し得る物資や技術、それに奢侈品の禁輸を決定し、また貨物検査の実施を要請する決議１７１８を採択した。同決議には大量破壊兵器・弾道ミサイル開発に関係する資産の凍結や渡航の規制も盛り込まれた。

二〇〇七年二月の合意に基づいて北朝鮮の核施設は一旦稼働を止めたものの、非核化の検証等をめぐる対立が収まらず、北朝鮮はやがて核施設の無能力化を停止し、二〇〇九年には使用済み燃料の再

表1 北朝鮮の核実験・ミサイル発射と国連安保理の対応

2006年	7月	テポドン2発射	決議1695
	10月	核実験（1回目）	決議1718
2009年	4月	銀河2発射	議長声明
	5月	核実験（2回目）	決議1874
2012年	4月	銀河3発射	議長声明
	12月	銀河3発射	決議2087
2013年	2月	核実験（3回目）	決議2094
2016年	1月	核実験（4回目）	決議2270
	2月	銀河3発射	同上
	9月	核実験（5回目）	決議2321
2017年	2月以降	北極星2、火星12等発射	決議2356
	7月	火星14発射（2度）	決議2371
	9月	核実験（6回目）	決議2375
	11月	火星15発射	決議2397

出所：筆者作成。

処理を再開した。六ヵ国協議は中断したままとなり、北朝鮮による弾道ミサイル（あるいはミサイル技術を使用したロケット）の発射や核実験が繰り返されるようになった。

北朝鮮は二〇〇九年四月、銀河２（テポドン２の改良型と見られる）を、一二年四月、同年一二月および一六年二月には銀河３（同）をそれぞれ発射した。また、〇九年五月、一三年二月、一六年一月および同年九月には核実験を実施した。国連安保理は銀河２の発射に対して議長声明を発出し、〇九年五月の核実験に対しては決議１８７４を採択した。また、一二年四月の銀河３発射に対して議長声明を、同年一二月の銀河３発射に対して決議２０８７を、一三年二月の核実験に対して決議２０９４を、一六年一月の核実験および二月の銀河３発射に対して決議２２７０を、同年九月の核実験に対して決議２３２１をそれぞれ発出、採択した［表１参照］。累次の安保理決議によって、輸出入禁止や金融規制、渡航制限の対象は拡大し、貨物検査の規定も厳格となった。それと並行して、日本、米国等による独自制裁も逐次強化されていった。

そうした中で、北朝鮮は二〇〇九年にウラン濃縮を公然と開始し、二〇一三年には原子炉を再稼働した。北朝鮮では二〇〇七年以前、核兵器数発ないし一二発分のプルトニウムが生産されたと言われるが[23]、二〇一六年に再び再処理が実施されたこともあり、核兵器最大二〇発前後(あるいはそれを製造するに足るプルトニウムおよび高濃縮ウラン)の保有が推定されるに至った[24]。その上、北朝鮮は核弾頭を小型化してミサイルに装着する能力を、ある程度は獲得したと見られるようになった[25]。

また、北朝鮮は中距離弾道ミサイル(IRBM)ムスダンの実物大模型を二〇一〇年に公開し、二〇一六年にはこれを何発も発射した。さらに、二〇一二年にはICBM・KN-08、二〇一五年には同KN-14の実物大模型を公開した。潜水艦発射弾道ミサイル(SLBM)KN-11の開発も進められ、二〇一五年以来、試射が重ねられた。その上、二〇一三年以降、北朝鮮は米国等に対する核攻撃の恫喝を繰り返すようになった[26]。

❖米国の立場

第一次核危機への対処に際して、クリントン政権は北朝鮮との二国間交渉に精力を傾けた。再燃した核危機に対して、ブッシュ(子)政権は多国間での取り組みに力点を置き、特に政治的、経済的に北朝鮮と深い関係を有する中国の関与に期待を掛けることとなった。「今度は中国にも汗をかいてもらう」というわけである[27]。二〇〇二年一〇月の米中首脳会談で、江沢民主席は改めて「核兵器のない朝鮮半島」への支持を示すと同時に、この問題に関して「協議を続け」、その平和的な解決に向けて「共に努力する」ことでブッシュ(子)大統領と合意したと述べた[28]。

中国の果たし得る役割への関心は、六ヵ国協議が長期中断に入る前後に登場したオバマ政権でも変わることがなかった[29]。米国は北朝鮮が非核化を実行する意思を示した場合に初めて再度の協議に応ずるという「戦略的忍耐」の政策を取ったが、それが実効を上げるためにも、中国が制裁の強化で国際社会と歩調を合わせつつ、北朝鮮への影響力を積極的に行使することがますます肝要となるはずであった。北朝鮮を意味ある協議に復帰させる梃子を持っているのは、依然として「中国のみ」と見られたのである[30]。

その間、北朝鮮をめぐる米国の脅威認識は大きく変化していった。米国がもともと警戒していたのは、主として北朝鮮から他の「ならず者国家」やテロリスト集団への核兵器や関連技術の拡散であった。しかし、核弾頭の小型化やミサイルの射程延伸に対する懸念が強まるにつれ、米国自身が北朝鮮の核攻撃に晒される可能性にも危惧が抱かれるようになったのである。

国家情報長官が毎年米国に対する脅威を取りまとめて公表する文書(二〇一二年からは『世界脅威評価』と呼ばれている)によれば、二〇一〇〜一二年の間、北朝鮮が「深刻な脅威」を与えているのは「東アジアの安全保障環境」に対してであった[31]。しかし、『世界脅威評価』は二〇一三年以降、「東アジアの安全保障環境」のみならず、「米国」(あるいは「米国の利益」)も「深刻な脅威」を受けていること、また長距離ミサイルの開発が米国に「直接の脅威」を及ぼすものであることを認めるようになった[32]。

その間、二〇一一年一月には、ゲーツ国防長官、続いてオバマ大統領が、北朝鮮の核・ミサイル計画は米国や同盟国に対する「直接の脅威」となりつつあるとの認識を示していた[33]。また一四年二月および一六年一月に発表された北朝鮮の軍事態勢に関する国防総省の報告書には、核・ミサイル開発の進展は「米国本土を攻撃することができるようになる」という「北朝鮮の言明した目標に符合するものである」と記された[34]。

❖中国の対応

一方、二〇〇二年の江沢民発言にも示唆されるように、中国の基本姿勢は朝鮮半島の非核化を支持すると同時に、制裁ではなく対話によって平和裡に問題を処理しようというものであった[35]。一三年五月に至っても、習近平主席は「中国側の立場は非常に明確であり、情勢がいかに変化しようとも、関係各方面はいずれも半島非核化という目標を堅持し、半島の平和と安定の維持を堅持し、対話と協議を通じた問題の解決を堅持すべきである」と述べたのである[36]。

中国は北朝鮮の核実験に反対を示し、ミサイル発射についても自制を求める一方で、国連による制裁には慎重な姿勢を崩さず、北朝鮮に厳しい措置を取る場合には、あくまでも交渉の促進に繋がるものにすべきだとの立場を保った。そして、体制保証や経済支援に関する北朝鮮の主張にも耳を傾け、また原子力や宇宙空間の平和利用に関する北朝鮮の権利について一定の理解を示しつつ、米国に対して北朝鮮との直接対話を行うよう慫慂《しょうよう》した。

米国、北朝鮮の間で均衡を保とうとする中国にとって、米国の対応はしばしば過度に強硬なものと映った。六ヵ国協議の当初、中国代表は北朝鮮に対する米国の政策こそが「主要な問題」だと述べたが[37]、そうした中国の見方は本質的に変化しなかった。オバマ政権に対しても、米国の「盲目と傲慢」が北朝鮮との意味ある協議を妨げているとの批判が寄せられたりしたのである[38]。

米国は二〇〇三年三月から四月にかけて、国連安保理で北朝鮮を非難する議長声明を取りまとめようとしたが、中国はこれに「強い拒否反応」を示し、ましてや決議の採択には「猛反発」する構えを見せた(ロシアも決議反対に同調した)[39]。六ヵ国協議において、中国はロシアと共に北朝鮮におけるウラン濃縮計画の存在に疑念を呈し続けた。〇五年九月の六ヵ国協議で中国が提示した共同声明の文案は北朝鮮の要求する軽水炉提供に言及する一方、米国が重視するウラン濃縮の問題については明言しておらず、そのためそれは「要するに、北朝鮮案だった」とさえ評せられた[40]。

六ヵ国協議が休眠状態に陥り、北朝鮮がミサイル発射、核実験を繰り返すようになるに及び、国連安保理における中国の態度は北朝鮮に対して徐々に厳しくなっていった。しかし、各時点で制裁の内容を一定程度薄めようとする姿勢は変わらなかった。武力の行使にあくまでも反対しただけでなく、北朝鮮との経済関係に影響を及ぼすような制裁にも抵抗し続けたのである。

テポドン2の発射に際して、中国はロシアともども決議ではなく議長声明に止めるよう主張すると共に、特に軍事的措置を含意し得る国連憲章第七章の援用を強く拒絶したが、結局「第七章」を含まない一方、「国際の平和及び安全」には言及した[41]決議1695の採択を受け入れた。銀河2の発射および銀河3の発射（二回目）に対しても、中国は議長声明で足りるとの立場を取り、前者ではそれを押し通すことができたが、後者では決議2087の成立を容認した。その後も中国は「第七章」の記述を渋り、それが押し止められない場合には非軍事的措置を規定した憲章第四一条をあわせて援用することを求めた。決議2087は第七章に触れなかったが、それぞれ第一回から第五回の核実験を受けて採択された決議1718、同1874、同2094、同2270、同2321には「第七章」「第四一条」の両者が記された。

安保理決議1718においては、禁輸の対象となる通常兵器が主要兵器に限定されると同時に、「奢侈品」は定義されず、金融制裁は限定的であり、貨物検査も義務化されなかった。決議1874では兵器全般が禁輸の対象となったものの、「小型武器」は適用除外とされ、金融規制や貨物検査の範囲は拡大したものの、それらはあくまで「要請」に止まり、また貨物検査での強制乗船は盛り込まれなかった。

その後、安保理決議2094において金融制裁、貨物検査は義務化され、「奢侈品」も一部定義された。決議2270では禁輸の対象に「小型武器」も含まれることとなり、また北朝鮮を出入りする貨物全般が検査される運びとなった。一方、決議2270は北朝鮮による石炭、鉄、鉄鉱石等の輸出を禁止したが、「専ら生計目的のため」の取引等は例外とされ、また北朝鮮への航空燃料の供給を禁止したが、「北朝鮮外における民間旅客機に対する、専ら北朝鮮への飛行及び帰りの飛行の間に消費される」もの等は例外とされた[42]。決議2321では例外として許容される北朝鮮からの石炭輸出の重量または金額に上限が設けられ、北朝鮮による銅、ニッケル、銀、亜鉛の輸出も禁止されたが、北朝鮮への原油供給の遮断には踏み込まなかった。これらの禁輸措置や金融規制、貨物検査に対して各時点で加えられた限定は、多くが中国――および、しばしばロシア――の意向を反映したものと言ってよい。

さらに、中国が国連安保理で合意された制裁を確実に実行しているとは評価し難かった。中国には北朝鮮と関係の深い企業が多数存在し、北朝鮮は国境貿易を通じて禁輸対象とされる物資を輸出入することが可能であった。ミサイル関連品目等を積載した北朝鮮やパキスタン、イランの船舶、航空機が積み替えや給油のため中国の港湾や空港を利用することもあった。北朝鮮は中国の個人や企業を最終使用者に仕立てて摘発を免れることもできた[43]。その傍ら、中国は米国、日本等が独自に制裁を科することにも反対の立場を取り続けた。北朝鮮による四回目の核実験の後にも、「いかなる国による一方的な制裁も決して承認しない」と言明したのである[44]。

その間、中国と北朝鮮との貿易総額は増大の傾向が続き、やがて北朝鮮は対外貿易の過半を中国に依存するに至った。北朝鮮から中国への輸出を見れば、安保理決議2270が取り上げた石炭、鉄、鉄鉱石が増え、また中国から北朝鮮への輸出においては、一貫して原油が大きな比重を占めることとなった[45]。

❖戦術的考慮と戦略的志向

北朝鮮の核問題に対する中国の態度には、しばしばその時々の戦術的な判断が潜んでいた。二〇〇〇年代までに台湾に対する武器供与との連関は幾分か薄らいでいたかもしれず、米国務省幹部が中国は「台湾」を「戦術的な問題」として持ち出すことをしていないと述べたこともあった[46]。しかし、二〇〇五年に米国が日本との間で「台湾海峡を巡る問題の対話を通じた平和的解決を促す」ことを「共通の戦略目標」に掲げると、中国は六ヵ国協議における自らの役割を限定する姿勢を見せた[47]。「ブッシュ〔子〕政権の幹部」に従えば、中国は何度か「台湾、人権、拡散など他の問題」との「リンケージ」を試みたのである[48]。依然として対米政策との「リンクは明らかに存在」し、それが切り離される場合も、そのこと自体「戦術的な意味合いが強い」と捉えることも可能であった[49]。

のみならず、中国の対応からは、独自の戦略的な利益が透けて見えた。由来、朝鮮半島は中国にとって伝統的な「周辺」の中でも特に重視されてきた地域である。一九五〇年代から六〇年代にかけての中国は、朝鮮半島を台湾、ベトナムともども米国による「中国侵略の跳躍台」と捉えていた[50]。中国が朝鮮戦争に介入し、北朝鮮と同盟条約を締結したのは、まさにそのためであった。北朝鮮との緊密な関係は、中国がソ連に対して東側陣営における地位を確保するに際しても重要と考えられた。

しかし、一九七〇年代の米中接近により、中国、北朝鮮が共に米国を主敵と見なすという状況は一変した。一九八〇年代以降、「改革・開放」の進展を図る観点から中国は韓国との関係構築を進め、一九九二年には国交を樹立するに至った。ソ連の崩壊に伴って、共産陣営の主導権を争う必要もなくなった。中国において北朝鮮との関係が次第に重荷と感じられるようになった所以である。

とは言え、北朝鮮が米国および韓国と中国との間の「緩衝地帯」としての意味を失うことはなかった。そのため、中国としては、北朝鮮に対する「独占的影響力を放棄」しながらも、「相対的影響力の優位」は確保しつつ、朝鮮半島における「平和と安定の実現」を目指すこととなった[51]。

そうした中国にとって、北朝鮮による核開発は決して歓迎すべきものとは言えなかった。米国と日本、韓国――さらには台湾――との間で、ミサイル防衛を含む軍事面での緊密化が進む要因となり得たからである[52]。また、北朝鮮の核軍備に対し、ゆくゆくは日本や韓国――あるいは台湾――が核保有に乗り出すことが懸念された。さらに、米国が北朝鮮に攻撃を加えることを決断した場合には、朝鮮半島が再び大混乱に陥ることが予想された。その結果、多数の難民が中国に押し寄せると共に、韓国主導の半島統一、さらには国境付近への米軍展開がもたらされかねなかった。加えて、北朝鮮の核実験による放射能汚染の恐れも無視し得なかった[53]。

その反面、厳しい締め付けを通じて北朝鮮の核保有を阻止することも躊躇《ため》われた。そもそも北朝鮮の核計画は中国に直接の脅威を与えず、もっぱら米国の利益に挑戦するものと思われた[54]。そうした中で、あえて制裁を強化していった場合、北朝鮮の支配体制が崩壊に瀕し、やはり難民の大量流入、韓国による統一、国境地帯における米軍配備へと繋がることが危惧された。中国は核武装した北朝鮮よりも、そのような意味での北朝鮮における「革命の衝撃」をはるかに恐れていたのである[55]。その上、核開発の放棄を求めて北朝鮮を追い込んでいくと、北朝鮮は最終的に「常軌を逸する行動」あるいは「自殺的行為」に走るかもしれなかった[56]。

そうした状況はいずれも、中国にとって、伝統的な「周辺」を固め、アジアにおける優越的な地位を築くという大戦略上の目標に多大の不確実性を与えるのみならず、最悪の場合には自らの国内体制にも動揺を及ぼしかねないものであった。従って、中国の見地に立った場合、北朝鮮の立場に配慮を示しつつ、六ヵ国協議の再開に向けて精力を注ぐ以外に当面良策は考えにくかったのである。「北朝鮮を枠組みの中に入れて管理し、刺激をせず時間をかけて暴発しないようにする」という政策の継続である[57]。

先述したように、北朝鮮に関する米国の脅威認識は厳しくなってきたが、そのことは一面で中国に対する期待、評価を高める方向に働いた。二〇一六年四月、中国が安保理決議2270に基づく制裁の実施に向けて動きだすと、ケリー国務長官は北朝鮮に影響を与える中国の「巨大な能力」に言及した上で、中国の行動を称賛した[58]。また、二〇一五年以来、朝鮮半島における非核化の実現と平和条約の締結に「並行軌道」で取り組むよう改めて強調するに至っていた中国に対し、米国もある程度はそれに応える兆候を見せるようになった[59]。こうした米国の態度は、この問題をめぐって中国が企てる戦術的な連関や中国が下す戦略的な判断に対して、米国がより柔軟に反応する可能性を示唆するものと言えた。

米国における脅威感の尖鋭化は、他面において、中国に対する不満、牽制を強める方向に働いた。

オバマ大統領は二〇一二年三月、「悪い振る舞いに報酬を与え、意図的な挑発に目を背ける」等、中国が「過去数十年間行ってきた取り組みは北朝鮮の振る舞いにおける根本的な変化に繋がってこなかった」と述べた[60]。米国は日本および韓国との連携推進やアジアにおける米軍のプレゼンス増大といった方策――オバマ政権の高官に言わせれば、それらは中国が自らに対する「封じ込め」の一環と捉える方策と「見分けがつかない」はずのものであった[61]――により、北朝鮮への備えを強化する傍ら、中国の態度変化を誘導することを目指すようになった。そして、二〇一六年には、北朝鮮の核開発を支援したと目される中国企業を、初めて独自制裁の対象に指定したのである。

最後に、中国による六ヵ国協議への参加は、当初から幾分かは明らかな「現状打破」志向を孕んだものであったことをも指摘しておかねばならない。多国間協議の定着を通じて、長期的には米国が日本および韓国と個別に形成してきた同盟関係を弱めることが企図されたのである。そこには「ハブ・アンド・スポーク（軸と輻《や》）の米主軸の同盟構造を結果的に変質できないかとのねらい」が潜んでいたと言ってよい[62]。

その延長線上では、韓国の対中傾斜、対米自立を拡大させ、「米国の目から見て韓国が『同盟国』ではなく対中『緩衝国』として映る方向」への変化を実現することが望まれるはずである[63]。事態がそのように動いた場合、北半分に加えて南半分も「緩衝地帯」となる朝鮮半島は、中国にとって「周辺」としてより大きな機能を果たすことが期待されるからである。

3　イラン核問題と米中

❖事態の推移

イランの核問題は、二〇〇二年に浮上したIAEA未申告の核計画に関する疑惑が解明されない中で、ウラン濃縮活動や使用済み燃料再処理に繋がる活動（重水炉の建設）が進められたことによって深刻化したものである。当初、英・独・仏三ヵ国が交渉を通じた解決を試みたが、濃縮、再処理の権利を主張するイランに対し、結局それは成果を上げなかった[64]。

国連安保理は二〇〇六年以来、累次の決議で濃縮関連活動および再処理活動の全面停止を要求したが、イランがそれに従わなかったため、非軍事的制裁を科することとし、漸次その強化を図っていった。また、米国や欧州諸国は対イラン制裁を独自に発動した。

その一方で、交渉による解決の努力も放棄されたわけではなかった。上記三ヵ国に米・中・露を加えたP5＋1がイランとの協議を続けたのである。その間、イランはウラン濃縮能力を逐次拡大し、重水炉建設に向けた活動も止まらなかったが[65]、制裁によるイラン経済への打撃も相当に深刻なものとなった。

二〇一三年以降、P5＋1とイランとの間の協議は急速な進展を見せ、一五年七月には包括的な核合意の成立に至った。核合意によって、一〇年間ないし一五年間、イランのウラン濃縮活動は大幅に制限され、再処理は実施されないこととなった。その見返りとして、国連や米国、欧州諸国による核関連の制裁は、解除または停止されることも規定された[66]。

他方、核合意はイランのミサイル開発を規制するものではなかった。イランは北朝鮮のノドンを基にした準中距離弾道ミサイル(MRBM)シャハブ3等を発射してきた。安保理は二〇一〇年、核兵器送達可能な弾道ミサイルに関連する活動を禁止する決議を採択していたが、核合意の実施に伴ってその適用は終了する運びとなった。

❖米国の立場

米国にとって、イランは何よりも「テロ支援国家」であり、また中東地域における優越を狙っているとされる敵性の国家である。その核・ミサイル計画は長年にわたって懸念の的となってきたが、米国の情報機関を統括する国家情報会議(NIC)は二〇〇七年、イランが核兵器の開発を〇三年秋に中断したと「高い確信を以て判断」した旨を発表した[67]。しかし、二〇一一年には、イランで隠密裡に核兵器の開発をめぐる活動が行われてきたのではないかとの疑惑が改めて指摘され、IAEAが「深刻で増大する懸念」を表明することとなった[68]。

とは言え、イランは未だそのまま核兵器の材料となるような高濃縮ウランやプルトニウムの生産に至っていなかったので、北朝鮮の場合とは異なり、問題となるのはあくまでも潜在的な核保有であった。国家情報長官による『世界脅威評価』は、「ゆくゆくは核兵器を生産する科学的、技術的、産業的な力量」の保有に触れつつも[69]、イランがはたして「核兵器の製造を決定するかどうかは分からない」と記述し続けた[70]。そして、核合意が実施に移されると、イランが核兵器一発を製造するに必要な核分裂性物質を生産するに必要とする時間が「二～三ヵ月」から「約一年」に延びたとの判断が示された[71]。

一方、イランの弾道ミサイルは核兵器を送達する能力を備えており、また弾道ミサイルの保有量においてイランはすでに中東で最大であった。また、イランはICBMを含むより長射程のミサイルを開発する「手段および動機」を有しているとされた[72]。しかし、いずれにせよイランが核兵器の開発に踏み出さない限り、米国本土に対するそのミサイル脅威は理論的なものに止まるはずであった。

それはともかく、中国のイランとの関係は、北朝鮮との関係と比べ、はるかに限られたものであることは明らかであった。そのため、六ヵ国協議の場合とは異なり、中国がP5＋1の一員として核協議に加わるようになってからも、米国が中国に特別な役割を期待することは考えにくかった[73]。

❖中国の対応

イランの核問題をめぐっても、中国は制裁に慎重な姿勢を保ち、対話による解決を求めた。国連安保理において、中国はロシアともども、しばしば制裁決議の採択を渋り、また制裁内容を薄めることに成功した後、ようやくこれに賛成した。P5＋1の提案作成に際しても、イランに安全の保証を与えるべきだという中・露の主張が反映された。

中国は米国や欧州諸国による独自制裁を退け、イランとの「通常の取引」を継続する意向を示した[74]。米国や欧州の大手企業が相次いでイランへの投資を縮小、断念する中で、イランのエネルギー部門に対する中国の投資は持続、拡大した。米国務省幹部に言わせれば、「いくつもの責任ある国がイランから距離を取った時、中国はこれを埋め戻してきた」のである[75]。その上、中国による安保理制裁の実施にも不確実性が付きまとい、イランの核開発やミサイル開発への寄与が続いている疑いすら解消しなかった[76]。

❖戦術的考慮と戦略的志向

以上のような中国の言動には、ロシアとの協調維持を動機とする面があったことは否定し難い。イランを重視するロシアとの共同歩調は、中国にとってより緊要な北朝鮮の核問題でロシアの協力を得るにも有用と考えられたはずである。

また、中国にとってイランはすでに主要な石油供給国の一つとなっていた。将来に向けても、増大するエネルギー需要を充足するため、イランの石油、天然ガスを入手する機会を拡大していくことが望まれた。

それに、米国とは異なり、中国はイランと敵対したことがなかった。イランとの友好的な関係は、古代以来の文明や西側諸国への猜疑を共有することから生ずる親近感に基盤を有するものであると同時に、大半がイスラム教徒であるウイグル族の独立運動を抑え込むのに役立つとも見られた。

そうした中で、中国がイランの核問題と他の問題とを戦術的に結び付けようとすることもあった。例えば、二〇〇七年から翌年にかけて、中国の協調姿勢は米国議会によるダライ・ラマへの勲章授与や米国政府による台湾への武器供与通告を受けて後退し、国務省高官が台湾の住民投票を批判した際には強化された[77]。

もちろん、国連安保理に対イラン制裁の決議が上程された際には常に賛成票を投じた中国が、この問題で米国と全面的に衝突することを欲していたとは推測し難い。中国はむしろ、対米関係に相応の考慮を払いつつ、米国、イランの中間に立つことによって、双方から利得を稼ごうとしたと言ってよい[78]。

しかしながら、イランの核問題にまつわる中国の動向の中に、米国との戦略的な乖離——そして、「現状打破」志向——を見出すことは必ずしも困難ではない。中国が不拡散への取り組みを支持する格好を見せながら、イランの核保有を本気で止めることはしない「二重のゲーム」を演じたのは、イランの核開発がアジアにおける中国の優位追求に寄与し得ると判断されていたからだと考えることもできるのである[79]。

そもそも中国においては、米国は中東を支配することによって欧州諸国、インド、日本、中国を含む石油消費国の行動を統制し、それを通じて世界的な覇権の達成を企ててきたという見方が一般的であった。米中間の緊張が高まった場合、米国は中国による中東からの石油輸入を阻止しようとする恐れがあるが、ペルシャ湾岸諸国が総じて米国寄りという状況の中では、核能力を備えたイランが中国に協力する事実上唯一の産油国たり得ると想定された。イランの核問題をめぐる中国の政策に、「『反覇権』の次元」が潜んでいると言われた所以である[80]。

そうした中国の態度は、中東石油の掌握を狙いながらこれを果たせないでいることに象徴されるように、米国が凋落の途上にあるのに対し、地域におけるイランの力は必然的に増大していくという認識にも支えられていた。「時はイランの――従って中国の――側にあり」というわけである[81]。

また、イランの核問題が緊迫の度を加えるにつれ、アジア・太平洋に向けられる米国の関心は限られてくるはずであった。特に、イランの核保有が現実となった暁には、米国は大規模な軍事力をペルシャ湾岸に張り付けることを余儀なくされかねなかった。米国が物心両面で中東の問題に掛かり切りになれば、アジアにおける優越的な地位の達成を図る中国に対抗することは困難になると目されたのである[82]。

中国にとってアジアでの優位確立は、おおむね伝統的な「周辺」統制の文脈に収め得るものであったが、「一帯一路」構想が提示されるに及び、イランとの関係強化は地理的な「周辺」拡大の追求にも繋がり得ることとなった。その含意は経済面に止まるものではなく、例えばイランが中国の緊密な同盟国となり、中国軍の駐留を要請するといった事態が起こった場合、中国は中東における米国の軍事面での優越に直接的に挑戦することが可能になるとも考えられた[83]。

加えて、イランを厳しい制裁から守ることは、中国自身の体制を維持する上でも重要であり得た。冷戦終結以降、米国が武力行使を含む様々な手段を用いて民主主義を各地に扶植しようとした中で、中国の目には西側諸国が対イラン制裁を高唱するのは「体制転換」を企図したものであるように映りがちであった。イランの擁護を通じてそうした米国の攻勢を挫くことは、自国に対する「和平演変」を未然に防ぐことにも繋がってくると想定されたのである[84]。逆に、核拡散に対して厳格な立場を取ることは、米国への追随を表すものとして、国内の民族主義勢力に恰好の攻撃材料を与えかねなかった[85]。

4　不拡散体制の変容と米中

❖現状打破の米国?

国際政治が米国を中心に展開されてきたことは確かだとしても、第一章で触れたように、そのことは米国があらゆる面で「現状維持」志向だということを意味するものではない。現存の国際体系から最大の利益を得ているとされる「優勢国」あるいは「覇権国」が、その利益をさらに拡大するために既存秩序の改変を目指す——つまり「現状打破」の衝動を示す——ことがあり得るのである。

大量破壊兵器および弾道ミサイルの不拡散に関する国際規範・規則をめぐっても、米国が「現状」の修正を追求してきた側面がある。国際社会における不拡散への取り組みは多国間条約に則った規制の一律適用を基本とするものであり、また多国間条約の運用に際しては「不拡散」のための規定と

「軍縮」および関連物資・技術の「平和利用」をめぐる規定との間の均衡を保つことが重要とされていた。

ところが、米国は不拡散を軍縮、平和利用より優先する傾向を強め、他国による規範・規則の遵守確保――場合によっては強制措置も視野に入ってくる――に一層力点を置く一方で、CTBTの批准拒否に象徴されるように、自国に課せられる制約や負担への忌避を露わにしてきた。そして、多国間条約に直接の根拠を有しない拡散関連物資・技術の輸出管理、移転阻止（PSIやCSIに代表される）、既存兵器の廃棄支援、核分裂性物質の生産抑制――さらには安保理決議1540に代表される国際立法――といった方策に精力を注ぐこととなった[86]。

このような米国の動向は、不拡散政策を実施する「主体」と、その対象となる「客体」とを峻別することを通じて、「実効性」を高めることを意図したものと言えた。ところがそれは、途上国等の目には、軍縮、平和利用についての自国の義務を十分に果たすことなく、もっぱら不拡散を唱えつつ、その実効を上げるためには他国の強制をも厭わない身勝手なものに映った。米国の進める不拡散への取り組みには、十全の「正当性」が与えられにくかったのである[87]。

実際のところ、二〇〇五年のNPT再検討会議は、核軍縮に背を向けたとして米国を攻撃する途上国と、一部の途上国による不拡散規範への違反に照準を合わせようとする米国との反目によって、暗礁に乗り上げた。オバマ大統領が「核兵器なき世界」を掲げ、また米露間で新戦略兵器削減条約（新START条約）が署名されたこと等により、二〇一〇年の再検討会議を取り巻く雰囲気は概して良好なものとなったが、不拡散と軍縮および平和利用との比重をめぐる隔たりが解消したわけではなかった。二〇一五年の再検討会議も、主として核軍縮をめぐる対立から、合意に達することができなかった。

❖現状維持の中国？

一方、中国は核兵器国としてNPTに加盟し、多国間の輸出管理に参加するようになってからも、不拡散と並んで軍縮、平和利用を強調し続けた。二〇〇三年の『不拡散白書』は、不拡散体制の「公正性、合理性および非差別性」を確保すべきことを標榜し、特に不拡散と拡散関連技術を平和利用するための国際協力との間の関係を適切に処理するよう主張した[88]。二〇〇五年および二〇一〇年のNPT再検討会議において、中国は核軍縮、核不拡散、原子力平和利用を「包括的かつ均衡的な仕方」「均衡的な形」で促進すべきだとの立場を示し、特に二〇〇五年には米国が核軍縮に逆行している旨を強調した[89]。中国の観点に立てば、西側諸国が軍縮、平和利用より不拡散を優先することは「偽善」「二重基準」との批判に値するものだったのである[90]。

それでは、不拡散体制に関する限り、米国が「現状打破」に傾斜し、「現状維持」を代表する中国と対立するに至ったのかと言えば、ことはそう簡単ではない。それは国際場裡にあって不拡散の重要性そのものに疑問が示されることがほとんどなくなり、また少なくとも現時点では、問題となり得るのが事実上ごく少数の国および特定の非国家主体に限られるとの認識が強まっていることによる。

そのような状況においては、「実効性」に重きを置いた不拡散の方策が、主体と客体との間の区別を際立たせ、あるいは強制力に少なからず依存するものであったとしても――つまり、従来の見地からは「正当性」を獲得し難いものであったとしても――国際社会はこれをおおむね妥当と評価するかもしれない。不拡散の主体と客体との間に、「国内社会における『警察 対 犯罪者』といった構図」[91]、あるいは国際社会が「無法者に対峙するという構図」[92]が成り立つような世界では、不拡散体制の「実効性」そのものが、その「正当性」を規定する大きな要因になるとさえ言うことができるのである。実際のところ、多くの場合、不拡散の客体となると想定される途上国の行動を見れば、全体として米国の進める「現状」の修正に必ずしも否定的とは言えなかった。

その上、中国自身が実質的にかなりの程度、不拡散政策の主体としての性格を強めてきた。執行が万全とは言えないながら輸出管理の強化に努め、また輸出管理の法的基盤を確実なものにする安保理決議1540を推進したのはその表れである。NPT再検討会議における中国の立場も次第に米国のそれに近づくこととなった。二〇一五年の再検討会議では、軍縮、不拡散、平和利用の「多面的、均衡的かつ実際的な形」での推進を唱えつつ、核不拡散のみならず核軍縮および原子力平和利用との関連でも、NPTの寄与を高く評価したのである[93]。

中国において、不拡散をめぐる自国の利益が途上国一般の利益に合致するとは限らないと意識され始めたことは、中国が不拡散努力の主体たらんとしていることを反面から裏付けるものと言えた。国際的な不拡散措置を支持するという中国の立場と「現状を改変しようと企図する少数の途上国」のそれとの間には、「明白な差異」が存在するとの議論も現れるようになっていたのである[94]。

核兵器の不拡散(あるいは非核化)は現行の国際秩序を支える重要な柱であると同時に、米中両国が協力の成果、過程を強調してきた分野である。既存の――そして変容しつつある――不拡散体制に対する中国の態度は、全体として「現状維持」の方向に動いてきたものの、そこには独自の戦術的、戦略的な思考が投影されており、それは「現状打破」に繋がる部分を含んでいる。

次章では、不拡散とは対照的に、米中の対立が前面に表れるようになった海洋秩序の問題を取り上げる。中国はいかなる意味で「現状打破」を狙っていると見ることができるのであろうか。

註

1――Barack Obama, "Remarks Prior to a Meeting With President Xi Jinping of China in Lima, Peru," *Daily Compilation of Presidential Documents* [以下*DCPD*], November 19, 2016, p. 1.

2――「中国政府主张全面・彻底・干净・坚决地禁止和销毁核武器・倡议召开世界各国政府首脑会议的声明」『人民日报』一九六三年七月三一日。

3――「美苏合谋的核骗局」『人民日报』一九六八年六月一三日。

4――Mingquan Zhu, "The Evolution of China's Nuclear Nonproliferation Policy," *Nonproliferation Review*, Vol. 4,

No. 2 (Winter 1997) は、そうした傾向の始まりを一九六二年と捉えている。

5——赵紫阳「一九八四年政府工作报告——在第六届全国人民代表大会第二次会议上」一九八四年五月一五日、中国政府网。

6——赵紫阳「一九八四年政府工作报告」。

7——この時期における中国の拡散活動については、Shirley A. Kan, *Chinese Proliferation of Weapons of Mass Destruction: Background and Analysis*, Congressional Research Service, September 13, 1996、Do., *China and Proliferation of Weapons of Mass destruction and Missiles: Policy Issues*, Congressional Research Service, April 25, 2012 および Evan S. Medeiros, *Reluctant Restraint: The Evolution of China's Nonproliferation Policies and Practices, 1980-2004* (Stanford, CA: Stanford University Press, 2007) に詳しい記述がある。

8——William J. Perry, *Proliferation: Threat and Response*, Department of Defense［以下 DoD］, April 1996, p. 9.

9——『中国的防扩散政策和措施』二〇〇三年一二月三日、国务院新闻办公室。

10——William J. Clinton, "Joint Statement on South Asia," June 27, 1998, *Weekly Compilation of Presidential Documents*［以下 *WCPD*］, Vol. 34, No. 28 (July 13, 1998), p. 1312.

11——Medeiros, *Reluctant Restraint*, p. 162.

12——"Unclassified Report to Congress on the Acquisition of Technology Relating to Weapons of Mass Destruction and Advanced Conventional Munitions, 1 January-31 December 2004," February 8, 2005, p. 7. この報告は一九九七年情報権限法の第七二一項で情報機関に提出が義務付けられた年次報告(七二一報告)の一つである。なお、二〇〇五年公表分以降の七二一報告は <http://www.dni.gov> に掲載されている。

13——二〇〇八年以後に発表された七二一報告における中国への論及は、その「国内主体」による「中東および南アジア」における「汎用の技術および構成部品」の売却が中心となった。また、輸出管理法制の

「執行に依然として欠けるところがある」旨の表現も、二〇〇七年このかた繰り返された。なお、七二一報告の公表は二〇一二年が最後となっている。

14——Medeiros, *Reluctant Restraint*, pp. 170, 255, 260.

15——Alastair Iain Johnston, *Social States: China in International Institutions, 1980-2000* (Princeton, NJ: Princeton University Press, 2008). 引用はp. 148より。

16——Bates Gill, *Rising Star: China's New Security Diplomacy* (Revised ed.; Washington, DC: Brookings Institution Press, 2010[2007]). 引用はp. 99より。我が国においても、例えば鈴木祐二「中国」浅田正彦編『兵器の拡散防止と輸出管理——制度と実践』(有信堂、二〇〇四年)は、中国が輸出管理に関して「国際社会における『責任大国』として、国際標準を意識した行動をとる構えを見せるようになった」と記述した(二三四頁)。

17——各年の七二一報告を参照。なお、中国はサウジアラビアに対し、二〇〇七年に弾道ミサイルを売却していたと報じられた。このミサイルが核弾頭を送達しないように設計されていることを中央情報局(CIA)の専門家が確認することを条件に、米国政府はこの取引を黙認したと言う。Jeff Stein, "CIA Helped Saudis in Secret Chinese Missile Deal," *Newsweek*, January 29, 2014.

18——Kan, *China and Proliferation* (2012), pp. 59-60.

19——以下、北朝鮮核問題の展開に関しては、*Arms Control Today* 各号によるところが大きい。また、船橋洋一『ザ・ペニンシュラ・クエスチョン——朝鮮半島第二次核危機』(朝日新聞社、二〇〇六年)および斎藤直樹『北朝鮮「終りの始まり」2001-2015』(論創社、二〇一六年)にも詳しい記述がある。

20——外務省「第4回六者会合に関する共同声明(仮訳)」二〇〇五年九月一九日。

21——外務省「共同声明の実施のための初期段階の措置(仮訳)」二〇〇七年二月一三日。

22——北朝鮮は一九八〇年代以降、短距離弾道ミサイル(SRBM)スカッドを配備してきた他、一九九三年にMRBM・ノドンを、一九九八年に同テポドン1をそれぞれ初めて発射していたが、一九九九年には長距離ミサイル発射の一時停止に応じていた。

23——例えば、David Albright and Paul Brannan, "The North Korean Plutonium Stock, February 2007," Institute for Science and International Security, February 20, 2007は、北朝鮮の保有するプルトニウムを核兵器五〜一二発分と推定している。

24——David Albright and Serena Kelleher-Vergantini, "Plutonium, Tritium, and Highly Enriched Uranium Production at the Yongbyon Nuclear Site," Institute for Science and International Security, June 14, 2016によれば、北朝鮮はプルトニウム型、ウラン型を合わせて一三〜二一発の核兵器を保有していると見られる。一方、Kelsey Davenport, "North Korea Conducts Fifth Nuclear Test," *Arms Control Today*, Vol. 46, No. 8 (October 2016)は、核兵器六〜八発分のプルトニウムに加え、八〜一〇発分の高濃縮ウランが生産されている可能性があると言う。

25——米国の国防情報局(DIA)は二〇一三年三月、核弾頭を小型化する北朝鮮の能力について、「中程度の確信」を以て肯定したと伝えられた。Kelsey Davenport, "North Korea Sets Conditions for Talks," *Arms Control Today*, Vol. 43, No. 4 (May 2013). また、防衛省編『日本の防衛(防衛白書)平成28年版』(日経印刷、二〇一六年)は、実施された核実験の回数や最初の核実験からの期間に着目して、「北朝鮮が核兵器の小型化・弾頭化の実現に至っている可能性も考えられる」と結論している(二三頁)。

26——『日本の防衛 平成28年版』一八〜一九頁。

27——船橋『ペニンシュラ』二五六頁。

28——George W. Bush, "The President's News Conference with President Jiang Zemin of China in Crawford,

Texas," October 25, 2002, *WCPD*, Vol. 38, No. 43 (October 28, 2002), p. 1860.

29——例えば、ボズワース北朝鮮担当特別代表は「北朝鮮のたどる道筋に影響を与える」に際して中国の演ずべき「重要な役割」を指摘した。Stephen W. Bosworth, "North Korea: Back at the Brink?," Department of State, June 11, 2009.

30——Joseph R. DeTrani, "After 20 Years of Failed Talks with North Korea, China Needs to Step Up," *Arms Control Today*, Vol. 44, No. 8 (October 2014), p. 20.

31——Dennis C. Blair, *Annual Threat Assessment of the US Intelligence Community*, February 2, 2010, p. 14; James R. Clapper, *Worldwide Threat Assessment of the US Intelligence Community*［以下*WTA*］, February 10, 2011, p. 6; Do., *WTA*, January 31, 2012, p. 6. また、二〇一〇年二月に提出された弾道ミサイル防衛見直し（ＢＭＤＲ）報告は、米国本土を脅かすミサイル能力の達成については「若干の不確かさがある」一方、地域諸国に与える脅威の存在については「何らの不確かさもない」と指摘し、それは「明白かつ眼前にある」と断定していた。同年四月の核態勢見直し（ＮＰＲ）報告が問題視したのは、「地域における不安定の増幅」であり、また「ＮＰＴを大きく弱体化させること」であった。DoD, *Ballistic Missile Defense Review Report*, February 2010, p. iii; Do., *Nuclear Posture Review Report*, April 2010, p. iv.

32——James R. Clapper, *WTA*, March 12, 2013, pp. 7, 8; Do., *WTA*, January 29, 2014, p. 6; Do., *WTA*, February 26, 2015, p. 6; Do., *WTA*, February 9, 2016, pp. 6, 7.

33——Elisabeth Bumiller and David E. Sanger, "Gates Warns of North Korea Missile Threat to U.S.," *New York Times*, January 11, 2011; Barack Obama, "The President's News Conference with President Hu Jintao of China," *DCPD*, January 19, 2011, p. 2.

34——DoD, *Military and Security Developments Involving the Democratic People's Republic of Korea 2013*, February

2014, p. 11; Do., *Military and Security Developments Involving the Democratic People's Republic of Korea 2015*, January 2016, p. 14.

35——船橋『ペニンシュラ』四四三頁。

36——「习近平会见金正恩特使崔龙海」二〇一三年五月二四日、新华网。

37——Joseph Kahn, "Chinese Aide Says U.S. Is Obstacle in Korean Talks," *New York Times*, September 2, 2003. なお、この中国代表は後の外相・王毅である。

38——Kelsey Davenport, "U.S. Rejects N. Korean Offer on Testing," *Arms Control Today*, Vol. 45, No. 2 (March 2015), p. 31.

39——斎藤『北朝鮮』一九五頁。

40——船橋『ペニンシュラ』六〇六頁に引用された韓国代表団員の発言。

41——外務省「国際連合安全保障理事会決議第１６９５号訳文」。

42——外務省「国際連合安全保障理事会決議第２２７０号和訳」二〇一六年三月一一日。

43——Kan, *China and Proliferation* (2012), pp. 30-31; Andrea Berger, "From Paper to Practice: The Significance of New UN Sanctions to North Korea," *Arms Control Today*, Vol. 46, No. 4 (May 2016). 一例を挙げれば、北朝鮮が二〇一二年に公開したＫＮ－08の発射台付き車両（ＴＥＬ）は中国起源と見られた。Shirley A. Kan, *China and Proliferation of Weapons of Mass Destruction and Missiles: Policy Issues*, Congressional Research Service, January 5, 2015, pp. 19-20.

44——Elizabeth Philipp, "States Adopt New North Korea Sanctions," *Arms Control Today*, Vol. 46, No. 3 (April 2016), p. 22.

45——中国と北朝鮮との貿易については、狩野修二「中朝経済関係に関する文献調査」アジア経済研究所

<www.ide.go.jp>が簡明である。また、『日本の防衛 平成28年版』によれば、二〇一五年において北朝鮮の貿易総額に占める中国との貿易額の割合は約六四%であった(三四頁)。

46——Kan, *China and Proliferation* (2012), p. 36に引用されたケリー国務次官補の発言(二〇〇四年七月)。

47——Kan, *China and Proliferation* (2012), p. 37. 引用は「日米安全保障協議委員会共同発表」二〇〇五年二月一九日より。

48——船橋『ペニンシュラ』四九八頁。一方、「ホワイトハウス高官」はそうしたことは「一度もなかった」と言う。船橋『ペニンシュラ』四九九頁。

49——浅野亮「中国のWMD不拡散政策と米中関係」『国際問題』第五五九号(二〇〇七年三月)三一頁。なお、鈴木祐二「中国」は、「責任大国」としての中国も、「米国との2国間関係を最重視している」と指摘している(二四〇頁)。また、阿部純一「米中関係における大量破壊兵器拡散問題」高木誠一郎編『米中関係——冷戦後の構造と展開』(日本国際問題研究所、二〇〇七年)は、米国には「中国が一貫してWMD(=大量破壊兵器)拡散防止問題を対米政策とリンクしてきた」との見解が存在することを指摘した上で、それが恐らく妥当であると示唆している(六三~六四頁)。

50——平岩俊司『朝鮮民主主義人民共和国と中華人民共和国——「唇歯の関係」の構造と変容』(世織書房、二〇一〇年)一七頁。

51——平岩『朝鮮民主主義共和国』二〇七、二三三頁。

52——二〇一六年七月には在韓米軍への終末高高度地域防衛(THAAD)配備が決定された。国連安保理はノドンを含む北朝鮮のミサイル発射を非難する報道声明をいく度も発表していたが、それ以後しばらく報道声明が出せなくなった。中国が北朝鮮を対象とするいかなるミサイル防衛体系の展開も「緊張を激化させる」との文言を入れるよう要求し、米国等がこれを拒否したためである。Kingston Reif and

Kelsey Davenport, "South Korea to Deploy U.S. Defense System," *Arms Control Today*, Vol. 46, No. 7 (September 2016), p. 30.

53——北朝鮮の核問題をめぐる中国の国益については、Hui Zhang, "Ending North Korea's Nuclear Ambitions: The Need for Stronger Chinese Action," *Arms Control Today*, Vol. 39, No. 6 (July/August 2009) にまとまった記述がある。

54——二〇〇九年に中国で米国および豪州の民間機関が行った調査では、三四%が米国を最大の脅威と考えており、北朝鮮を最大の脅威と捉えているのは三%に過ぎなかった。Kan, *China and Proliferation* (2012), p. 53, n. 124.

55——Kelsey Davenport, "N. Korea Launch Spurs Talk of New Policy," *Arms Control Today*, Vol. 43, No. 1 (January/February 2013), p. 32.

56——伊豆見元「中国の強大化と朝鮮半島」『東亜』第五九二号(二〇一六年一〇月)八二頁。

57——平岩俊司「北朝鮮を見限れない中国」『東亜』第五六四号(二〇一四年六月)一二頁。

58——Elizabeth Philipp, "States Deepen Cooperation on N. Korea," *Arms Control Today*, Vol. 46, No. 4 (May 2016), p. 33.

59——そうした米中の動向については、Leon V. Sigal, "Getting What We Need with North Korea," *Arms Control Today*, Vol. 46, No. 3 (April 2016)、Elizabeth Philipp, "China Backs Peace Talks for North Korea," *Arms Control Today*, Vol. 46, No. 3 (April 2016) 等を参照。

60——Barack Obama, "The President's News Conference with President Lee Myung-bak of South Korea in Seoul, South Korea," *DCPD*, March 25, 2012, p. 9.

61——Kan, *China and Proliferation* (2015), p. 47.

62――船橋『ペニンシュラ』四九二頁。その一方で、船橋は米国を「不可欠の存在」とする六ヵ国協議に中国が深く関与することは、「米国排除の論理からの決別」を表すとも言っている（五二二〜五二三頁）。

63――伊豆見元「中国の強大化」八三頁。

64――イラン核問題の展開に関しても、*Arms Control Today* 各号によるところが大きい。秋山信将『核不拡散をめぐる国際政治――規範の遵守、秩序の変容』（有信堂、二〇一二年）第四章、第五章にも詳しい分析がある。

65――二〇一二年五月までに、イランは低濃縮ウラン約六〇〇〇kgの他、二〇%濃縮ウラン約一五〇kgを生産するに至った。International Atomic Energy Agency, "Implementation of the NPT Safeguards Agreement and Relevant Provisions of Security Council Resolutions in the Islamic Republic of Iran: Report by the Director General," May 25, 2012. この量の低濃縮ウランおよび二〇%濃縮ウランからは、核兵器数発分の高濃縮ウラン生産が可能と考えられた。また、イランが建設中の重水炉が完成した暁には、使用済み燃料再処理を通じて一年間に核兵器最大二発分のプルトニウムを生産することができると推定された。Peter Crail, "Iran Still Rebuffs IAEA Requests," *Arms Control Today*, Vol. 39, No. 2 (March 2009).

66――イラン核合意については、戸﨑洋史「共同包括的行動計画（JCPOA）――『不完全な合意』に関する暫定的な分析と評価」日本国際問題研究所軍縮・不拡散促進センター、二〇一五年八月三日に詳しい分析がある。

67――National Intelligence Council, *National Intelligence Estimate: Iran: Nuclear Intentions and Capabilities*, November 2007.

68――International Atomic Energy Agency, "Implementation of the NPT Safeguards Agreement and Relevant Provisions of United Nations Security Council Resolutions in the Islamic Republic of Iran: Resolution Adopted "by the Board of Governors," November 18, 2011, p. 2.

69 ——Clapper, *WTA* (2012), p. 6; Do., *WTA* (2013), p. 7; Do., *WTA* (2014), p. 5.「世界脅威評価」二〇一五年版からは、イランは核兵器の生産に対する「いかなる克服不能な技術的障壁にも直面していない」という表現に変わっている。Clapper, *WTA* (2015), p. 6; Do., *WTA* (2016), p. 8.

70 ——Clapper, *WTA* (2012), p. 5; Do., *WTA* (2013), p. 7; Do., *WTA* (2014), p. 5; Do., *WTA* (2015), p. 6; Do., *WTA* (2016), p. 8.

71 ——Clapper, *WTA* (2016), p. 8.

72 ——Clapper, *WTA* (2013), p. 7; Do., *WTA* (2014), p. 6; Do., *WTA* (2015), p. 6; Do., *WTA* (2016), p. 8.

73 ——例えば、Erica Downs and Suzanne Maloney, "Getting China to Sanction Iran: The Chinese-Iranian Oil Connection," *Foreign Affairs*, Vol. 90, No.2 (March/April 2011) は、米国は中国をイラン核問題をめぐる外交における「補助的な要因」と扱ってきたと言う (p. 20)。

74 ——引用は Kan, *China and Proliferation* (2012), p. 17 より。

75 ——Peter Crail and Matt Sugrue, "Global Sanctions on Iran Intensify," *Arms Control Today*, Vol. 40, No. 7 (September 2010), p. 31 に引用されたアインホーン国務省特別顧問の発言(二〇一〇年七月)。秋山『核不拡散』も、中国のそうした「重商主義外交」に言及している(一五一頁)。

76 ——Kan, China and Proliferation (2012), p. 10 によれば、米国は中国がイランへの核協力を停止するとの約束を守っているかについて懸念し続けてきた(その文章では現在完了形が使われているが、Kan, *China and Proliferation* (2015), p. 6 では「懸念していた」と過去形に変わっている)。また、各年の七二一報告は中国からイランへのミサイル関連輸出の継続に触れていた。

77 ——Kan, *China and Proliferation* (2012), pp. 19-20.

78——以上に述べたところを含め、イランの核問題における中国の利益については、International Crisis Group, *The Iran Nuclear Issue: The View from Beijing*, Beijing/Brussels, February 17, 2010に負う部分が大きい。

79——「二重のゲーム」はJohn W. Garver, "Is China Playing a Dual Game in Iran?" *Washington Quarterly*, Vol. 34, No. 1 (Winter 2011)による。

80——Garver, "Is China Playing," pp. 77-79. 引用はp. 77より。

81——Michael Wines, "Middle East Trip Suggests Change in Policy by China," *New York Times*, January 13, 2012.

82——Garver, "Is China Playing," p. 79.

83——John J. Mearsheimer, "The Gathering Storm: China's Challenge to US Power in Asia," *Chinese Journal of International Politics*, Vol. 3, No. 4 (Winter 2010), p. 392で、そのような事態が想像されている。

84——International Crisis Group, *Iran Nuclear Issue*, p. 9; Aaron L. Friedberg, *A Contest for Supremacy: China, America, and the Struggle for Mastery in Asia* (New York: W.W. Norton, 2011), p. 45. Kenneth Lieberthal and Wang Jisi, *Addressing U.S.-China Strategic Distrust*, Brookings Institution, March 2012も、米国の対イラン政策を駆動しているのは「イランの政治構造および中東における地政学的景観」を変更しようとの願望ではないかという中国の懸念に触れている(p. 17)。

85——Thomas J. Christensen, "The Advantages of an Assertive China: Responding to Beijing's Abrasive Diplomacy," *Foreign Affairs*, Vol. 90, No. 2 (March/April 2011), p. 62.

86——米国の不拡散政策におけるこうした動向については、梅本哲也『アメリカの世界戦略と国際秩序——覇権、核兵器、RMA』(ミネルヴァ書房、二〇一〇年)第一一章に分析がある。

87——不拡散体制の「実効性」と「正当性」との相剋については、石川卓「核不拡散戦略の現状と新展開——アメリカの政策を中心に」『国際問題』第五五四号(二〇〇六年九月)等を参照。

88――「防扩散的基本立场」『中国的防扩散政策和措施』。

89――Statement of Zhang Yan at the 2005 NPT Review Conference, May 3, 2005; Statement of Li Baodong at the 2010 NPT Review Conference, May 4, 2010. 黒澤満「二〇〇五年NPT再検討会議と核軍縮」『阪大法学』第五五巻第二号（二〇〇五年八月）一九頁をも参照。

90――International Crisis Group, *Iran Nuclear Issue*, p. 5.

91――納家政嗣「大量破壊兵器不拡散の思想と展開」納家政嗣・梅本哲也編『大量破壊兵器不拡散の国際政治学』（有信堂、二〇〇〇年）一〜二頁、

92――篠田英朗『国際社会の秩序』（東京大学出版会、二〇〇七年）一二七頁。

93――Statement of Li Baodong at the 2015 NPT Review Conference, April 27, 2015. 引用はp. 3より。

94――郭新宁「中国与发展中国家在国际军控与裁军进程中的关系」『外交评论』二〇〇七年第二期、第四五頁。なお、浅野亮「中国の軍備管理・不拡散政策」『中国外交の問題領域別研究会報告書』日本国際問題研究所、二〇一一年三月には、この論文についての解説がある（四六頁）。

第5章

海洋秩序と米中関係

二〇一五年五月に公表された中国の『国防白書』は「少数の域外国家」が「南シナ海問題への介入に力を入れている」のみならず、「ごく一部の国家」は「中国に対して高頻度の海空接近偵察を行い続けている」と指摘した[1]。これに対し、カーター米国防長官は同月、米国は南シナ海の状況に「関係し、関心を抱く十分の権利」を有しており、「国際法の許すところでは、どこでも飛行し、航行し、活動する」と強調した[2]。

このように、南シナ海を主たる焦点として、米中間に海洋秩序をめぐる深刻な相違が存することは、もはや覆い隠すことができなくなっている。海洋の利用に関する規範・規則は言うまでもなく国際秩序の重要な一部をなしており、また米国は建国以来、とりわけ「航行の自由」を重視してきた。本章は、南シナ海問題に関する中国の動向を跡づけ、それが米国にとっていかなる意味で戦略的な挑戦を構成するのかを探ろうとするものである。

第一節では、南シナ海の沿岸国間における紛議の沿革を述べる。第二節では、中国の自己主張が強硬となって以来の展開をたどる。それに対する米国の警戒が次第に強まっていった様子を記すのが第三節である。第四節では、中国の攻勢が米国にとって有する戦略的な意味を考える。なお、米中間における海洋秩序をめぐる立場の異同は東シナ海でも表面化していることから、必要に応じて東シナ海の状況にも触れることとする。

1　海洋紛議の沿革

❖通商と天然資源

南シナ海は通商路として枢要の位置を占める。二〇一〇年代前半の時点で、海上輸送される世界の商業物資は、大まかに言って総トン数の半分、貨幣価値にして三分の一近くが南シナ海を通過していた。一年間に南シナ海を通る約五兆三〇〇〇億ドル相当の物資のうち、約一兆二〇〇〇億ドルは米国向けであった[3]。また、世界で流通する原油の約三割、液化天然ガスは半分超が南シナ海を経由しており、中国や日本、韓国の経済はそれによって支えられる部分が大きい。南シナ海が世界経済の「地理的中心」とも称せられる所以である[4]。

また、南シナ海は天然資源に富んでいる。もっとも、エネルギー資源の量については推定に大きな幅がある。やはり二〇一〇年代前半、米エネルギー省は石油の確定・有望埋蔵量を約一一二億バレルと推定し、それ以外にも五〇億ないし二二〇億バレルの資源が存在する可能性に言及した[5]。一一二億バレルと言えば、中国が年間に輸入する量の約四・五倍に相当する量であった。一方、中国には最終的に一三〇〇億バレル以上の生産が可能という見方があり、そのため南シナ海は「第二のペルシャ湾」とも呼ばれてきた[6]。

米エネルギー省に従えば、天然ガスの確定・有望埋蔵量は約一九〇兆立方フィートであり、さらに七〇兆~二九〇兆立方フィートが眠っている可能性がある[7]。一九〇兆立方フィートは中国の年間輸入量の約九〇倍に当たる量であったが、その中国では五〇〇兆立方フィートの資源が存在すると見られてきた。その他、「九〇〇兆立方フィート」という数字が引かれることもある[8]。

南シナ海は水産資源にも恵まれている。二〇一〇年代前半における南シナ海での漁獲高は世界の一割以上を占めていた。そして、水揚げの四割強が中国によるものであった。

❖権利主張の交錯

南シナ海に浮かぶ島や岩の領有権にまつわる沿岸国間の相違は、一九六〇年代末頃に表面化したものである。国連機関の調査で海底資源が豊富に存在する可能性が指摘されたことが、そのきっかけとなった。中国、台湾、ベトナムがパラセル(西沙)諸島およびスプラトリー(南沙)諸島の全体について領有権を主張している他、スプラトリー諸島の一部についてはブルネイ、マレーシア、フィリピンも領有権を主張してきた。また、プラタス(東沙)諸島に対しては中国および台湾が領有権を主張し、マックルズフィールド堆(中沙諸島)およびスカボロー礁(黄岩島)に関しては中国、フィリピンおよび台湾による領有権の主張が交錯している[9]。なお、中国は一九九二年、「領海および接続水域法」を制定し、係争対象となっている嶼礁すべてに対する領有権を明記した[10]。

島嶼の領有権をめぐる紛議は、エネルギー資源や水産資源に関する権利をめぐる対立に直結する。国連海洋法条約(一九八二年採択、一九九四年発効)により、各国の領有する島は、原則として、その周囲に二〇〇海里に及ぶ排他的経済水域(EEZ)を設定する基礎となり、また二〇〇海里を越えて大陸棚の延伸を主張する基礎となり得るからである。なお、インドネシアは嶼礁の領有権は主張していないが、同国の主張するEEZには、中国が管轄権を主張する海域と重なる部分がある[11]。

南シナ海に関する中国の権利主張には独特の面がある。「九段線」と呼ばれるものが援用されてきたからである[図2参照]。「九段線」は一九四七年に国民党政権の発行した地図に描かれた一一の破線を、後に二つ減らして受け継いだものであり、南シナ海の大部分を囲い込むことになる。中国政府は二〇〇九年五月、国連に提出した口上書に「九段線」を書き込んだ地図を添付した。そして、「九段線」内の島嶼および隣接する海域に対する「争う余地のない主権」ならびに「関連する海域」に対する管轄権を主張したのである[12]。

しかも、そうした中国の立場は、部分的には海洋法条約とは別個の「歴史的権利」に基づいたもの

図2 中国の主張する「九段線」と南シナ海の嶼礁

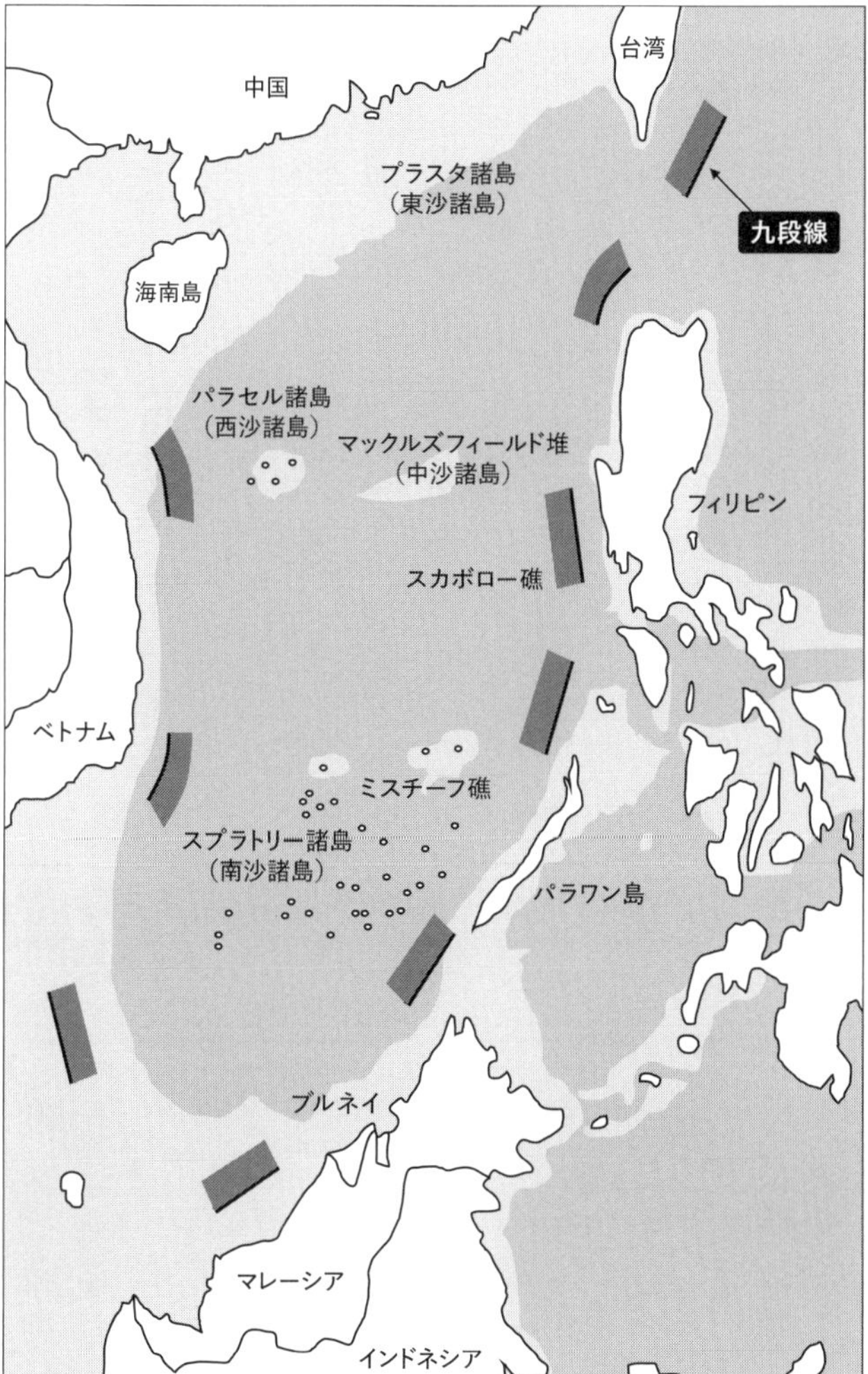

出典：飯田将史『海洋へ膨張する中国――強硬化する共産党と人民解放軍』（角川マガジンズ、2013年）101頁。

とされている。一九九八年に中国が制定した「EEZおよび大陸棚法」には、同法の規定は中国の有する「歴史的権利」に影響を与えない(第一四条)という文言がある[13]。また、中国が国連に対して二〇一一年に提出した口上書は、南シナ海に関する中国の立場を補強する「豊富な歴史的および法的な証拠」があると主張したのである[14]。

加えて、中国はEEZの性格をめぐって、米国を含む多数の国とは異なる海洋法条約の解釈を取ってきた。沿岸国はEEZ――さらにはその上空――において資源の探査や開発に係る権利だけではなく、情報収集を含む外国軍の活動に規制を及ぼす権利をも有すると主張するのである[15]。二〇〇一年に南シナ海で起こった米電子偵察機と中国戦闘機との衝突事件や、同年から二〇〇三年にかけて黄海で発生した米海洋調査船に対する妨害事案には、EEZやその上空での外国軍による偵察や訓練を認めないという中国の姿勢が反映されていた。後述するように、二〇〇九年以降には、南シナ海等で活動する米軍の艦船や航空機に対する妨害や異常接近が頻発することとなった[16]。

なお、米国が領海外の海域をすべて「国際海域」と呼んでいるのに対し、中国はEEZ、大陸棚をも含めて「国家管轄海域」または「海洋国土」と称してきた[17]。「海洋国土」の中にはEEZや大陸棚の外側にあり、かつ中国が「歴史的権利」を主張する海域も入ってくる可能性がある。例えば、二〇〇〇年に施行された海洋環境保護法は、領海、EEZ、大陸棚等に加えて、中国が管轄する「その他の海域」にも適用されることを謳っている[18]。二〇一六年には、最高人民法院(最高裁)が、やはり中国が管轄する「その他の海域」を領海、EEZ、大陸棚等と合わせて「管轄海域」と規定する司法解釈を発表した[19]。

❖対立の浮上と鎮静

南シナ海における沿岸国間の軋轢は、時に軍事力の発動による「現状」の変更に繋がった。中国は一九七四年、南ベトナム軍と交戦してパラセル諸島全体を占領し、一九八八年にはベトナム軍を攻撃してスプラトリー諸島のジョンソン南(赤瓜)礁等を占拠した。フィリピンが領有権を主張するスプラトリー諸島のミスチーフ(美済)礁も、一九九五年に中国の支配下に置かれた[20]。

ミスチーフ礁事件は南シナ海問題で東南アジア諸国連合(ASEAN)が集団行動を取るきっかけとなった。その結果、二〇〇二年に、中国とASEAN諸国との間で「南シナ海における関係国の行動に関する宣言」(以下「行動宣言」)が署名された。「行動宣言」は航行および上空飛行の自由の尊重、領有権および管轄権に関する紛議の平和的手段による解決、現在無人の嶼礁における居住の自制、環境保護、科学調査等に関する協力活動の探求等を謳ったものであり、あわせて法的拘束力を有する「行動規範」の採択に向けた協力が盛り込まれた[21]。

「行動宣言」の合意は、中国の態度が「武力行使も辞さない強硬な姿勢」から「関係諸国との対話と協調に基づいて問題の沈静化を図る姿勢」へと変化したことの表れでもあった[22]。「論争棚上げ、共同開発」の方針に沿って、中国はベトナムやフィリピンとの間で資源の共同調査を行う用意を見せるようにもなった[23]。

第二章で見たように、二〇〇〇年代前半の米国では中国の「現状維持」志向を評価する傾向が強まったが、それは中国のこのような姿に対応したものでもあった。E・S・メデイロスとM・T・フラベルは中国の「新たな外交」を論ずる中で、海洋紛議に対する中国の「より実際的な取り組み」を指摘し、中国はこれを「平和的に、国際法に基づいて」解決することを繰り返し約束していると強調した[24]。D・シャンボーも、「良き隣人」としての中国を描写するに際して、「行動宣言」への署名の他、ベトナムとの間でパラセル諸島およびスプラトリー諸島をめぐる係争について話し合う場が設置されたことに言及したのである[25]。しかし、中国はその後も多国間での問題処理には積極的な姿勢を示さず、「行動規範」の策定も進まなかった。

2　海洋紛議の激化

❖中国の強硬姿勢

「行動宣言」の合意によって鎮静したかに見えた南シナ海における紛議は、二〇〇七年頃から再び深刻化した[26]。その背景としては、沿岸各国における経済成長に伴う石油・ガス需要の増大と採掘技術の向上、世界的な魚類需要の拡大および沿海の資源枯渇による漁業者間の競争激化、それらと並行して起こった民族主義の昂揚を指摘することができた[27]。さらに、大陸棚延伸の申請期限が〇九年五月に設定されていたことから、沿岸各国では互いに他国による領有権や管轄権の主張に警戒を抱く誘因が強まったのである[28]。「九段線」を含んだ中国の口上書も、直接的には大陸棚に関するベトナムおよびマレーシアの立場に異議を唱えるためのものであった。

そうした中で、中国は係争海域に海上法執行機関の監視船を積極的に展開し、外国企業による石油、ガスの探査や外国漁船の操業を阻止する一方、自国企業や自国漁船の活動を後押しする姿勢を強めていった。このような中国の動向は、中国海軍の全般的な能力増大、そして遠航訓練の活発化や海南島における基地建設を通じた南シナ海での軍事的なプレゼンスの拡大とも相俟って、他の沿岸国に止まらず、南シナ海を利用する多くの国に懸念を生じさせることとなった。

二〇〇九年三月には海南島沖で米海軍の音響測定艦インペッカブルの活動が中国船によって妨害されるという事件が発生し、五月にも黄海で音響測定艦ビクトリアスに中国船が異常接近した。EEZにおける外国軍の活動を規制する権利をめぐる米中の相違が改めて浮き彫りとなったのである。

中国の当局者が南シナ海は今や中国の「核心利益」になっていると発言していた旨が、二〇一〇年四月に報じられた[29]。マレーシアが実効支配するスワロー(弾丸)礁付近で、中国の監視船とマレーシア軍の艦船、航空機とが対峙したのもその頃であった。中国の監視船は一一年三月、フィリピン近海のリード堆(礼楽灘)でフィリピンの資源調査船を現場から追いやり、同年五月にはベトナム沖でベトナム資源調査船の探査ケーブルを切断した。

また、スカボロー礁では、二〇一二年四月以降、中国とフィリピンの艦船が対峙を続けたが、六月にフィリピン船が撤収したのに対し、中国船は撤収を拒み、その結果、スカボロー礁には事実上、中国の支配が及ぶこととなった。これはミスチーフ礁の占領以来、南シナ海の嶼礁に関する中国による初めての「現状」変更と言えた[30]。一二年六月、南沙諸島、西沙諸島および中沙諸島（中国ではスカボロー礁を含むとされる）を管轄する「三沙市」が設置され、そこに中国軍の駐屯地が新設された。

フィリピンは二〇一三年一月、「九段線」の合法性等に関して、海洋法条約の規定する仲裁裁判所に訴えを起こした。これに対し、中国は仲裁裁判所の管轄権を否定し、裁判への参加を拒否した。一三年三月および翌年一月には、マレーシアが領有権を主張するジェームズ礁（曾母暗沙）の周辺で、中国海軍の艦船が「主権宣誓活動」と称する活動を行った。南シナ海で中国軍艦が米ミサイル巡洋艦カウペンスの針路を妨害する事件が発生したのは、一三年一二月のことであった。一四年三月以降、中国はフィリピンがスプラトリー諸島のセカンド・トーマス（仁愛）礁付近に駐留させている兵員への補給を妨害するようになった。

中国は係争海域での資源採掘にも乗り出した。二〇一二年六月、中国の国有企業は管轄権の主張がベトナムと重なる海域の鉱区を外国企業との共同開発に提供すると発表し、八月にはパラセル諸島近傍の鉱区を競争入札した。一四年五月から七月にかけて、この国有企業はパラセル諸島付近の海上に掘削装置を持ち込み、海底の掘削作業を実施した。ベトナムはこれに強く反発し、両国の船が衝突を繰り返した。

❖人工島と軍事化

二〇一四年以降、南シナ海問題の焦点は、中国による岩礁の人工島化に移ることとなった。嶼礁の埋め立ては他の沿岸国も行っていたが、一三年一二月に開始された中国の埋め立てはとりわけ急速に進行した。中国以外の国々が四〇年間に埋め立てた面積が一平方キロメートルに満たなかったのに対し、中国は一五年末までの二年間に、スプラトリー諸島にある七つの岩礁で約一三平方キロメートルの陸地を追加したのである[31]。

しかも、中国は岩礁を埋め立てて形成した人工島に建造物を構築し、そこに軍事施設を据え付ける動きを見せるようになった。習近平国家主席は二〇一五年九月の米中首脳会談に際して、「南シナ海の島々は古代より中国の領土である」と主張する一方、スプラトリー諸島で「軍事化を追求する意図はない」と述べたが[32]、翌年一月には王毅外相が「防衛施設」の設置は「軍事化」とは関係ないと強弁した[33]。

スプラトリー諸島のファイアリー・クロス（永暑）礁を含む三つの人工島には各種軍用機の離着陸が可能な三〇〇〇メートル級滑走路や航空機の格納庫が整備され、クアテロン（華陽）礁等にはレーダー施設が設置された。それと並行して、パラセル諸島のウッディ（永興）島にも戦闘機や戦闘爆撃機、地対空ミサイルが配備された。さらに、中国はスカボロー礁の埋め立てに乗り出す兆候をも示し始めた。二〇一四年八月および一六年五月には、中国軍の戦闘機が米軍の偵察機に異常接近する事案が発生した。

その間、中国は他の沿岸国を威圧するに当たって、海軍の艦船を前面に出すことは控え、主として海上法執行機関の船や漁船を使い続けた。また、パラセル諸島、スプラトリー諸島への航路や航空路線を開設するといった方策を講じて、権利主張の補強を図ってきた。それ自体では開戦の引き金とならない小さな一歩を重ねることにより、徐々に「現状」を自らに有利な方向に変えようとしていると見られるのである。それは「サラミ薄切り」戦略と呼んでもよく、「軍事化されない強制」に依拠するところの大きいものであった[34]。

二〇一六年七月には、「九段線」等をめぐるフィリピンの提訴に対する仲裁裁判所の判断が示された。仲裁裁判所は「九段線」で囲まれた海域に特有の「歴史的権利」は認められず、また中国が人工島化したスプラトリー諸島の岩礁七つは、いずれもEEZや大陸棚を有するものではなく、うち一つは領海をも有しないと断定したのである[35]。海洋法条約によれば、仲裁裁判の結論は法的な拘束力を有するものであるが、裁判への参加を拒んだ中国は、その結論にも従わない立場を前面に押し出した。第三章でも触れたように、中国の要人は揃って仲裁裁判所の裁定を「ただの紙屑」「政治的茶番」と切り捨てたのである。

その一方で、中国は折に触れて他の沿岸国を懐柔する姿勢をも示してきた。二〇一一年七月、中国とASEANとは「行動宣言」に盛り込まれた協力活動を実施するための「行動指針」に合意し、そこでは具体的な方策や活動の実施が「行動規範」の「最終的な実現」に繋がるべきことが謳われた[36]。そして、一三年九月には「行動規範」の策定に向けた公式協議が開始されるに至った。「二一世紀海上シルクロード」構想が提示されたのは翌月のことであり、その直後には善隣友好を強調する「周辺外交」の基本方針が発表された。中国はその後も「行動規範」の作成に期限を設けることに反対していたが、一六年九月には「一七年半ばまで」という目標で合意を見るに至った。

と同時に、東南アジア諸国を分断しようとする中国の工作も活発であった。ASEANには南シナ海問題の当事国でない国もあり、また東南アジア全体として経済面での対中依存が非常に大きいため、ASEANが海洋紛議に関して一致して中国に強い態度を取ることは容易とは言えなかった。

❖東シナ海の緊張

その間、東シナ海でも緊張が高まっていた。東シナ海においては、一九七〇年代初頭以来、中国および台湾が尖閣諸島に対する日本の領有権に挑戦してきた。中国が一九九二年に公布した領海および接続水域法では、尖閣諸島（釣魚島）も自らの領土に含められた。また、EEZの画定をめぐる日本と中国との立場にも大きな隔たりがある。双方の沿岸から等距離となる「中間線」を境界とするよう唱える日本に対し、中国は南西諸島のすぐ西まで自国の大陸棚が延びていると主張してきたのである。なお、東シナ海にも石油が二億バレル、天然ガスが一～二兆立法フィート埋蔵されていると言われ[37]、またそこでの中国の漁獲量は他を圧倒している[38]。

日中両国は二〇〇八年、東シナ海の日中中間線を跨ぐ海域でのガス田共同開発で合意していたが、二〇一〇年には交渉が中断し、中国による一方的な開発が進行した。また、一〇年九月には尖閣諸島の近海で海上保安庁の巡視船と中国漁船との衝突事件が発生した。中国の公船が尖閣諸島付近で日本の領海に初めて侵入したのは二〇〇八年であったが、一二年九月に日本政府が尖閣諸島の一部を個人の所有者から購入して以降、中国船による領海侵犯が常態化することとなった。二〇一三年から一六年にかけて、領海侵入は年間延べ八八隻ないし一八八隻に及んだのである[39]。

また、二〇一二年一二月には中国海上法執行機関の航空機が領空侵犯した他、二〇一四年以降、中国海軍の艦船もいく度か尖閣諸島の周辺を航行した。一三年四月には、中国外務省報道官によって、尖閣諸島が中国の「核心利益」に属する旨が明言された[40]。

二〇一三年一一月、中国は尖閣諸島上空を含む東シナ海の上空における「防空識別区」の設定を発表した。防空識別圏は一般に、あらかじめ飛行計画を提出せず進入してきた航空機について識別、証明を求め、それを通じて領空侵犯を防止することを旨とするものである。ところが、中国は「防空識別区」内を飛行するすべての航空機に対して指示に従うよう要求しており、これに従わない場合には軍事力による緊急措置を取ると警告したのである[41]。こうした「防空識別区」の性質は、ＥＥＺ――あるいは大陸棚その他を含む「国家管轄海域」――の上空に対して広汎な権利を有するとする中国の立場に符合するものと言えた[42]。

その上、東シナ海の日中中間線付近におけるガス田の海上施設が「防空識別区」の本格運用に活用される可能性も出てきた。二〇一六年八月に水上レーダーが設置されたことが明らかとなり、本格的な軍事拠点化に向けた布石との見方が現れたのである[43]。

中国軍による米軍や自衛隊に対する挑発的な行為も頻発するようになった。二〇一三年一月に中国軍の艦艇が自衛隊の護衛艦に火器管制レーダーを照射した他、同年五月および六月には中国の戦闘機が自衛隊の情報収集機に、また一六年六月には米軍の偵察機にそれぞれ異常接近したのである。中国の軍用機等に対する自衛隊戦闘機の緊急発進も急増し、二〇〇九年度に三八回だったものが、二〇一五年度には五七一回、二〇一六年度には八五一回を数えることとなった[44]。

3　米国の政策展開

❖基本的な立場

南シナ海問題に対する米国の公式態度は、①領有権の争いについてはいずれの沿岸国をも支持せず、中立を維持する、②紛議の平和的な解決を主張し、多国間での処理を奨励する、③航行の自由およびEEZにおける軍事活動の権利を擁護する——という具合に要約することができる。

二〇一〇年七月、クリントン国務長官はASEAN地域フォーラム（ARF）出席に際して、米国が南シナ海における航行の自由、海洋共有地（maritime commons）の自由な利用、国際法の尊重を「国益」と見なしていると明言した。米国として「競合する領有権紛議に関していずれの肩を持つこともしない」一方で、そうした紛議を「強要なしに」解決するための当事国による「協同的な外交過程」を支持し、いかなる当事国による「武力の行使または威嚇」にも反対する。そして、ASEANと中国とによる二〇〇二年の「行動宣言」を支持し、当事国が「行動規範」で合意するよう奨励する――との立場を示したのである[45]。

こうした米国の基本的な姿勢は、その後も一貫したものであった。二〇一一年一一月、胡錦濤主席と会談したオバマ大統領は、航行の自由の維持、障害のない通商、国際法の尊重、相違の平和的解決を米国の「根本的な利益」と表現した[46]。また、一四年一一月の習近平主席との会談に当たっても、米国は「競合する権利主張」に関して「特定の立場を取らない」一方、航行の自由を「根本的な利益」と捉えていると強調し、また領有権に関する紛争は「平和的に、国際法に従って」解決されるべきだと述べたのである[47]。

それと並行して、航行の自由およびEEZの法的性格との関連で、米国は特に中国の権利主張に疑問を呈してきた。国務省幹部は「領土である陸地から派生しない〝領海〟または何らかの海洋区域」に関する主張は「国際法に合致しない」と断じ、自国のEEZ内で外国軍の活動を制限し得るとする中国の見解も「国際法に裏付けられていない」と説いた[48]。

また、国防総省幹部によれば、すべての国に対してEEZ内の航行および上空飛行の自由を保証する海洋法条約の規定は慣習国際法を反映するものに他ならなかった。米国は未だ海洋法条約に加入していないものの、それが採択された一九八二年以来一貫して、「EEZ内で適用される航行の権利および自由は、外洋において適用される権利および自由と質的および量的に同一」という立場を取ってきたというのである[49]。

クリントン国務長官がＡＲＦにおける発言で、当事国は領有権や管轄権の主張を海洋法条約に則って追求すべきであると訴えると同時に、慣習国際法に従えば、海域に対する「正当な〔管轄権の〕主張」は陸地に対する「正当な〔領有権の〕主張」から派生すると釘を刺したのには、このような背景があった[50]。

❖対中牽制の強化

海洋紛議をめぐる中国の自己主張が強硬なものとなるにつれ、これを牽制しようとする米国の姿勢も前面に表れることとなった。二〇一二年八月、国務省が声明を発表し、「南シナ海における緊張の増加」に「懸念」を表明した上で、特に三沙市の設置および軍駐屯地の新設について、「相違を解決しようとする協同的な外交努力に逆行し、地域の緊張をさらに増大させる恐れがある」と論評した[51]。米国が南シナ海問題の当事国のうち、一国を名指しして批判するのは、これが初めてであった[52]。

しかし、米国の対中警戒がいよいよ募ったのは、二〇一五年以降のことであった。オバマ大統領は同年四月、中国の「海洋問題への姿勢および権利主張」によって「現実の緊張」が生じていると指摘し、中国のそれは「間違ったやり方」だとの考えを表明した[53]。大統領報道官によれば、オバマは南シナ海の安全保障状況がいかに「決定的に重要」であるか「しばしば語って」おり、実際それは米国の安全にとっても世界経済にとっても「決定的」と思われた[54]。一六年九月には、例として南シナ海に言及しつつ、中国が国際的な規則や規範に違反するのであれば、「〔相応の〕結果」が伴うであろうとの発言がなされた[55]。

米国は何よりも中国による人工島の造成に関して危機感を露わにした。二〇一五年三月に太平洋軍司令官が中国は「砂の万里の長城」を築きつつあると述べ[56]、米国ではその後しばらくこの言葉が流行した。同年五月には、ケリー国務長官が王毅外相との会談で、埋め立ての「速度と範囲」に懸念を抱いている旨を表明した[57]。本章の冒頭に掲げたカーター国防長官の発言も、同様の懸念に言及した上でのものであった。カーター長官は一六年五月、中国の人工島は「自らを孤立させる万里の長城」となりかねないと述べた[58]。オバマ大統領は習近平主席に対し、スカボロー礁を埋め立てれば「深刻な結果」を招くと一六年三月に警告していたと報じられた[59]。

また、領有権に関して特定の立場を取らないという政策をめぐっても、一定の展開が見られた。領有権の主張は自然に形成された陸地に基づかねばならないことが改めて指摘され、人工島の造成によって新たな権利が生ずるものではないことが強調されるようになったのである。国務省幹部に言わせれば、「浚渫《しゅんせつ》や建設をどれだけやっても、一国の領有権主張の法的効力が変化したり、増大したりすることはない」ということになる[60]。

さらに、最近は領有権にまつわる立場の修正に繋がり得る意見も表明されるに至った。ブレア元国家情報長官が二〇一六年七月、「中国の侵略を掣肘するため優越した軍事力を行使する」ことができるようにすべく、米国としてどの主張を認め、どの主張が認められないかを決定する必要があると議会証言したのである。その際、中国による「極端な主張」の事例としてスカボロー礁に言及したブレアは、そこは米国が長年爆撃訓練場として使っていた場所であり、フィリピンに使用料さえ払っていたと指摘した[61]。

南シナ海をめぐる米国の対中牽制は、米軍による行動をも伴うこととなった。米国は海洋に関する過剰な権利主張と見なされるものに対して、それを承認しないことを示すために軍事行動を取ることとしており、これを「航行の自由作戦」と呼んできた[62]。二〇一五年一〇月、スプラトリー諸島の人工島周辺を米海軍の駆逐艦が航行し、これが南シナ海における中国の権利主張に対する「航行の自由作戦」の皮切りとなった。一六年一月にはパラセル諸島、五月にはスプラトリー諸島、一〇月にはパラセル諸島に駆逐艦が派遣され、同作戦が実施された[63]。また、一六年四月には対地攻撃機がスカボロー礁の周辺を飛行し、中国による埋め立てを見過ごさない姿勢を示した。

その間、オバマ政権は外交・安全保障政策のリバランスを打ち出していた。二〇一二年一月に策定された新たな「国防戦略指針」において、米軍展開の重心をアジア・太平洋地域に向けて移行させる旨が表明された[64]。それに則って海兵隊が豪州北部に交替でプレゼンスを維持し、またシンガポールに沿岸戦闘艦が交替で展開することとなった。

二〇一四年にはフィリピンにおける米軍の交替配備を強化する協定が締結され、また二〇一六年にはベトナムへの武器輸出が全面的に解禁された。インドや日本との防衛協力も進展を見せた。一五年七月には、①海洋における軍事能力を強化する、②同盟国、提携国の海洋能力を構築する、③軍事外交を活用して潜在的な危険を低減する、④地域における安全保障体制の発展を促進する、といった方策を掲げた『アジア・太平洋海洋安全保障戦略』が発表された[65]。こうした米国の政策展開に、南シナ海における中国の動向を牽制する狙いが含まれていることは明白であった。

東シナ海についても、オバマ政権の高官は相次いで尖閣諸島が日米安全保障条約による共同対処の対象となることを確認し、二〇一四年四月には大統領もその旨を明言した[66]。また、一三年一一月に中国が「防空識別区」の設定を宣言すると、直ちに爆撃機をその空域に派遣して無通告で飛行させ、これを認めない立場を明らかにした。なお、スカボロー礁をめぐる上記ブレア元国家情報長官発言との関連で言えば、沖縄返還以前、米軍は尖閣諸島を射爆場として使用していた。

4 中国の戦略的挑戦

中国経済にとって南シナ海を通る輸送路の確保は必須である。また、エネルギー資源の開発で中国はベトナム、マレーシア等の後塵を拝してきた。スプラトリー諸島で各国が占拠する嶼礁の数はベトナムが四八で最も多く、中国はフィリピンと同じ八、その他ではマレーシアが五、台湾が一となっている[67]。ベトナム、フィリピン、マレーシア、台湾はスプラトリー諸島に飛行場を保有するが、人工島の造成以前に中国の航空拠点と呼べるものはなかった。

こうして見れば、海洋紛議をめぐる中国の強硬な自己主張にも無理からぬ点があると言えるかもしれない。にもかかわらず、米国が中国の動向に神経を尖らせるようになったのは、そこに米国の戦略的な利益に対する重大な挑戦が潜んでいることを看取しているからに他ならない。

第三章で述べたように、近年における中国の対外的な攻勢は、アジアにおける覇権の確立を通じて東半球の勢力分布に変更をもたらす――それが現実のものとなれば、経済秩序の開放性に加えられる制限が増大するかもしれない――のみならず、その過程で既存の国際制度を依拠し難いものにするといった要素を孕んでいる。南シナ海問題をめぐる中国の自己主張は地域的、世界的な勢力均衡、そして国際的な規範・規則のあり方にどのような影響を及ぼし得るのであろうか。

❖軍事バランスの変化

南シナ海における中国の権利主張には、地域における軍事バランスの変化に直結する要素が含まれている。まず、中国が言うようにEEZ――ましてや大陸棚や「その他の海域」を含む広大な「国家管轄海域」――およびその上空で米軍の艦船や航空機が中国の許可なしに活動することができなくなれば、中国の軍事動向を監視する米国の能力は大幅に低下せざるを得ない[68]。加えて、前方展開した米軍による――あるいは地域の同盟国、提携国と共同しての――訓練も大きな制約を受けることになる。

人工島の造成およびそこへの軍事施設の設置により、米国にとって中国の挑戦は一段と急迫したものとなってきた。先述の通り、中国はすでにパラセル諸島のみならずスプラトリー諸島の三つの人工島に三〇〇〇メートル級の滑走路を建設しており、またスカボロー礁の埋め立てを企図しているかに見えるようになった。

スカボロー礁が埋め立てられ、そこに三〇〇〇メートル級の滑走路が築かれると、パラセル諸島、スプラトリー諸島と合わせて「戦略三角形」が形成されると評せられている。三角形の各頂点を拠点として戦闘機や爆撃機を展開し、そこに据え付けられたレーダー施設を活用することによって、中国は南シナ海における制空権を獲得すると同時に、「防空識別区」を設定して他国の航空機を威嚇することも可能となる[69]。「戦略三角形」が現実化すると、中国は「特定の国の船の航行を差し止める」といったことをも含め、「この海域でやりたい放題のことができるようになる」と見られるのである[70]。また、海南島には建造中の空母も配備されると予想されているが、これらの拠点は空母艦載機のための代替的飛行場としても機能し得るであろう[71]。

❖拡大抑止の動揺

中国が南シナ海への進出を図ってきたのは、米国に対する核攻撃の能力を確保するためでもある。中国は晋級（094型）の弾道ミサイル搭載原子力潜水艦（SSBN）に搭載するJL－2という潜水艦発射弾道ミサイル（SLBM）の開発を進め、核抑止力の主柱の一つとしようとしてきた。ところが、

SLBM戦力が任務を遂行するに際しては、SSBNを海上、空中からの攻撃から守ることのできる「聖域」が必要であり、またJL－2の射程との関係で、SSBNに外洋への出口を与えることも必要となってくる。これらの条件に照らした場合、SSBNの配備に適した場所は実質的に南シナ海以外にないと考えられるのである[72]。

このような観点に立つと、中国にとって南シナ海は、ソ連にとってのオホーツク海に該当するものとなる（また、南シナ海は「北京湖」になるという表現もある）[73]。南シナ海を手中に収めることができれば、米国の対潜水艦戦（ASW）能力に妨げられることなく、中国の潜水艦は外洋に進出し得るようになるかもしれない。中国EEZにおける米国の情報収集を阻むことができれば、また「戦略三角形」の構築を通じて南シナ海における制空権を握ることができれば、それだけ中国のSSBNが太平洋で作戦行動する可能性が広がるであろう。

中国が通常戦力や戦域核戦力の近代化を継続する傍ら、米国本土を核攻撃する確実な能力を増していった場合、米国が同盟国に提供してきた拡大抑止（核の傘）の信憑性は動揺を来しやすくなるであろう。通常兵器による攻撃——場合によっては戦域核兵器の使用——を敢行しても、米国は全面核戦争へのエスカレーションを心配するあまり、核報復の威嚇を実行に移すことを躊躇するかもしれない——と中国が考える可能性が高まりかねないからである。

❖世界的な力関係変動？

仮に米国が軍事バランスにおけるこのような変化を甘受すると受け取られるようなことがあれば、アジア・太平洋の同盟国、提携国に対する米国の防衛公約は信頼性を著しく低下させるであろう。特に、東南アジア諸国は中国への従属を余儀なくされ、「フィンランド化」の道をたどることになるかもしれない[74]。中国が南シナ海で軍事的な優位を達成した際には、エネルギー資源を含め、そこを通過する物資に大きく依存する日本や韓国、台湾に一定の行動を取らせ、あるいはその孤立を図ることも可能となろう。

このようにしてアジアにおける覇権を確立した中国にとって、南シナ海は米国にとっての「〔メキシコ湾を含む〕拡大カリブ海」に相当するものとなるはずである[75]。そうなった場合、中国は敵対的な国家による自らの「勢力範囲」への経済進出を阻もうとする中国版「モンロー主義」を実行する可能性もある[76]。

そうした事態の展開は、世界全体における力の分布にも大きな影響を与えずにはおかないであろう。まず、通商路としての南シナ海の重要性に鑑みれば、ここに支配を及ぼすことは世界経済の首根っこを押さえることに等しい。南シナ海の制覇は「海上シルクロード」をその一環とする中国中心の大経済圏の実現を促進し得ると同時に、インド周辺に一連の拠点を確保しようとする「真珠の首飾り」戦略と相俟って、中国海軍のインド洋進出に寄与すると見られる[77]。かつて米国は「拡大カリブ海」に覇を称え、それを踏み台にして西半球における優越を達成した後、東半球の勢力分布を左右する行動を取るようになった。中国が南シナ海を勢力範囲に組み込んだ場合、それと類似のことが起こらないとは断定し得ないのである[78]。

とは言え、中国による南シナ海の支配が有する戦略的な意味を過大評価することは避けるべきであろう。中国が地域覇権の成就に近づいたとしても、欧州、中東、日本、インド、ロシアが独立した力の中心であり続け、または米国の影響下に留まるという状況にあっては、中国が冷戦期のソ連のような形で欧亜(ユーラシア)の勢力均衡を危うくすることはないであろう[79]。中国は内陸における潜在的な敵対国の存在を意識せざるを得ず、海洋を通じて軍事力を投射する態勢を拡大していくことには少なからず困難が伴うと想定されるからである[80]。

また、中国が対米核攻撃の能力を確かなものにしたとしても、それだけで拡大抑止が全面的に効かなくなることはないであろう。それどころか、次章で紹介するように、米国にあっては——ロシアとの間のみならず中国との間でも——双方が十分な核報復の能力を有することが戦略関係の安定に資するという意見も聞かれるのであり、この点はなお慎重な検討が必要であろう。

❖国際規範の弱体化

さらに、南シナ海をめぐる中国の振る舞いに適切に対処し得なかった場合、米国の基本的な利益を体現した国際規範・規則の重要な部分が危殆に瀕する恐れなしとしない。

特に、自国EEZにおける権利に関する中国の主張は、アジアにおける米軍の活動に制限を加えるだけでなく、EEZの全般的な性格に影響を与えかねない。航行の自由を前面に押し出す米国の立場は、確かに海洋法条約締約国の大半によって共有されてきた[81]。米海軍の艦船が他国のEEZで当該国の同意なしに活動した際、これに対して複数回「行動によって挑戦した」のは未だ中国のみである[82]。

しかし、インドやブラジルといった新興大国が中国の法解釈に同調している他[83]、中国以外の南シナ海沿岸国の中では、マレーシアやベトナムもEEZにおける他国の軍事活動を何らかの形で規制しようとしてきた。また、公式には米国の立場を支持するフィリピン、インドネシア等も、水面下では中国の視座への共感を表明していると言われる[84]。世界の海洋の四割近くが沿岸から二〇〇海里以内の海域であることから、中国への支持が広がって海洋法の解釈に変更が施され、多数の沿岸国がそうした規制を実行するに至るといった事態が起こった場合、米軍の前方展開を通じた同盟関係、提携関係の維持は、世界中で大きな制約を課せられることになる。そのような意味で、EEZをめぐる中国の権利主張は、米国にとって「最大の懸念」を構成するのである[85]。

ただし、中国海軍が本格的に外洋に進出するようになった暁には、海洋法に関する中国の立場も、他国軍による活動の阻止ではなく、自国軍による活動の確保に重きを置くものへと変化するかもしれない。軍事行動への規制を強調する解釈は、「活動範囲の遠海への拡大を目論む中国海軍にとっては両刃の剣となりかねない」と見られるからである[86]。とは言え、二〇一二年以降、中国海軍はグアムおよびハワイ近辺の米国EEZ内で任務を遂行するようになったものの、先述の通り米国による中国EEZ内での情報収集や監視・偵察活動は違法との主張を変えていない[87]。

また、仮に中国が武力の行使またはその威嚇を通じて南シナ海の支配を達成するようなことがあれば、それは——地域における、あるいは地域を超えた勢力分布の変化、そのもたらし得る経済秩序への衝撃に止まらず——国際制度の全般的な変容を導きかねないであろう。米国が海洋法条約に則した権利主張を強調し、法的拘束力を帯びた「行動規範」の策定を支持してきたのも、「規則に基づいた」秩序の構築を促進するという「長期的な目標」が存在するからに他ならない[88]。米国が南シナ海問題で「引き下がる」と受け取られるような姿勢を見せた場合、米国主導で維持されてきた既存の国際秩序が弱体化し、規範、規則が地域的に分割される「転換点」の到来が早まるとの警告が発せられる所以である[89]。

第一節で記したように、そもそも海洋に関する中国の権利主張には、既存の法規範との関係が必ずしも明確でないものが含まれている。特に、中国は「九段線」を押し立てつつも、その法的な性格や根拠を明らかにしてこなかった。米国務省が二〇一四年一二月に公表した報告書にもある通り、「九段線」は①その内側にある島嶼に対する中国の領有権を主張するものなのか、②中国と近隣国との間の海上における境界線を表すものなのか、あるいは③中国が「歴史的権利」を有するとされる領域を画するものなのか、よく分からないのである[90]。

いずれにせよ、二〇一六年に下された仲裁裁判所の判断は、「九段線」に対する「歴史的権利」の主張を海洋法条約に反すると結論したが、中国はこれを受け入れる姿勢を全く示していない。そうした中で、中国が軍事力、経済力の増大を背景に「九段線」内全体を「海洋国土」として支配する傾向を強め、「歴史的権利」の援用を通じてそれを正当化するといった事態が生じた場合、現存の法秩序は大いに実効を削がれる結果となろう。それは、「一国による歴史的権利の主張」が、海洋法条約に「明記された他国の権利」を「無効にする」ことを意味するものに他ならないからである[91]。

そのような意味で、米国でアジア政策を担当してきた者にとって、海洋安全保障の問題は、まさに岩礁(rocks)ではなく規則(rules)の問題なのである[92]。南シナ海における言動によって、「世界秩序の規則に従って振る舞う」意思が中国にあるのかどうかについて「現実の疑問」が生じているとも言えるであろう[93]。

海洋秩序をめぐる中国の動向は、東半球の勢力均衡、開放的な経済秩序、国際制度への依拠という米国大戦略の基本要素のいずれにも挑戦する側面を孕んでおり、その意味で中国の「現状打破」志向が表れていると言ってよい。不拡散体制の場合とは異なり、米国はもっぱら「現状」の擁護に回っており[94]、海洋進出の拡大に伴って中国がEEZに関する国際規範の「現状」に歩み寄る可能性がないとは言えないものの、それは未だ現実となっていない。

南シナ海問題における対立が改めて示唆するように、米中は相互に「敵になり得る」関係である。とすれば、両国が「敵になった」状況をも想定しつつ、その戦略関係を安定させる方策について考慮をめぐらすことが極めて重要となってくるはずである。第六章および第七章では、そうした角度から米中関係を分析することとする。

註

1 ――『中国的军事战略・白皮书（全文）』二〇一五年五月、国务院新闻办公室。

2 ――Ash Carter, "IISS Shangri-La Dialogue: 'A Regional Security Architecture Where Everyone Rises,'" Department of Defense［以下DoD］, May 30, 2015. なお、第三章に記したように、二〇一五年九月の米中首脳会談でオバマ大統領が類似の表現を使っている。

3 ――経済面における南シナ海の重要性を物語る数字の多くは、「数字が語る南シナ海 争い招く豊かさ」、日本経済新聞、二〇一六年九月一九日 <http://vdata.nikkei.com> に載せられている。その他、Patrick M. Cronin and Robert D. Kaplan, "Cooperation from Strength: U.S. Strategy and the South China Sea" and Will Rogers, "The Role of Natural Resources in the South China Sea," in Patrick M. Cronin, ed., *Cooperation From Strength: The United States, China and the South China Sea*, Center for a New American Security, January 2012 等をも参照。

4 ――Cronin and Kaplan, "Cooperation from Strength," p. 7.

5 ――U.S. Energy Information Administration, "South China Sea," February 7, 2013. 五〇億〜二二〇億バレルという数字は米地質調査所が二〇一〇年に実施した調査に基づくものである。なお、U.S.-China Economic and Security Review Commission［以下USCC］, *2012 Report to Congress*, November 2012 によれば、一九九三

〜九四年の米地質調査所報告には二八〇億バレルという予想が記されていた(p. 234)。また、Rogers, "Role of Natural Resources," p. 87は、約一五六億バレル(うち約一六億バレルが採掘可能)という推定を引いている。

6——Cronin and Kaplan, "Cooperation from Strength," p. 9. また、Rogers, "Role of Natural Resources" に従えば、中国では南シナ海に一〇五〇億〜二一三〇億バレルの石油資源が存在し、その一割が採掘可能と推定されていると言う(p. 87)。

7——U.S. Energy Information Administration, "South China Sea."

8——Cronin and Kaplan, "Cooperation from Strength," p. 9.

9——沿岸各国による領有権および管轄権の主張は、USCC, *2012 Report*, pp. 215-218、M. Taylor Fravel, "Maritime Securiy in the South China Sea and the Competition over Maritime Rights," in Cronin, ed., *Cooperation from Strength*, pp. 34-35等によって概観し得る。

10——「中华人民共和国领海及毗连区法」(一九九二年二月二五日施行)第二条、中国人大网。なお、中国はスカボロー礁を中沙諸島に含めている。

11——海洋法条約によれば、「島」とは「自然に形成された陸地であって、水に囲まれ、高潮時においても水面上にあるもの」を指すものである(第一二一条一)。「島」であっても「人間の居住又は独自の経済的生活を維持することのできない岩」は、EEZや大陸棚を有しないとされる(第一二一条三)。また、「自然に形成された陸地であって、低潮時には水に囲まれ水面上にあるが、高潮時には水中に没するもの」は「低潮高地」と呼ばれる(第一三条一)。低潮高地は「その全部が本土又は島から領海の幅を超える距離にあるとき」、領海を有しないとされる(第一三条二)。

なお、沿岸国はEEZにおいて一定の「主権的権利」および「管轄権」を有する(第五六条)とされるが、本章ではそれらをまとめて「管轄権」と表現することとする。

12——Permanent Mission of the People's Republic of China, Notes Verbales CML/17/2009 and CML/18/2009 (translation), May 7, 2009 <http://www.un.org>.

13——「中华人民共和国专属经济区和大陆架法」(一九九八年六月二六日施行)第一四条、中国人大网。

14——Permanent Mission of the People's Republic of China, Note Verbales CML/8/2011 (translation), April 14, 2011.

15——防衛省防衛研究所『中国安全保障レポート２０１１』二〇一二年二月、二一～二二頁。ＥＥＺの法的性格については、鶴田順「排他的経済水域(ＥＥＺ)」『外交』第一二号(二〇一二年三月)が参考になる。

16——無害通航に関する海洋法条約の解釈も、中国と米国その他とでは異なっている。軍事演習、情報収集を含む一定の活動に従事しない限り、すべての船舶は「領海において無害通航権を有する」とされるが(第一七、一九条)、中国は軍艦の無害通航に沿岸国の許可が必要という立場を取ってきた。

17——伍尚锐・侯瑞・钱晓虎「长江口佘山岛——领海基点 海运要道」『解放军报』二〇一〇年一〇月五日。

18——「中华人民共和国海洋环境保护法(修订)」(二〇〇〇年四月一日施行)第二条、中国人大网。

19——「最高法院发布审理我国管辖海域相关案件司法解释」二〇一六年八月二日、最高人民法院。

20——なお、一九九八年にはマレーシア、一九九九年にはベトナムがそれぞれ他国と係争中の嶼礁を占領するという行為に出た。Fravel, "Maritime Security," p. 34.

21——"Declaration on the Conduct of Parties in the South China Sea," November 4, 2002 <http://asean.org>.

22——飯田将史「南シナ海における中国の新動向」『防衛研究所紀要』第一〇巻第一号(二〇〇七年九月)一四三頁。

23——ただし、「論争棚上げ、共同開発」の趣旨は「共同開発の実行によって、関係諸国に係争する島嶼に対する中国の主権を認めさせる条件を作り出す」ことであった。飯田「南シナ海」一四九頁。

24——Evan S. Medeiros and M. Taylor Fravel, "China's New Diplomacy," *Foreign Affairs*, Vol. 82, No. 6 (November/December 2003), p. 26.

25——David Shambaugh, "China Engages Asia: Reshaping the Regional Order," *International Security*, Vol. 29, No. 3 (Winter 2004/05), pp. 75, 81.

26——キャンベル米国務次官補は、「地域が緊張増大の新たな時期に入った」のはまさに「二〇〇七年」であるとの認識を示している。Written testimony of Kurt Campbell at U.S. Senate, Committee on Foreign Relations, Subcommittee on East Asian and Pacific Affairs, *Maritime Territorial Disputes and Sovereignty Issues in Asia* (hearings)［以下*Maritime Territorial*］, September 20, 2012, p. 3.

27——Written testimony of Robert Scher at U.S. Senate, Committee on Foreign Relations, Subcommittee on East Asian and Pacific Affairs, *Maritime Disputes and Sovereignty Issues in East Asia* (hearings)［以下*Maritime Disputes*］, July 15, 2009, p. 2; Campbell testimony at *Maritime Territorial*, p. 3.

28——Fravel, "Maritime Security," pp. 36-37.

29——Edward Wong, "Chinese Military Seeks to Extend Its Naval Power," *New York Times*, April 23, 2010.

30——スカボロー礁における緊張については、防衛省防衛研究所『中国安全保障レポート２０１２』(二〇一二年一二月)一八〜二〇頁およびUSCC, *2012 Report*, pp. 231-233を参照。

31——DoD, *Military and Security Developments Involving the People's Republic of China 2016: Annual Report to Congress*, April 2016, p. 13.

32——Barack Obama, "The President's News Conference with President Xi Jinping of China," *Daily Compilation of Presidential Documents*［以下*DCPD*］, September 25, 2015, p. 5.

33——「王毅：美方应客观、公允、理性看待南海问题」二〇一六年一月二七日、外交部。

34——Written testimony of Bonnie S. Glaser at U.S. House of Representatives, Committee on Foreign Affairs, Subcommittee on Asia and the Pacific and Committee on Armed Services, Subcommittee on Seapower and Projection Forces, *Maritime Sovereignty in the East and South China Seas* (hearings)［以下 *Maritime Sovereignty*］, January 14, 2014, p. 3; Written testimony of Peter A. Dutton at *Maritime Sovereignty*, p. 5.

35——The South China Sea Arbitration Award, July 12, 2016 <http://pca-cpa.org>. EEZや大陸棚が派生しないのはそれら岩礁が「岩」と判定されたからであり、また領海が派生しないのはそれら岩礁が（「岩」ではない）「島」から一二海里以内に位置しない「低潮高地」と判定されたからである。仲裁裁判所の判断については、河野真理子「南シナ海仲裁の手続と判断実施の展望」『国際問題』第六五九号（二〇一七年三月）および兼原敦子「南シナ海仲裁判断（本案）にみる国際法の妥当性の論理」『国際問題』第六五九号（二〇一七年三月）に詳しい分析がある。

36——"Guidelines for the Implementation of the DOC," July 21, 2011 <http://www.asean.org>.

37——U.S. Energy Information Administration, "East China Sea," September 17, 2014; DoD, *Asia-Pacific Maritime Security Strategy*, July 2015, p. 5.

38——水産研究・教育機構「東シナ海・黄海の漁業資源（総説）」『平成27年度国際漁業資源の現況』<http://kokusai.fra.go.jp>。

39——海上保安庁「尖閣諸島周辺海域における中国公船等の動向と我が国の対処」<http://www.kaiho.mlit.go.jp>.

40——「『尖閣、核心的利益』中国政府初の公式発言」『読売新聞』二〇一三年四月二七日。

41——「中华人民共和国东海防空识别区航空器识别规则公告」二〇一三年一一月二三日、国防部。「防空識別区」の特異な性格については、小原凡司『中国の軍事戦略』（東洋経済新報社、二〇一四年）七六～七七頁、

Dutton testimony at *Maritime Sovereignty*, pp. 6-9等を参照。

42——なお、中国は南シナ海、東シナ海において、空域の「領空化」と言うよりも「FIR（=飛行情報区）化」を企てているという見方もある。FIRは国際民間航空機関（ICAO）によって設定されるもので、航空機の航行に必要な各種情報の提供や捜索救難活動が行われる空域を指す。担当するFIRを拡大することを通じて「空域におけるさまざまな事象、動態を掌握する」ことが狙いだというのである。安田淳「中国の空域統制と再編成——台湾にとっての新たな非伝統的安全保障の脅威」安田淳・門間理良編『台湾をめぐる安全保障』（慶応義塾大学出版会、二〇一六年）二一一頁。

43——「中国、日本の監視強化か 東シナ海 レーダー設置 政府、現状変更に危機感」『読売新聞』二〇一六年八月七日。

44——防衛省編『日本の防衛（防衛白書）平成28年版』（日経印刷、二〇一六年）二八六頁。統合幕僚監部「平成28年度の緊急発進実施状況について」二〇一七年四月一三日。

45——Hillary Rodham Clinton, "Remarks at Press Availability," Department of State, July 23, 2010.

46——Barack Obama, "The President's News Conference with President Hu Jintao of China," *DCPD*, January 19, 2011, p. 2.

47——Barack Obama, "The President's News Conference with President Xi Jinping of China in Beijing, China," *DCPD*, November 12, 2014, p. 4.

48——Written testimony of Scot Marciel at *Maritime Disputes*, pp. 4, 5.

49——Scher testimony at *Maritime Disputes*, pp. 3-4.

50——Clinton, "Remarks at Press Availability."

51——Patrick Ventrell, "South China Sea," Department of State, August 3, 2012.

52——USCC, *2012 Report*, p. 238.

53——Barack Obama, "The President's News Conference with Prime Minister Shinzo Abe of Japan," *DCPD*, April 28, 2015, p. 5.

54——"Press Briefing by Press Secretary Josh Earnest," May 26, 2015 <https://obamawhitehouse.archives.gov>.

55——Jason Miks, "Obama: Consequences if China Violates Rules and Norms," CNN, September 4, 2016.

56——Harry B. Harris, Jr., speech at Australian Strategic Policy Institute, Canberra, Australia, March 31, 2015.

57——John Kerry, "Joint Press Availability with Chinese Foreign Minister Wang Yi," Department of State, May 16, 2015.

58——Ash Carter, "Remarks at U.S. Naval Academy Commencement," DoD, May 27, 2016.

59——Demetri Sevastopulo, Geoff Dyer, and Tom Mitchell, "Obama Forced Xi to Back Down over South China Sea Dispute," *Financial Times*, July 12, 2016.

60——Written testimony of Daniel R. Russel at U.S. Senate, Committee on Foreign Relations, *Safeguarding American Interests in the East and South China Seas* (hearings)［以下*Safeguarding*］, May 13, 2015, p. 4.

61——Written testimony of Dennis C. Blair at U.S. Senate, Committee on Foreign Relations, Subcommittee on East Asia, the Pacific, and International Cyber Security, *U.S. Policy Options in the South China Sea* (hearings)［以下*Policy Options*］, July 13, 2016, p. 5.

62——「航行の自由作戦」については、White House, "Freedom of Navigation Program" (National Security Directive 49), October 12, 1990およびDoD, "Freedom of Navigation (FON) Program," February 28, 2017ならびに"DoD Annual Freedom of Navigation (FON) Reports" <http://policy.defense.gov>に挙げられている年次報告を参照。

63——註16に記したように、中国は領海を他国の軍艦が無害通航する場合に許可を得るよう要求しているが、

「航行の自由作戦」には、艦船を無通告で航行させることを通じて、中国のそうした主張を――領有権の問題とは切り離して――拒否する意思を示すという側面があったと考えられる。

64 ――DoD, *Sustaining U.S. Global Leadership: Priorities for 21st Century Defense*, January 2012, p. 2.

65 ――DoD, *Asia-Pacific*, pp. 19-33. その骨子はWritten testimony of David B. Shear at *Safeguarding* に紹介されている。

66 ――Hillary Rodham Clinton, "Joint Press Availability with Japanese Foreign Minister Seiji Maehara," Department of State, October 27, 2010; Barack Obama, "The President's News Conference with Prime Minister Shinzo Abe of Japan in Tokyo, Japan," *DCPD*, April 24, 2014, p. 3.

67 ――DoD, *Asia-Pacific*, p. 7.

68 ――Sarah Raine, "Beijing's South China Sea Debate," *Survival*, Vol. 53, No. 5 (October-November 2011) は、海南島の海軍基地をめぐる状況を含め、中国の軍事態勢を監視する能力を維持したいという米国の欲求――および中国によるその拒否――を、南シナ海における緊張増大の要因として重視している (pp. 70-71)。

69 ――中国外務省報道官は二〇一六年六月、南シナ海における「防空識別区」の設定に関して、「各国の主権の範囲内」とした上で、「空の安全への脅威の程度」を始めとする「各種の要素を総合的に考慮する必要がある」と述べた。「外交部发言人洪磊主持例行记者会」二〇一六年六月六日、外交部。

70 ――香田洋二「中国の海洋進出と日本の安全保障」『公研』第五四巻第一一号（二〇一六年一一月）六二頁。

71 ――DoD, *Asia-Pacific*, p. 17.

72 ――Leszek Buszynski, "The South China Sea: Oil, Maritime Claims, and U.S.-China Strategic Rivalry," *Washington Quarterly*, Vol. 35, No. 2 (Spring 2012) によれば、黄海もこの条件を満たすものの、外洋から試

みられる米国の阻止攻撃（interdiction）に脆弱であると言う（p. 146）。また、南シナ海は東シナ海に比べて水深があり、他の沿岸国の海軍力が相対的に弱体ということも、中国による潜水艦の配備にとって有利な点である。小原『中国の軍事戦略』二〇四頁。

73——Shinzo Abe, "Asia's Democratic Security Diamond," December 27, 2012 <https://www.project-syndicate.org>.

74——「フィンランド化」への言及は、Cronin and Kaplan, "Cooperation from Strength," pp. 7, 15, 17にある。

75——Cronin and Kaplan, "Cooperation from Strength," p. 14.

76——Written testimony of Dan Blumenthal at *Maritime Disputes*, p. 5.

77——ただし、中国は——台湾の併合に成功しない限り——インド洋に海軍力を本格的に投射し得るようになるまでに長期を要すると予測される。Michael J. Green and Andrew Shearer, "Defining U.S. Indian Ocean Strategy," *Washington Quarterly*, Vol. 35, No. 2 (Spring 2012), pp. 179-181.

78——Cronin and Kaplan, "Cooperation from Strength," p. 14.

79——Robert J. Art, "The United States and the Rise of China: Implications for the Long Haul," in Robert S. Ross and Zhu Feng, eds., *China's Ascent: Power, Security, and the Future of International Politics* (Ithaca, NY: Cornell University Press, 2008), p. 272. ただし、そこでは米国が東南アジアにおける海軍の拠点を維持することが前提とされている。

80——Robert S. Ross, "China's Naval Nationalism: Sources, Prospects, and the U.S. Response," *International Security*, Vol. 34, No. 2 (Fall 2009). こうした理由により、そこでは中国海軍の増強は「米国の海洋安全保障に対する挑戦とはならない」と断言されている（p. 75）。

81——Written testimony of Peter Dutton at *Maritime Disputes* によれば、締約国「一五七ヵ国中約一四〇ヵ国」

が米国に同意している（p. 6）。

82——Written testimony of Jeff M. Smith at *Maritime Sovereignty*, p. 3.

83——Fravel, "Maritime Security," p. 35. Smith testimony at *Maritime Sovereignty*, pp. 2-3によれば、ＥＥＺの法的性格について中国と同様の立場を取る国は世界全体で一六ヵ国に上る。その他、七ヵ国は一二海里を越えて領海を主張しており、また三ヵ国は接続水域（沿岸から二四海里）に対する完全な主権を主張している。

84——Dutton testimony at *Maritime Disputes*, pp. 6-7.

85——USCC, *2012 Report*, p. 239.

86——『中国安全保障レポート２０１１』二一頁。Dutton testimony at *Maritime Disputes*, p. 6および真山全「東アジアにおける空間的秩序の国際法構造と日本のジレンマ——中国の海洋進出」『海幹校戦略研究』第七巻第一号（二〇一七年六月）一一頁にも同趣旨の記述がある。

87——Glaser testimony at *Maritime Sovereignty*, p. 5.

88——Campbell testimony at *Maritime Territorial*, p. 4.

89——Michael Auslin, "Tipping Point in the Indo-Pacific," American Enterprise Institute, February 10, 2011.

90——Department of State, Bureau of Oceans and International Environmental and Scientific Affairs, *Limits in the Seas*, No. 143, *China: Maritime Claims in the South China Sea*, December 5, 2014. 中国の研究者による「九段線」の法的性格に関する分析の一例として、Zhiguo Gao and Bing Bing Jia, "The Nine-Dash Line in the South China Sea: History, Status, and Implications," *American Journal of International Law*, Vol. 107, No. 1 (January 2013) を参照。それによれば、「九段線」は古来中国に属してきた島嶼に対する主権および漁業や資源探査を含む海洋活動に係る「歴史的権利」を主張したものであり、加えて海上の境界線としても

機能することがあり得ると言う。そうした議論を含め、「九段線」をめぐる中国の立場を包括的に検討し、法的根拠が乏しいと結論したものに、西本健太郎「南シナ海における中国の主張と国際法上の評価」『法学』第七八巻第三号（二〇一四年八月）がある。

91——Department of State, *China: Maritime Claims*, p. 20.

92——Russel testimony at *Safeguarding*, p. 7.

93——Written testimony of Kurt M. Campbell at *Policy Options*, p. 2.

94——もっとも、沿岸国の権利主張が拡大していく傾向に先鞭を付けたのは、一九四五年のトルーマン大統領による二つの宣言（「大陸棚の地下および海底の天然資源に関する合衆国の政策」「公海の一定水域における沿岸漁業に関する合衆国の政策」）であった。

第6章　米中間の戦略的安定

二〇一〇年四月、オバマ政権が公表した核態勢見直し（NPR）報告には、「戦略的安定（strategic stability）」の確保を目標に、ロシアおよび中国との対話を促進する方針が記された[1]。そうした方針は、オバマ大統領が一三年六月に策定した新たな「核戦力運用指針」にも盛り込まれた[2]。また、一二年一〇月には、国際安全保障諮問会議（ISAB）が国務省に対し、「米中間における戦略的安定の維持」に関する答申を提出した[3]。一方、一〇年五月の核拡散防止条約（NPT）再検討会議で中国代表は、核軍縮に当たっては「世界大での戦略的安定」の維持という原則が守られねばならないと強調した[4]。

もともと「戦略的安定」は冷戦期に発達した概念であり、米国とソ連との間に大規模な核戦争が勃発する可能性の小さい状態を指すものであった[5]。一九六〇年代以降の米国において、それは戦略戦力（戦略核兵器を中心とする戦略攻撃戦力および戦略防衛能力）に関する政策の規準として非常に大きな役割を演ずることとなった[6]。現在の米中はかつての米ソと違って相互に「敵ではない」ものの、「敵になり得る」関係である。本章は、そうした米中関係に適合し得る「戦略的安定」とはどのようなものか考察を試みるものである。

第一節では、往時の米ソ関係を前提として発達した「戦略的安定」の内容を確認する。第二節では、近年の米中関係に即してこの概念を再構成し、烈度の低い軍事衝突の防止をそこに含める。第三節では、米中の「相互脆弱性（mutual vulnerability）」――双方の国土、国民が互いの核攻撃によって多大の損害を被る状態――をめぐる動向が武力衝突の危険とどう関係するかを探る。第四節では、軍事衝突が核戦争にエスカレートする可能性を助長し得る要因について検討することとする。

1　戦略的安定の概念

❖危機における安定と軍備競争に係る安定

冷戦期の「戦略的安定」は、少なくとも「危機における安定（crisis stability）」と「軍備競争に係る安定（arms race stability）」という二つの次元から成るとされた。「危機における安定」とは、両国の関係が極度に緊張した際にも他方の領土や戦略戦力に対して先制攻撃を加える誘因の生じにくい状態のことを指し、「軍備競争に係る安定」とは、戦略戦力の量的拡大および質的向上の誘因が抑制された状態を言うものであった[7]。

当時の米ソ関係は抜き差しならぬ敵対を基調としたものであり、いつ両国間に重大な危機が生起しても不思議はなかった。しかも、危機の赴くところとして、核兵器による互いの本土に対する攻撃、あるいは両国の死活的利益が懸かる欧州等での本格的な戦闘といった、大規模な核戦争に直結し得る武力紛争が想定されるのが常であった。

また、米ソの戦略戦力は他に隔絶したものであった。両国は一九六〇年代末までに相互確証破壊(mutual assured destruction)の状況――いずれの一方が先制攻撃を敢行しても、他方の報復攻撃によって国土、国民に「堪え難い」損害を被ることが避けられない状況――に近づき、やがて戦略核軍備でほぼ均等の状態に達した。これに対し、有効な戦略攻撃戦力として機能し得る非核兵器は現れず、また戦略核弾頭を送達する弾道ミサイルに対する防衛能力は微弱であり続けた。戦略戦力に関する限り、両国は実質的にもっぱら核兵器に依存せざるを得なかったのである。

米ソ間の「戦略的安定」をめぐる議論においては、核戦力の構築、調整による「危機における安定」の維持が最も重視されることとなった。それは大規模な核戦争に繋がる重大な危機がいつでも勃発し得るとの感覚、および戦略戦力における核軍備の圧倒的な地位を映し出すものと言えた。

そもそも米国で「戦略的安定」の概念が構成されていく過程では、ソ連による突然の核攻撃に対する恐怖が「触媒」の役割を果たしていた[8]。そして、やがて「奇襲攻撃の相互恐怖」[9]を和らげるには、米ソ双方における確実な報復戦力の存在が肝要と考えられるようになった。「いずれの側も先に攻撃することによって他方の反撃能力を破壊することができない」状況においてのみ、「恐怖の均衡」は安定するというのである[10]。事実として米ソ間に相互確証破壊の状況が成立するに及び、その持続を旨とする戦略政策こそが「危機における安定」に適うと主張されるに至った。

のみならず、「軍備競争に係る安定」も相互確証破壊状況の定着によって促進されると唱えられた。どれほど多量の、また強力な戦略戦力を追加的に取得したとしても、堪え難い損害をもたらす報復攻撃を受ける可能性を回避する術《すべ》がないとすれば、軍備増強の動機は大いに減少するはずだというのである[11]。

❖抑止に係る安定の条件

「戦略的安定」の議論においては、「危機における安定」「軍備競争に係る安定」に加えて、「抑止に係る安定(deterrence stability)」と呼ばれる次元に注意が向けられることもあった。そこでの焦点は「誤算を通じて戦争に導き得るような政治的冒険」[12]や「強制による重大な政治的変更」[13]の効果的な抑止であった。これらを視野に入れて「戦略的安定」を捉え直した場合、「世界の重要地域」において核軍備が「決定的な圧力の手段」として活用される可能性をも局限することが求められたのである[14]。

ところが、相互確証破壊状況の保全を前面に据える戦略政策は、必ずしも「抑止に係る安定」を保証するものではなかった。そもそも冒険・強制・圧力を思い止まらせるには、抑止する側、抑止される側双方の国土、国民が互いの核攻撃に対して脆弱である状態――この状態こそが「危機における安定」に裨益《ひえき》するとされた――よりも、前者の国土、国民が非脆弱である一方、後者の国土、国民は脆弱である状態の方が好適であることは、容易に想像し得るところであった[15]。

実際のところ、双方の国土、国民が脆弱である状態が持続した場合、冒険・強制・圧力の抑止は次第に困難となるかもしれなかった。「安定・不安定の逆説（stability-instability paradox）」論が説くところでは、「恐怖の均衡」が崩れにくくなるにつれ、武力紛争が大規模な核戦争に拡大する可能性が限られていくため、米ソが「通常戦争の始動や核兵器の限定的な使用について自己抑制しなくなる」傾向が助長される恐れがあった[16]。従って、「抑止に係る安定」を確かなものにするには、武力による挑発は成功しない旨を相手に悟らせるべく、通常戦力や核戦力で限定戦争を遂行する能力――その差異を「戦力の較差」と称する――において優位を保つことが重要と考えられた。

さらに言えば、双方の国土、国民が脆弱である状態において、限定戦争遂行能力で劣位の側が試みる冒険・強制・圧力が奏功することもあり得ないわけではなかった。大規模な核戦争が起これば双方とも堪え難い損害を受けることが確実とされる状況にあっては、「戦力の較差」とは関わりなく、滅亡の可能性を省みず自らの立場を貫徹する旨の意思――その落差を「決意の較差」と呼ぶ――で優位に立つことによって、事態を有利に運ぶことができるかもしれなかったのである[17]。通常戦力や核戦力の拡充は――限定戦争遂行能力を増大させると同時に――軍事力の使用に係る選択肢の拡大をもたらし、この種の「危険を冒す競争」[18]に際して「決意の較差」を際立たせるのに寄与することがあり得た。従って、これに対抗して戦備を整えることは、冒険・強制・圧力を抑止しようとする側にとっても重要と目された。

ところで、現在保有している領土や権益を失うまいという思いは、新たにそれらを獲得しようという望みより強烈な場合が多いであろう[19]。「現状維持」を図る側は「現状打破」を志す側よりも「決意の較差」において優位に立つ公算が大きいのである[20]。とは言え、「現状」は「曖昧であり得る」[21]ため、冒険・強制・圧力を企図する側には、自らが「現状」の擁護を志向するものであるかの如く主張する誘因が生ずることになる。そうした観点に立った場合、「抑止に係る安定」を強固にするためには、「現状」を不断に確認する努力が欠かせないことになる。

2　戦略的安定の再定義

❖米中関係の性格

現時点における米中関係は、激烈な敵対および同格の軍事能力を特徴としていた冷戦期の米ソ関係とは、大いに性格の異なったものである。米中は互いに「敵になり得る」ものの、差し当たって「敵ではない」ため、両国間に深刻な危機が迫っているわけではない。恐らくは偶発的な事件や第三国の行動によって発生する危機の処理に失敗することはあり得るが、その場合にまず起こると考えられるのは中国周辺における相対的に低烈度の軍事衝突である[22]。中国はそうした事態の多くに自らの「核心利益」が懸かっているとと主張するであろうが、米国の側は――大戦略上の相剋が次第に強く意識されるようになってきたとは言え――かかる紛争が直ちに自国の死活的な利益を脅かすと認識するかどうか分からない[23]。

また、米中間においては核戦力の格差が非常に大きい。米国は核軍備を徐々に縮小しつつあるものの、二〇一〇年代半ばの時点で、依然として五〇〇〇発近くの核兵器を保有し、うち約一九〇〇発が戦略核弾頭として計八〇〇基／機内外の弾道ミサイルおよび爆撃機に配備されていた[24]。これに対し、中国が保有すると見られる核弾頭は二百数十発、これを装着すると目される弾道ミサイルは大陸間弾道ミサイル(ICBM)数十基を含め、たかだか二〇〇基前後であった[25]。

通常戦力についても、世界中に戦力を投射する能力を有する米国に対して、中国は未だ自国近辺で起こった紛争に米国が介入するのを妨げる接近阻止・領域拒否(A2AD)に主眼を置いている。とは言え、中国は――核戦力の着実な近代化を図ると同時に――通常戦力の急速な増強を進めており、そのため米国では中国のA2AD能力への警戒が強まってきた。そうした中で、ミサイル防衛能力の向上、宇宙・サイバー体系の発達、戦略目標を迅速に攻撃し得る通常兵器の開発等が、米中の戦略関係に少なからぬ影響を及ぼすようになった。戦略戦力における核兵器の地位は、その分だけ相対化してきたと言ってよい。

❖戦略的安定の三課題

それでは、そうした米中関係の特質に照らして「戦略的安定」への接近を考えるとすれば、どのようなことが言えるであろうか。まず、米中は当面するところ「敵ではない」のであるから、「戦略的安定」が抜き差しならぬ敵対を前提として大規模な核戦争を防止することを指向するものである限り、その緊要性は全体として低下せざるを得ない。しかしながら、「敵になり得る」状況に変化をもたらし——換言すれば、「敵ではない」状況の基盤を強め——比較的に烈度の低い武力衝突の危険をも封ずることに重点を移していけば、「戦略的安定」に新たな重要性を付与することは可能であるかもしれない。

また、中国は軍事力で米国と肩を並べる存在となるに至っていないのみならず、核軍備に関する限りロシアにも遠く及ばず、また戦略政策を展開する際には、インドその他の主要国が保有する軍事能力をも計算に入れねばならない。従って、米中間における「戦略的安定」を考察する際には、あわせてロシア、インド等を視野に収めた多国間の「戦略的安定」に目を向けることが有益と考えられる。

実際のところ、近年においては、「戦略的安定」をこのように言わば広義に捉えようとする傾向が見られる。「核保有国間における武力紛争の不在」、「諸国家が平和的かつ調和的な関係を享受する地域的または世界的な安全保障環境」[26]、「主要国間における戦争の回避」[27]、「WMD（＝大量破壊兵器）の拡散およびその使用という形で噴火する恐れのある世界に『蓋をしておく』こと」[28]といった定義がそれである。戦略戦力の数量や能力よりも、国家関係の性質が重視されるに至ったと言うこともできる[29]。

特に中国にあっては、広義の「戦略的安定」への志向が強い。中国が主導する上海協力機構（SCO）は、その創設に当たって「世界大での戦略的な均衡と安定」の擁護が「特別に重要な意義」を有していると宣言した[30]。本章の冒頭にも挙げたように、中国政府の代表はしばしば「世界大での戦略的安定」の維持を――「すべてにとっての減損せざる安全」と共に――唱道してきた[31]。また、二〇一六年の中露首脳会談では、「戦略的安定」を「核兵器領域の純軍事概念」と見なすことを否定し、より広くこれを「国際関係の状態」と考えるべきだとする声明が発表された。そして、かかる国際関係の特徴として、国際法遵守や内政不干渉に加え、他国の安全を脅かしかねない行動の抑制、対話を通じた相違の解決等が挙げられたのである[32]。

その間、大国間における「戦略的安定」の基礎として、一九九〇年代に中国が提唱し始めた「新安全観」――その核心は相互信頼、相互利益、平等、協業であると言う――が改めて強調されることもあった[33]。中国政府が米国に対して「新型大国関係」の構築を訴えるようになると、それに寄与するものとして新型「戦略的安定」の確立を求める意見が出た[34]。米国との間の「戦略的安定」に関して今日の中国で最も支持を受けそうなのは、「相互依存」に基礎を置くものとの分析も示されている[35]。

もとより「戦略的安定」に関する昨今の論考が、すべてそうした広義の概念を採用しているわけではない。核兵器を使用する誘因の不在にもっぱら焦点を合わせた概念の規定も依然として軽視し得ないのである[36]。また、仮に米中間における「戦略的安定」を広義に捉えるにしても、両国間の軍事衝突が核戦力の発動に繋がらないとの保証が存在しない以上、核戦争の可能性を低減することを議論の焦点から外すわけにはいかないであろう。

こうして見れば、米中間の「戦略的安定」について探究する際には、視野を二国間に限ったとしても、①両国が「敵ではない」状況に強固な基礎を与えること、②両国間における軍事衝突——恐らく当初は烈度が限られている——の勃発を抑えること、③両国の軍事衝突が核兵器の使用される事態に拡大するのを防ぐこと——という三つの課題を包括的に検討することが必要になってくると言えよう。

3 相互脆弱性と軍事衝突

第一節で見たように、米ソ間における「戦略的安定」は相互確証破壊状況の存続を前提とするものであった。米中間でも同様に、互いの核攻撃に対する国土、国民の脆弱性に基づいて「戦略的安定」が構築されると考えてよいのであろうか。

まず指摘すべきは、米中の「相互脆弱性」を語る際に想定される破壊の水準は、相互確証破壊が要求すると目された人口、産業の数分の一といった水準[37]よりかなり低いものであり得るということである。それは一面で、中国の核軍備がかつてのソ連のそれよりはるかに小規模である[38]ことを反映するものと言えるが、他面において、米国が必ずしも自国の死活的な利益が懸かっていないと判断しているような紛争に際しては、相互確証破壊におけるそれと比べればよほど限られた損害でも、堪え難いと感じられるかもしれないからである。

❖米国の躊躇

近年の米国にあっては、中国との間における「相互脆弱性」を、事実としては認知しようとする傾向が窺われる。例えば、二〇一〇年二月に公表されたオバマ政権の弾道ミサイル防衛見直し（BMDR）報告には、米国のミサイル防衛はロシアおよび中国との「戦略バランスに影響を与えることを意図したものでない」旨が明記された[39]。また、国務省に対するISABの答申は、「相互脆弱性」を米中双方にとっての「逃れ難い現実」と捉えるべきだと主張した[40]。

他方、米国は米中間の「相互脆弱性」を「戦略的安定」の基礎として位置づけることには躊躇を示し続けてきた[41]。それはまず、中国の核戦力近代化にもかかわらず、米国の国土、国民が中国からの核攻撃に対して完全に脆弱になったとは言い切れないからである。米国の核軍備は特にミサイルの命中精度や情報収集の面で冷戦後も顕著な向上を続けており、米国は間もなくロシアの核戦力に先制攻撃を加えてこれを事実上無力化し得るようになるという議論すら聞かれる。そうだとすれば、はるかに小規模の核軍備しか保持しない中国が報復能力の残存性を確保する見込みは当分ほとんどないと言ってよいことになる[42]。

仮に米国が軍事衝突に際して中国の核戦力を完全に制圧することができるとすれば、米国にとって「抑止に係る安定」は極めて強固になるはずである。中国は——限定戦争遂行能力に係る「戦力の較差」で優位を占めることが期待し得なくなる上に——「決意の較差」を誇示すべく核兵器を限定的に使用するという選択肢までをも失うからである[43]。その反面、中国においては、米国の先制攻撃を恐れるがゆえに核兵器を最初に使う誘因や、そうした状況からの脱却を目指して核軍備の増強に走る誘因が増大する——その結果、「危機における安定」や「軍備競争に係る安定」が損なわれる——ことになるかもしれない。

また、仮に米中の「相互脆弱性」が「逃れ難い現実」だとしても、そして米国が中国に対する「戦略バランスに影響を与えることを意図した」政策を取ってこなかったとしても、「戦略的安定」の礎石として「相互脆弱性」を公式に受け入れることは、以下の理由により必ずしも容易とは言えないであろう。

第一に、米中は当面「敵ではない」のであるから、両国の戦略関係を規定する言葉として、核攻撃の応酬を仮想した「相互脆弱性」は前面に出しにくい。実際、広義の「戦略的安定」に傾斜する中国は、米国に「相互脆弱性」そのものの受容は求めつつも、「戦略的安定」をめぐる議論において、この側面が突出することは好んでいない。オバマ政権がNPR報告で中国およびロシアとの間における「戦略的安定」の確保を打ち出したこと自体についてさえ、米国が中、露を同列に論ずることは、核戦力にまつわる現実に反するばかりでなく、中国が冷戦期に米ソから受けた「核威圧」の記憶を呼び覚ますことになるとして、これを否定的に捉える見方が示されたのである[44]。

第二に、米国の国防態勢においては、イランや北朝鮮といった「ならず者国家」と呼ばれる国々への対処に力点が置かれてきた。中国との間における「相互脆弱性」の公認がミサイル防衛や長距離通常迅速打撃能力の抑制に繋がった場合、「ならず者国家」への対抗が阻害されないとも限らない[45]。

第三に、相互脆弱性の承認は、米国にとって、自国のミサイル防衛や長距離通常迅速打撃能力を抑制することに加え、中国の核戦力近代化を容認することをも含意し得る。しかし、中国が「敵になり得る」存在である限り、核戦力や通常戦力全般における優位を自ら縮小することは正当化しにくいのである[46]。

❖安定・不安定の逆説

米国が「戦略的安定」の基礎として「相互脆弱性」を是認した場合、地域における中国の行動がより大胆になる恐れがある。米国の言明によって「相互脆弱性」が確固になったと判断した場合、「安定・不安定の逆説」を肯定している中国であれば、通常戦力の強化によって限定戦争遂行に係る「戦力の較差」が自国有利に傾斜しつつあると考えて、より強硬な対外政策を取るかもしれない。他方、「戦力の較差」を重視する「安定・不安定の逆説」を否定している中国であっても、東シナ海や南シナ海における「現状維持」の仮装と危機における軍事力の使用に関する選択肢の拡大とが相俟って

「決意の較差」が自国有利に展開しつつあると捉え、より非妥協的な態度に出るかもしれないのである[47]。

アジアにおける米国の同盟国とりわけ日本の当局者は、こうした観点から米国による「相互脆弱性」の承認に懸念を示してきた。米国が「相互脆弱性」を認め、その持続を図るようになった場合、非脆弱な核軍備の保持を公式に保証されるに至った中国はますます自己主張を強めるに違いない。米国が日本に提供している「核の傘」は深刻な挑戦を受けることになり、ひいては日本の安全と米国の核戦力との間にデカップリング(切断)が生じかねないというのである[48]。

なお、この文脈において、日本の専門家は「安定・不安定の逆説」論に立脚することが多いと言われる[49]。米国が明示的に「相互の脆弱性に基づく戦略的安定性を容認してしまうのは好ましくない」のは、まさしく「中国が『非脆弱な対米第二撃能力が確保された』と理解した段階」で「安定・不安定の逆説」が作動し、「低烈度の問題における中国の活動がより挑発的なものになることがあり得る」からだとの主張である[50]。

ここで注意すべきは、中国への視線が全体として次第に厳しくなる中で、米国には中国の対外戦略を本質的に穏健なものと捉える傾向も残っており、依然としてそうした見方に基づいて「相互脆弱性」を承認するよう促す議論が聞かれることである。「中国は基本的に膨脹主義的な国家ではなく」、今後とも「侵略的な中国は出現しそうにない」のであれば、「安定・不安定の逆説」やデカップリングにまつわる心配も限られてこよう[51]。また、中国の核戦力が「最小限の報復手段」に止まるものであれば、「より安定的な核関係」を築くため、米国は「相互脆弱性」を受け入れるべきだとの主張にも一定の根拠が認められることになるであろう[52]。さらに、米中間において協力の基調が確立しており、特に核兵器の使用が検討されるような危機が発生する現実的な可能性が存在しないとすれば、中国が「相互脆弱性」の確保を掲げて核軍備を拡張したとしても危険は小さいであろう[53]。

❖中国の反応

一方、中国の見地に立てば、米中間にはすでに実質的な「相互脆弱性」が存在する。米国がどのような施策を講じても、中国は米国の国土、国民に対して核攻撃を実行し、これに相当の損害を与える能力を維持するための方策を取ることができるのである。にもかかわらず、米国は「相互脆弱性」を受け入れようとせず、あわよくば中国の報復戦力を無力化し、「絶対的安全」を獲得することを狙っていると論難されるのである[54]。

そうした傾向の表れとして中国の専門家が指摘するのが、弾道ミサイル搭載原子力潜水艦（SSBN）の太平洋重点配備、ミサイル防衛の推進、宇宙配備レーダーの開発といった動きである[55]。これらはいずれも中国の報復能力を減殺するのに寄与し得るとされるものであり、それに加えて中国側からは、米国が中国の核戦力を迅速に破壊し得る通常兵器の開発を進めているとの懸念も示されてきた[56]。

中国側に言わせれば、このような米国の動向は「戦略的安定」の損傷をもたらしかねない。「相互脆弱性」の実態は変わらずとも、米国が自らの国土、国民が非脆弱になったと誤認して冒険・強制・圧力を始動する恐れがあるからである[57]。米国が中国周辺の諸国に対し、拡大抑止の補強を含む関係の強化に努めてきたことが、それら諸国による中国への挑戦を助長する結果を招いているとされる[58]限り、そうした恐れはますます無視し得ないものとなろう。そこに現出するのは、米中が「敵になり得る」という〝可能性〟により大きな〝現実性〟が与えられ――つまり、「敵になった」状況を想定する必要が高まり――また中国近傍における武力衝突の危険が高まる状況に他ならない。従って、米国が「相互脆弱性」の是認を拒絶し続けた場合、中国においては報復能力の保全を掲げて核軍備の拡張を図る誘因が増大し得る。しかも、それは「相互脆弱性」が公認された状況の下で追求され得る報復能力の拡充と比べ、米国の冒険・強制・圧力をより強く意識した中での核戦力増強となるかもしれないのである。

そもそも中国の核政策は、一九六四年に最初の核実験を実施して以来、核兵器の「先行不使用（no first use）」を主柱としてきた。また、中国は平時において、核弾頭とミサイルとを別個に保管しているとの見方が有力である[59]。中国は核軍備の透明性向上に消極的な態度を取ってきたが、それは相対的に小規模な核戦力を敵の先制攻撃から守る方策として、装備の秘匿や偽装に依存するところが大であるゆえと推測される[60]。米中が「敵になった」状態の仮想が迫られるようになるにつれ、透明性の増大に対する中国の抵抗はますます強まるであろう[61]。のみならず、核戦力を適時に警戒態勢に置くことを可能にするため、核弾頭をより早くミサイルに装着し得るようにするかもしれない。

つまるところ、米国が中国との間の「相互脆弱性」を安易に——つまり、中国の対外戦略が基本的に穏健なものであることを確かめることなく——肯定した場合、中国が地域における自己主張を強め、それだけ両国間の軍事衝突が生起する可能性が拡大する。他方、事実上「相互脆弱性」が成立しているにもかかわらず、米国がどこまでもその受け入れを拒否した場合、米中が「敵ではない」状況は壊れやすくなり、やはり軍事衝突が生じやすくなる——加えて、中国による核軍備増強の誘い水となり得る——と想定されるのである。

4　エスカレーションの諸要因

前節で見たように、中国の対外戦略が抜本的に穏健なものにならない限り、米国が「相互脆弱性」を是認または否認することを通じて、両国間に武力衝突が生起する可能性を確実に低下させることは難しい。しかも、米中の戦略関係においては、当初は相対的に烈度が低いと推測される軍事衝突を、容易に核兵器使用事態に転化させ得る要因がいくつも存在する。

❖核戦力の脆弱性

そうした要因の一部は、中国における核戦力近代化のあり方に内在するものである。中国は従来、米国に対する報復戦力としては、もっぱら固定式のＩＣＢＭに依存していた。しかし、近年は移動式ＩＣＢＭが逐次配備されており、あわせて新型の潜水艦発射弾道ミサイル（ＳＬＢＭ）の開発も続けられてきた。

移動式ＩＣＢＭおよびＳＬＢＭは、一般に固定式ＩＣＢＭよりも残存性が高い。従って、その限りでは、中国でそれらの導入が進むにつれ、米国の先制攻撃を恐れるがゆえに核兵器を先に使用する誘因は下がることになろう。

他方、中国のＳＬＢＭは当面射程が限られていることもあり、その発射母体となるＳＳＢＮは、米国との間の軍事衝突に際しては外洋に展開せねばならない。しかし、外洋に出たＳＳＢＮは中国本土に配備された航空機等の支援が受けられなくなるため、米国の強力な対潜水艦戦（ＡＳＷ）能力に直面することになる。それゆえ中国は、ＳＳＢＮを「（早期に）使わねば失われる（"use 'em or lose 'em"）」という圧力に晒されやすくなる。しかも、そうした場合に、ＳＳＢＮへの指揮・統制が万全であるとは限らないのである[62]。

由来、核弾頭と運搬手段とを別々に管理してきたと目される中国は、即応態勢に置かれた核戦力に対する指揮・統制の経験に乏しい。ところが、武力衝突が発生した折には、ＳＬＢＭや移動式ＩＣＢＭは弾頭を装着し、指令に応じてこれを発射する態勢を取ることになる。従って、中国の核軍備におけるける比重が移動式ＩＣＢＭやＳＬＢＭに移るにつれ、これに対応して指揮・統制能力が強化されない限り、偶発的発射や非公認発射の危険が高まるわけである[63]。

❖核と通常との融合

さらに、中国は核弾頭を装着したミサイルと通常弾頭装着ミサイルの任務を融合させ、しかも両種のミサイルは基地や指揮・統制体系を共有していると見られる。中国の国防態勢は一九九〇年代以来、「先端技術条件下」あるいは「情報化条件下」における局地戦争に照準を据えるものとなったが、そこで中国がまず力点を置いたのは短・中距離の通常ミサイルであった。戦略ミサイルを管轄してきた第二砲兵（現・ロケット軍）が通常ミサイルの開発をも担当することとなり、多くの通常ミサイルが核ミサイルと共に第二砲兵の基地に配備されていった。そして、第二砲兵は核戦力と通常戦力との組み合わせによる「二重の抑止」を目指すに至ったのである[64]。

先述したように、中国は核兵器の「先行不使用」を掲げており、実際に核ミサイルに関する中国の運用原則においては、反撃によって優勢を獲得する（后发制人）——核兵器を最初に使用せず、限定的な核報復のみを裁可する——ことが想定されていると言う。これに対し、通常ミサイルは局地戦争において先制攻撃に適した主要な兵器と考えられており、その運用原則には敵の機先を制する（先机制人）ことが盛られているとされる[65]。中国は地域における「短期間、高烈度」の軍事紛争を戦い、これに勝つ能力の増大を目指してきたと見られる[66]が、通常ミサイルはその必須の手段と言ってよい。情報化条件下の局地戦争は、「開始されればすぐに決定的な戦略決戦に入り、最初の作戦の成果が戦勝の形勢を固める」との捉え方がなされているのである[67]。

このように核ミサイルと通常ミサイルとでは運用思想が大きく異なることから、危機に際して核戦力が警戒態勢に置かれることになった場合、それに関する指令は誤解を招きやすいであろう。しかも、中国は一部の核ミサイル(DF-21)について、その通常型を配備しており、またその対艦型を開発しているので、混乱に拍車が掛かることになりかねない[68]。

さらに、軍事衝突に際して、中国が米国の前方展開戦力に対して通常ミサイルによる先制攻撃を敢行した場合、米国にとって発射されたミサイルが通常弾頭、核弾頭のいずれを装着しているかを識別することは必ずしも容易でない。従って、米国の観点に立てば、飛来するミサイルが着弾する前に、中国本土のミサイル基地やミサイル戦力に係る指揮・統制施設に通常戦力で本格的な攻撃を行ってもおかしくない。ところが、そうした米国の攻撃によって、中国は多数の核ミサイルや関連する指揮・統制体系を破壊されるかもしれず、そうなれば中国は残存する核戦力を発動する誘因に駆られるであろう――と危惧されるのである[69]。

もちろん、米国の攻撃が通常兵器によるものに止まる限り、「先行不使用」を固守する中国であれば、核兵器の使用に踏み出すことはないはずである。しかし、中国の「先行不使用」政策には曖昧さが伴っており、またその条件をめぐって在来の政策に実質的な修正が施されようとしているとの指摘もなされてきた[70]。例えば、第二砲兵のための作戦ドクトリンを記した二〇〇四年の『第二砲兵戦役学』は、通常戦争が拡大し、戦況が極度に悪化した場合等において、「核抑止の敷居を下げる」ことが必要になるかもしれないと述べていると言う[71]。もっとも、「敷居を下げる」と言っても、それは核攻撃の実行を指すものではなく、攻撃目標を公然と宣明することを意味するものに過ぎないとの解釈も示されている[72]。

❖中国本土への攻撃

核戦争への発展を促進し得る他の要因として、中国による通常戦力の増強、およびこれに対する米国の応答に関連するものを挙げることができる。先述の如く、米国との間で軍事衝突が生起した場合に備えて、中国はA2AD態勢の強化を図ってきた。中国近傍に所在する米軍部隊や米軍の基地、兵站をミサイルや航空機による攻撃で迅速に無力化すると同時に、強力な感知体系、先進的な潜水艦やミサイル、航空機等を活用して米国の海空戦力が遠方から接近してくるのを阻止し、あわせて衛星・サイバー攻撃を通じて米国の指揮・通信体系を混乱させようとすると想定されるのである。

中国がA2AD能力を向上させるに伴って、中国周辺での戦闘は米国にとって次第に代価の大きなものとなるであろう。従って、米国としては、武力衝突に際して、局地的な戦闘から何らかの形で紛争規模の拡大を図らざるを得なくなる公算が大きい。とは言え、必ずしも死活的な利益が懸かっていないと評価され得る紛争において、米国が早期に核兵器の使用に踏み切るとは想像し難く、それより中国本土に対する遠隔からの通常攻撃の方がはるかに現実性が高いと考えられる[73]。

実際のところ、中国によるA2ADの挑戦に対し、米国はエア・シー・バトル(ASB)概念の形成を進めることとなった。国防総省の説明によれば、ASBは敵の指揮・統制・通信・電算(C4)・

情報収集・監視・偵察（ＩＳＲ）網を断裂し、敵がＡ２ＡＤに活用する兵器発射母体や兵器体系を破壊し、敵の使用した兵器をその発射後に撃破する縦深攻撃の能力を備えた戦力の構築を志すものとされた[74]。

ところが、そうした縦深攻撃の目標には、当然ながら、中国が自国近海およびその上空に展開している戦力の他、中国本土に配備されている感知体系や航空機、ミサイル等が含まれることになる。事実、米国の海・空軍首脳は、作戦目標の達成に必要な領域への接近を確保するために「必要であればどこでも」敵対者の体系を攻撃すると宣言しているのである[75]。

しかも、中国本土の目標に対する攻撃は、軍事衝突の生起直後から敢行される可能性がある。例えば、米国の政策研究機関・戦略予算評価センター（ＣＳＢＡ）が二〇一〇年五月に発表した報告書においては、敵対行為が開始されるや否や、米軍は中国軍の超水平線レーダーおよび地上配備のＩＳＲ結節点に対して打撃を加えると想定されている。また、初期・早期段階の作戦行動として、中国沿岸の防空体系を制圧して地上配備のミサイル発射基およびその指揮・統制網を攻撃することも挙げられている[76]。

しかし、中国本土への攻撃が戦略目標の破壊をもたらし、中国の指導部が状況の非常な困難を感じた場合、核戦力の発動に関して「敷居を下げる」誘因が増してもおかしくないであろう。特にＡＳＢで構想されているように、紛争当初から米国が中国本土のＩＳＲ体系やミサイル戦力に対して攻撃を掛けたとすれば、中国はこれを自らの報復戦力を破壊するための先制攻撃と受け取るかもしれず、それだけ紛争が核使用事態にエスカレートする危険は大きくなるのである[77]。

❖宇宙・サイバーと迅速打撃

さらに、戦闘領域としての宇宙・サイバー空間の特質に付随する要因も指摘し得る。衛星やコンピューター・ネットワークは防衛が困難である一方、その攻撃に必要となる費用は低減してきた。そのため、宇宙・サイバー領域では攻撃優位(offense dominance)――攻撃を先に実行した側が有利となる――が際立っている。そうした中で、米国も中国も軍事作戦の遂行について――また、必須の社会基盤として――衛星およびコンピューター・ネットワークへの依存を拡大してきた。中国によるA2AD能力の発動も、米国による中国本土への遠隔攻撃も衛星やサイバー資産の活用なくしては不可能である。それだけに、軍事衝突が生起した際には、米中双方において、宇宙・サイバー能力に対する先制攻撃の誘惑を抑えることが困難となり得るのである[78]。

ところが、衛星やコンピューター・ネットワークは核戦力の指揮・統制にも不可欠である。従って、相対的に小規模な核軍備しか保有していない中国は、米国による宇宙・サイバー攻撃を核戦力の無力化を狙った先制攻撃の前触れと受け取り、それが現実となる前に核兵器を発射しようとする恐れがある。また、特に中国の指揮・統制能力が先述の通り未成熟である状況の下で、衛星・サイバー攻撃の応酬によって指揮・統制体系の混乱が拡大していった場合、それに並行して偶発的・非公認核発射の危険も増大するであろう。

そうした中で、米中双方は長距離通常迅速打撃能力の強化に精力を注いできた。米国においては、世界のどこでも一時間以内に攻撃する能力の獲得を目標とする通常迅速グローバル打撃（CPGS）計画の一環として、ICBMやSLBMへの通常弾頭の装着が構想され、また極超音速で飛翔する各種の兵器体系が開発されつつある。中国も極超音速滑空飛翔体の開発を進めており、複数回にわたって飛行実験に成功している。

しかし、こうした傾向は、ミサイル防衛体系や衛星攻撃兵器の発達と相俟って、核戦力と通常戦力との関係を複雑にし、核使用事態へのエスカレーションの危険を高める原因となり得る。通常弾頭装着のICBMやSLBMが登場し、それが発射された場合、相手はこれを核攻撃と誤認するかもしれない。また、米国におけるミサイル防衛の進展に懸念を抱く中国が衛星破壊の能力に力点を置くにつれ、米国は長射程通常迅速打撃兵器を用いて中国の内陸に所在する関連施設を叩く誘因を増大させ、それが中国において核使用の「敷居を下げる」結果を招く——といった事態が起こりかねないのである。

❖残された課題

米中の力が拮抗するに至っていない段階でも、あるいは両国が互いに「敵ではない」と認識している状況でも、両国間に軍事衝突が起こる可能性を完全に排除することはできない。大戦略上の対立が浮上する中で、偶発的な事件や第三国の行動を引き金として生起する深刻な危機の収拾に失敗することがあり得るからである。しかも、米中の戦略関係には、これまで見てきたように、低烈度の武力衝突を核使用事態へと拡大させかねない要因が多数存在する。

しかし、軍事衝突の勃発を防ぐ手立てがないわけではない。安全保障対話を通じて各々が死活的と見なす利益についての了解を進めること、意思疎通の経路確保を含む信頼醸成や危機管理の各種方策を講ずること[79]――それらの方策はJ・スタインバーグがM・E・オハンロンと共に改めて提議した「戦略的再保証」の手段となるかもしれない[80]――は、いずれも誤認や誤算を原因とする危機の発生を防止し、あるいは発生した危機を武力衝突に発展させないために重要であり得よう。

また、そうした「ソフト面での軍備管理」[81]の過程で核兵器をめぐる政策に修正を施すよう中国を説得する道が開けた場合、低烈度の軍事衝突が核戦争に繋がる危険を封じることに役立つであろう。米国の国防態勢についても、例えば中国本土への攻撃に関しては慎重に考えるべきかもしれない[82]。D・C・ゴンパートとP・C・ソーンダースが提唱するような核・宇宙・サイバー分野にまつわる紛争規模拡大の「相互自制」が真剣に追求されることになれば、非常に大きな意味を持つはずである[83]。

加えて、通常戦力の全体では優勢な米国としては、その活用を通じて中国が危機において抱き得る武力行使の誘因を局限する方策を探るべきであろう。それは――あくまで非核事態を想定しつつも――「戦力の較差」を背景に相手の挑発を抑え込む「抑止に係る安定」を追求するものと言えよう。と同時に、そうした方策は、双方が相手の機先を制する誘惑に駆られることを抑える努力――つまり互いに先制を恐れるがゆえに軍事衝突が起こりやすくなるといった事態を回避するという意味での「危機における安定」の確保——を視野に入れねばなるまい[84]。次章では、こうした課題について考えることとする。

註

1——Department of Defense［以下DoD］, *Nuclear Posture Review Report*, April 2010, pp. 28-29. なお、オバマ政権が核政策の目標として「戦略的安定」を重視してきたことは、NPR報告でこの言葉が二九回使われた（要約部分での使用を含む）ことにも示唆されている。

2——"Fact Sheet: Nuclear Weapons Employment Strategy of the United States," June 19, 2013 <https://obamawhitehouse.archives.gov>.

3——International Security Advisory Board［以下ISAB］, *Report on Maintaining U.S.-China Strategic Stability*, October 26, 2012.

4——Statement of Li Baodong at the 2010 NPT Review Conference, May 4, 2010, p. 4.

5——例えば、Paul Stockton, *Strategic Stability between the Super-powers*, International Institute for Strategic Studies, Winter 1986は「戦略的安定」を、敵対者同士が「産業、人口、または戦略的軍事力に対する攻撃」を含む「戦略戦争」を戦いそうもない状況と定義した（p. 3）。

6——冷戦期における「戦略的安定」の概念および米国の戦略政策については、梅本哲也『核兵器と国際政治1945−1995』（日本国際問題研究所、一九九六年）第三章に概観がある。

7——James M. Acton, "Reclaiming Strategic Stability," in Elbridge A. Colby and Michael S. Gerson, eds., *Strategic Stability: Contending Interpretations*, U.S. Army War College Press, February 2013は端的に、「戦略的安定」は「危機における安定」と「軍備競争に係る安定」の組み合わさったものとして定義されるのが「通例」と述べている（p. 123）

8——「戦略的安定」概念の形成過程についての最近の論考として、Michael S. Gerson, "The Origins of Strategic Stability: the United States and the Threat of Surprise Attack," in Colby and Gerson, eds., *Strategic Stability*を参照。引用はp. 5より。

9——Thomas C. Schelling, *The Strategy of Conflict* (Cambridge, MA: Harvard University Press, 1960), p. 207.

10——Schelling, *Strategy of Conflict*, p. 232. また、Lawrence Freedman, *The Evolution of Nuclear Strategy* (Houndmills, UK: Macmillan Press, 1981), pp. 191-195には、そうした「戦略的安定」概念の特徴が簡潔に記されている（ただし、そこでは「安定的な紛争の戦略」という言葉が使われている）。

11——このような考え方を米国における「戦略的安定」の「正統的解釈」と呼ぶことができるが、その妥当性はソ連も同じような立場を取っているかどうかに依存するところが大きかった。一九七〇年代後半以降の米国では、ソ連が相互確証破壊状況の下で限定戦争を遂行する能力における優位、さらには相互確証破壊状況からの脱却を目指しているのではないかとの疑念が募り、正統的解釈への批判が強まっていった。梅本『核兵器と国際政治』一〇五～一一〇頁。

12——The Harvard Nuclear Study Group, *Living with Nuclear Weapons* (Cambridge, MA: Harvard University Press, 1983), p. 203.

13——Joseph S. Nye, Jr., "Farewell to Arms Control," *Foreign Affairs*, Vol. 65, No. 1 (Fall 1986), p. 10; Joseph S. Nye,

Jr., "The Role of Strategic Nuclear Systems in Deterrence," *Washington Quarterly*, Vol. 11, No. 2 (Spring 1988), p. 50. なお、これらの文章では、「戦略的安定」は「抑止の安定性」と表現されており、また本書で言う「抑止に係る安定」の代わりに、「政治における安定(political stability)」という言葉が使われている。

14——Paul H. Nitze, "Assuring Strategic Stability in an Era of Détente," *Foreign Affairs*, Vol. 54, No. 2 (January 1976), p. 207.

15——Nye, "Role of Strategic," p. 51.

16——Glenn H. Snyder, "The Balance of Power and the Balance of Terror," in Paul Seabury, ed., *The Balance of Power* (Scranton: Chandler, 1965), pp. 198-199. ただし、そこにおいては、まさにその結果として生ずる「安定的な戦略核均衡に起因する漸次的なエスカレーションの公算増大」が「通常戦力による挑発、戦術核兵器による攻撃の両者を抑止する」傾向にも言及がなされている(p. 199)。

17——「核革命」の重要な帰結の一つがそれであると唱えられる。Robert Jervis, *The Illogic of American Nuclear Strategy* (Ithaca, NY: Cornell University Press, 1984); Robert Jervis, *The Meaning of the Nuclear Revolution: Statecraft and the Prospect of Armageddon* (Ithaca, NY: Cornell University Press, 1989).

18——Thomas C. Schelling, *Arms and Influence* (New Haven: Yale University Press, 1966), pp. 91, 94.

19——これが「プロスペクト理論」の強調するところである。プロスペクト理論については、土山實男『安全保障の国際政治学——焦りと傲り』(有斐閣、二〇〇四年)第五章を参照。

20——危機における「現状維持」側の有利については、Jervis, *Illogic*, pp. 153-154およびJervis, *Meaning*, pp. 30-32に説明がある。

21——Jervis, *Meaning*, p. 32.

22——例えば、James Dobbins, "War with China," *Survival*, Vol. 54, No. 4 (August-September 2012)は、向後二〇

年間に米中間で生起し得る軍事衝突の原因を挙げれば、可能性の高い順に①北朝鮮、②台湾、③サイバー空間、④南シナ海、⑤日本、⑥インド——をめぐるものになろうと予想している(pp. 8-14)。冷戦期の欧州等における米ソ対決と比較した場合、そうした紛争は(少なくとも当初においては)烈度が低いと想定され、また特に海洋をめぐっては「グレーゾーンの事態」、つまり「純然たる平時でも有事でもない事態」(「平成26年度以降に係る防衛計画の大綱」二〇一三年一二月一七日)として始まることも考えられる。

23——Dobbins, "War with China," p. 16およびDavid C. Gompert and Phillip C. Saunders, *The Paradox of Power: Sino-American Strategic Restraint in an Age of Vulnerability* (Washington, DC: National Defense University Press, 2011), p. 78はそうした紛争における米国の「死活的な利益」を明示的に否定している。また、Charles Glaser, "Will China's Rise Lead to War? Why Realism Does Not Mean Pessimism," *Foreign Affairs*, Vol. 90, No. 2 (March/April 2011)は、東シナ海や南シナ海における緊張は「二次的な紛議」に過ぎず、米国は台湾を始めとする「死活的でない利益」に拘泥すべきでないと言う(引用はpp. 81, 91より)。

24——Department of State, "Transparency in the U.S. Nuclear Weapons Stockpile," April 27, 2015; Do., "New START Treaty Aggregate Numbers of Strategic Offensive Arms," July 1, 2015; Hans M. Kristensen and Robert S. Norris, "US Nuclear Forces, 2015," *Bulletin of the Atomic Scientists*, Vol. 71, No. 2 (March 2015).

25——Hans M. Kristensen and Robert S. Norris, "Chinese Nuclear Forces, 2015," *Bulletin of the Atomic Scientists*, Vol. 71, No. 4 (July 2015).

26——Acton, "Reclaiming Strategic Stability," pp. 117-118に引用されたウォーナー新START交渉国防長官代理人の発言。

27——David S. Yost, *Strategic Stability in the Cold War: Lessons for Continuing Challenges*, Institut Français des Relations Internationales, Winter 2011, p. 35.

28——Thomas Scheber, "Strategic Stability: Time for a Reality Check," *International Journal*, Vol. 63, No. 4 (Autumn 2008), pp. 909-910.

29——例えば、Frank P. Harvey, "The Future of Strategic Stability and Nuclear Deterrence," *International Journal*, Vol. 58, No. 2 (Spring 2003) によれば、核兵器「数量」における均衡より、協力誘因の優越という意味での国家間「関係」の安定が重要になっている。また、Scheber, "Strategic Stability" は「戦略的安定」の模式は階層的なものであると指摘した上で、二国間関係の性質を最上層に置いている。

30——「『上海合作组织』成立宣言」二〇〇一年六月一五日、外交部。

31——Li Baodong statement (注4) の他、Statement of Zhang Yan at the 2005 NPT Review Conference, May 3, 2005等を参照。

32——「中华人民共和国主席和俄罗斯联邦总统关于加强全球战略稳定的联合声明(全文)」二〇一六年六月二六日、外交部。

33——夏立平「论构建新世纪大国战略稳定框架」『当代亚太』二〇〇三年第二期、第五四页。

34——鹿音「如何构建中美新型战略稳定?」『现代国际关系』二〇一二年第一〇期、第三六〜三七页。また、王昆「机制建设与美苏消极战略稳定及其启示」『现代国际关系』二〇一三年第八期も、「新型大国関係」に土台を与えるには、米ソ間における「戦略的安定」に手本を求めつつも、より「積極的」な機制を築くことが必要と述べている(第二七页)。

35——Lora Saalman, "Placing a Renminbi Sign on Strategic Stability and Nuclear Reductions," in Colby and Gerson, eds., *Strategic Stability*, p. 350.

36——例えば、Elbridge Colby, "Defining Strategic Stability: Reconciling Stability and Deterrence," in Colby and Gerson, eds., *Strategic Stability* は、「いかなる当事者も、極限状況におけるその死活的利益の擁護を除いて、

核兵器を使用する誘因を有しない状況」として「戦略的安定」を捉えている（p. 55原文に強調あり）。また、Acton, "Reclaiming Strategic Stability" は、「危機における安定」を「他方がまさにそうしようとしているとの恐れのゆえに核兵器を先に使う」誘因の不在、「軍備競争に係る安定」を「危機において敵方が核兵器を先に使うことによって意味のある利益を得るようになるとの恐れのゆえに核戦力を――質的または量的に――増やす」誘因の不在とそれぞれ定義している（p. 121原文に強調あり）。

37――一九六〇年代にマクナマラ国防長官は、ソ連にとって堪え難い損害の基準として、人口の五分の一ないし三分の一、産業の二分の一ないし三分の二を提示した。Robert S. McNamara, *Statement of Secretary of Defense, FY1966*, February 1965, p. 39; Do., *Statement of Secretary of Defense, FY1969*, February 1968, p. 50.

38――冷戦期のソ連はおおむね一九七〇年代以降（米国はおおむね一九六〇年代以降）、今世紀の中国より二桁多い数量の核兵器を保有していた。Hans M. Kristensen and Robert S. Norris, "Global Nuclear Weapons Inventories, 1945-2013," *Bulletin of the Atomic Scientists*, Vol. 69, No. 5 (September 2013), p. 78.

39――DoD, *Ballistic Missile Defense Review Report*, February 2010, p. 13. ただ、その二ヵ月後に発表されたＮＰＲ報告の立場はやや微妙である。そこにおいて米国のミサイル防衛や通常弾頭装着長距離弾道ミサイルが「戦略バランスに影響を与えることを意図したものでない」とされた相手は、明示的にはロシアのみであった。DoD, *Nuclear Posture Review Report* (2010), pp. 28-29.

40――ISAB, *Report*, p. 3. なお、ＩＳＡＢで主要な役割を担ったペリー元国防長官およびスコウクロフト元大統領補佐官は、両者が主宰して二〇〇九年に取りまとめた外交問題評議会の報告書において、「相互脆弱性」は「是認または拒絶すべき政策選択」ではなく、むしろ「戦略的安定を優先課題としつつ管理すべき戦略的事実」であると論定している。William J. Perry and Brent Scowcroft (chairs), *U.S. Nuclear Weapons Policy*, Council on Foreign Relations, April 2009, p. 45.

41——二〇一三年三月に発表された米戦略国際問題研究所（CSIS）の報告書は、「相互脆弱性」がすでに現実となっていることには合意が存するものの、それを「公式に」かつ「公然と」認めるべきかどうかについては「意見が割れた」と記述している。Elbridge A. Colby and Abraham M. Denmark (cochairs), *Nuclear Weapons and U.S.-China Relations: A Way Forward: A Report of the PONI Working Group on U.S.-China Nuclear Dynamics*, Center for Strategic and International Studies, March 2013, pp. 19-20.

42——Keir A. Lieber and Daryl G. Press, "The End of Mad?: The Nuclear Dimension of U.S. Primacy," *International Security*, Vol. 30, No. 4 (Spring 2006); Keir A. Lieber and Daryl G. Press, "The Rise of U.S. Nuclear Primacy," *Foreign Affairs*, Vol. 85, No. 2 (March/April 2006). リーバーとプレスは、こうした米国の「核の卓越」は「〔二〇〇六年時点から〕一〇年またはそれ以上持続し得る」と予想した。Lieber and Press, "End of Mad," p. 8. 実際、リーバーとプレスによれば、二〇一七年現在においても、核戦力の「残存性は低下しつつあり、予見し得る将来、〔低下〕し続けるであろう」という状態であった。Keir A. Lieber and Daryl G. Press, "The New Era of Counterforce: Technological Change and the Future of Nuclear Deterrence," *International Security*, Vol. 41, No. 4 (Spring 2017), p. 49. 同様の傾向を指摘したものとして、Austin Long and Brendan Rittenhouse Green, "Stalking the Secure Second Strike: Intelligence, Counterforce, and Nuclear Strategy," *Journal of Strategic Studies*, Vol. 38, No. 1-2 (2015) をも参照。

43——Keir A. Lieber and Daryl G. Press, "The Nukes We Need: Preserving the American Deterrent," *Foreign Affairs*, Vol. 88, No. 6 (November/December 2009). ただし、そこでは中国の核軍備の位置が精確に摑めることが前提とされており、「敵の弾頭が一発でも生き残る小さな可能性も、疑いなく米国の指導者を大いに躊躇させるであろう」と述べられている (p. 47)。

44——鹿音「如何构建」第三六页。

45 ——Brad Roberts, "Nuclear Minimalism" [Book review: Jeffrey Lewis, *The Minimum Means of Reprisal: China's Search for Security in the Nuclear Age* (Cambridge, MA: MIT Press, 2007)], *Arms Control Today*, Vol. 37, No. 4 (May 2007), p. 42.

46 ——Brad Roberts, "Extended Deterrence and Strategic Stability in Northeast Asia," National Institute for Defense Studies (Japan), August 9, 2013は、米国が「相互脆弱性」の公認を躊躇う背景として、米中間には——米露間と異なり——軍備管理に係る提携、「戦略的安定」をめぐる対話、同盟国が関与する関係改善の枠組みのいずれも存在しないことを挙げている (p. 12)。また、Robert L. Pfaltzgraff, Jr., "China-U.S. Strategic Stability," Carnegie Endowment for International Peace, April 6-7, 2009は、中国の戦略が「米国の弱みに付け込む」ことに力点を置いているとして、「相互脆弱性」の受容を拒絶するよう訴えている。さらに、Yost, *Strategic Stability*も、「政治的、文化的、地理的その他の相違」のゆえに、「相互脆弱性」に基づく「戦略的安定」を米中関係に安易に適用すべきでないと述べている (p. 36)。

47 ——中国が「安定・不安定の逆説」を奉じているとの見方は、Avery Goldstein, "First Things First: The Pressing Danger of Crisis Instability in U.S.-China Relations," *International Security*, Vol. 37, No. 4 (Spring 2013)、「安定・不安定の逆説」を受け入れていないかもしれないとの見方は、Thomas J. Christensen, "The Meaning of the Nuclear Evolution: China's Strategic Modernization and US-China Security Relations," *Journal of Strategic Studies*, Vol. 35, No. 4 (August 2012) をそれぞれ参照。

48 ——Yost, *Strategic Stability*, pp. 47-48; Muthiah Alagappa, ed., *The Long Shadow: Nuclear Weapons and Security in 21st Century Asia* (Stanford, CA: Stanford University Press, 2008), pp. 354-355. この場合のデカップリングとは、核兵器を使ってでも日本の防衛に与るという米国の公約に信頼が置けなくなることを指す。その背景には、米国が「相互脆弱性」を公認した場合、中国が——近隣諸国に対して一層強硬な態度を取るだけで

なく——核軍備を米国と同様の水準に至るまで拡大していきかねないとの危惧が存する。

49——Michael D. Swaine et al., *China's Military and the U.S.-Japan Alliance in 2030: A Strategic Net Assessment* (Washington, DC: Carnegie Endowment for International Peace, 2013), p. 120. 海洋に関する中国の強硬姿勢を説明するに際して、米国の専門家は日本の専門家ほど「安定・不安定の逆説」によることがないという指摘も見られる。Roberts, "Extended Deterrence and Strategic Stability," p. 13.

50——高橋杉雄「核兵器をめぐる諸問題と日本の安全保障——NPR・新START体制、『核兵器のない世界』、拡大抑止」『海外事情』第五八巻第七・八号（二〇一〇年七・八月）四八頁。

51——引用はGompert and Saunders, *Paradox of Power*, pp. 87-88より。アジアの紛争に米国の死活的な利益を認めない同書の立場（註23を参照）は、中国の対外政策に関するこうした理解に立脚したものと言えよう。死活的な利益について同様の見方を示すDobbins, "War with China"は、中国は「近隣諸国に対して領土的な拡大もイデオロギー的な支配も目指していない」と言い切っており（pp. 7-8）、またGlaser, "Will China's Rise"も、中国が「大それた領土的な野望を抱いている、あるいは将来抱くであろうと信ずる理由はほとんどない」と論定している（p. 88）。

52——Jeffrey G. Lewis, *The Minimum Means of Reprisal: China's Search for Security in the Nuclear Age* (Cambridge, MA: American Academy of Arts and Sciences, 2007), p. 203. そこでは「相互脆弱性」を表す言葉として「相互抑止」が使われている。なお、我が国においても、米中間における「『相互脆弱性』の状況に向けた変化」を「本来的に危機安定性の高い状況に向けた変化」と評価したものがある。石川卓「北東アジアにおける『戦略的安定性』と日米の抑止態勢」『海外事情』第六一巻第五号（二〇一三年五月）三九頁。ただし、石川は「安定・不安定の逆説」の表出、デカップリングの不安にも注意を促している。

53——Harvey, "Future of Strategic Stability," pp. 329-331の描く状況が持続していると仮定した場合がこれに

当たる。

54——このような中国側の主張は、例えばRalph Cossa, Brad Glosserman, and David Santoro, *Progress Continues, but Disagreements Remain: The Seventh China-US Strategic Dialogue on Strategic Nuclear Dynamics and the Inaugural China-US Dialogue on Space Security: A Conference Report*, Pacific Forum CSIS, January 2013によって知ることができる。ただし、そこでは、中国側が米国による暗黙裡の「相互脆弱性」受容を認識しているようだとも述べられている(p. 3)。これに対し、Saalman, "Placing a Renminbi Sign"によれば、米国は「相互脆弱性」に基づく「戦略的安定」を求めていないとの見方が中国では大勢を占めていると言う(pp. 363-364)。

55——李彬・聂宏毅「中美战略稳定性的考察」『世界经济与政治』二〇〇八年第二期、第一五～一六页、鹿音「如何构建」第三五～三六页。

56——オバマ政権の核政策に対する中国の見方については、Thomas Fingar, "Worrying about Washington: China's Views on the US Nuclear Posture," *Nonproliferation Review*, Vol. 18, No. 1 (March 2011)にまとまった記述がある。

57——例えば、李彬・聂宏毅「中美战略稳定性」は、米国の施策によって中国の報復能力は必ずしも相殺されないが、関連する技術能力の一部は十分に明確でないことから、米国に対して中国の報復戦力を制圧することが可能になった旨の「錯覚」を与えかねないと警告し、そうした「錯覚」の例として、Lieber and Press, "End of Mad"を挙げている(第一六页)。

58——Cossa et al., *Progress Continues*には、中国の専門家が拡大抑止の「安定阻害効果」を強調することが記されている(p. 12)。

59——Kristensen and Norris, "Chinese Nuclear Forces, 2015," p. 77; Jeffrey Lewis, *Paper Tigers: China's Nuclear*

Posture, International Institute for Strategic Studies, November 2014, pp. 35, 119. ルイスによれば、中国で核ミサイルが「配備されている」とは、ミサイル部隊にとって「近く」の場所で管理されている核兵器の利用が可能という意味であり、「近く」と言っても何十キロも離れている場合があると言う(p. 112)。

60——つまり、そうした方策に頼らなくてもよいような「残存性のある核戦力を未だ構築しきれていない」ことが透明性の増大を退ける「大きな要因」なのである。西田充「中国核兵器の透明性に関する一考察」『軍縮研究』第二号(二〇一一年四月)二六頁。実際のところ、核兵器国の中で中国が透明性に最も消極的であることは日本国際問題研究所軍縮・不拡散促進センター編『ひろしまレポート２０１６年版——核軍縮・核不拡散・核セキュリティを巡る２０１５年の動向』(広島県、二〇一六年三月)一二一頁にも示される通りである。

61——Saalman, “Placing a Renminbi Sign”によれば、中国においては、「戦略的安定」に関する協議の提唱は、中国に透明性の増大を強制することを通じて自国の優勢を維持しようとする米国の戦術と解釈されていると言う(p. 347)。そうした側面を含め、Fingar, “Worrying about Washington”も、中国では「戦略的安定」をめぐる対話の呼びかけを、米国の「罠」または「計略」と捉える傾向が強いと分析している(引用はp. 62より)。実際、二〇一〇年のＮＰＲ報告は、中国との対話の目標の一つに透明性増大を掲げていた。

62——Goldstein, “First Things First,” pp. 69-71. 引用はp. 70より。ただし、この引用は直接には中国の攻撃型潜水艦に関するものである。なお、この論考においては、ＳＳＢＮが遠方に展開する必要は主として米国のミサイル防衛への対策と捉えられている。また、Christensen, “Meaning of Nuclear Evolution,” pp. 470-471、Michael S. Chase, Andrew S. Erickson, and Christopher Yeaw, “Chinese Theater and Strategic Missile Force Modernization and Its Implications for the United States,” *Journal of Strategic Studies*, Vol. 32, No. 1 (February 2009), pp. 100-101をも参照。

63 ——Chase et al., "Chinese Theater and Strategic," pp. 104-105.
64 ——核ミサイル、通常ミサイルの配備、運用に係る中国の政策については、John W. Lewis and Xue Litai, "Making China's Nuclear War Plan," *Bulletin of the Atomic Scientists*, Vol. 68, No. 5 (September 2012) が詳しい。また、Brad Roberts, "Strategic Deterrence beyond Taiwan," in Roy Kamphausen, David Lai, and Andrew Scobell, eds., *Beyond the Strait: PLA Missions Other Than Taiwan*, U.S. Army War College, April 2009, pp. 174-180をも参照。
65 ——Lewis and Xue, "China's Nuclear War Plan," pp. 55-56.
66 ——DoD, *Military and Security Developments Involving the People's Republic of China 2016: Annual Report to Congress* [以下*CMSD2016*], April 2016, p. i.
67 ——齊藤良「中国積極防御軍事戦略の変遷」『防衛研究所紀要』第一三巻第三号(二〇一一年三月)三八頁。本文の引用は、齊藤による范震江・马保安主编『军事战略论』(国防大学出版社、二〇〇七年)第二七九页からの引用による。
68 ——Lewis, *Paper Tigers*, p. 140.
69 ——Lewis and Xue, "China's Nuclear War Plan," p. 61. なお、中国の先制攻撃は潜水艦から発射される魚雷または巡航ミサイルによるものかもしれない。その場合でも、米国が潜水艦を追尾、破壊し、その指揮・統制能力を制圧するための攻撃を掛けると、中国はこれを自国の核戦力に対する通常戦力による先制攻撃と誤認し、核反撃を開始しかねないと言う。Christensen, "Meaning of Nuclear Evolution," p. 480.
70 ——例えば、*CMSD2016*, p. 58、Chase et al., "Chinese Theater and Strategic," pp. 94-96を参照。
71 ——Christensen, "Meaning of Nuclear Evolution," pp. 477-478.
72 ——Gregory Kulacki, "Chickens Talking with Ducks: The U.S.-Chinese Nuclear Dialogue," *Arms Control Today*,

Vol. 41, No. 8 (October 2011), p. 19、吴日强「中美核关系中的生存、威压与升级」二〇一三年六月二一日 <https://www.gov.uk> 第五页。

73 ——Dobbins, "War with China," pp. 14-18.

74 ——DoD, Air-Sea Battle Office, *Air-Sea Battle: Service Collaboration to Address Anti-Access and Area Denial Challenges*, May 2013. ＡＳＢの沿革については、高橋杉雄「財政緊縮下の米軍とアジア太平洋地域の抑止態勢」『国際安全保障』第四一巻第三号（二〇一三年一二月）六九〜七〇頁を参照。

75 ——Jonathan W. Greenert and Norton A. Schwartz, "Air-Sea Battle," *American Interest*, February 20, 2012.

76 ——Jan van Tol et al., *AirSea Battle: A Point-of-Departure Operational Concept*, Center for Strategic and Budgetary Assessments, May 2010, ch. 3.

77 ——Swaine et al., *China's Military*, p. 298. 実はvan Tol et al., *AirSea Battle*もエスカレーションに関する含意は認めており、中国に所在する軍事目標の多くに対する攻撃を実行するかどうかは、中国の軍事行動の規模にもよると述べている(p. 66)。米国がＡＳＢの想定するような通常作戦を実行した場合、中国が核戦争へのエスカレーションに訴える可能性がどの程度あるかについて分析を試みたものに、Caitlin Talmadge, "Would China Go Nuclear? Assessing the Risk of Chinese Nuclear Escalation in a Conventional War with the United States," *International Security*, Vol. 41, No. 4 (Spring 2017) がある。それによれば、軍事技術的な観点からは米国の通常攻撃が「中国の核報復能力を除去することはない」(p. 84)と見られるものの、中国の指導者が自らの核報復能力に確信を抱き続けることは難しく、そのためエスカレーションを選ぶかもしれないと言う。

78 ——宇宙・電脳領域における「攻撃優位」については、Gompert and Saunders, *Paradox of Power*, ch. 1に詳しい。

79——そうした施策の重要性は、例えばAvery Goldstein, "China's Real and Present Danger: Now Is the Time for Washington to Worry," *Foreign Affairs*, Vol. 92, No. 5 (September/October 2013) が強調している。

80——James Steinberg and Michael E. O'Hanlon, *Strategic Reassurance and Resolve: U.S.-China Relations in the Twenty-First Century* (Princeton, NJ: Princeton University Press, 2014). ここで「戦略的再保証」とは、具体的な措置を通じて善意に信憑性を供与し、不穏当な意図に適時警告することを目標とするものとされる (pp. 5-6)。

81——日本国際問題研究所軍縮・不拡散促進センター「北東アジアにおける核リスクのマネージメント」二〇一四年三月、二〇～二一頁。その種の軍備管理は、地域における「核兵器の下での現状維持」の安定化に寄与するものとも表現し得る。戸﨑洋史「北東アジアにおける『核兵器の下での現状維持』とその不安定性」『国際政治』第一五八号 (二〇〇九年一二月) 五〇～五二頁。

82——Chase et al., "Chinese Theater and Strategic" は、戦略戦力への攻撃を回避すべきはもとより、指導部、指揮・統制施設、戦略通信網、防空体系への攻撃についても、その含意を慎重に考慮すべきだと言っており、中国本土に対する攻撃の全面回避の検討をも促している (pp. 105-106)。また、Dobbins, "War with China" も、核戦力の指揮・統制体系に加え、戦略地点、文民、経済・指導部標的を避けるよう勧めている (p. 18)。

83——Gompert and Saunders, *Paradox of Power*.

84——本来であれば、「軍備競争に係る安定」を核、非核の両面にわたる概念として再定義した上で、通常戦力をめぐる米国の動向がそれにどう関わってくるのかを考察すべきかもしれないが、議論があまりにも複雑になるため、本書では取り上げないことにする。

第7章 中国A2ADと米国の対応

二〇一四年九月、ヘーゲル米国防長官は、軍事面での米国の優越は「もはや当然のこととは見なし得ず」、将来の優位も「所与のものではない」と述べた上で、そうした「状況を一変させる」ような「第三の相殺戦略（Third Offset Strategy）」を推進する方針を打ち出した[1]。これに対して中国では、たとえ「第三の相殺戦略」が成功したとしても、それが米国に「長期的な軍事優勢をもたらすことはあり得ない」との分析も示された[2]。

「第三の相殺戦略」の焦点は、「敵になり得る」国々による接近阻止・領域拒否（A2AD）の克服に据えられている。中国のA2AD態勢に対し、戦力投射の能力を確保するための方途として国防総省が力点を置き、また論議の的となってきたのが、第六章でも言及したエア・シー・バトル（ASB）である。一方、軍事面での長期的な競合に焦点を合わせた競争戦略（competitive strategies）と呼ばれるものに関心が寄せられており、「第三の相殺戦略」は競争戦略の手法を取り入れたものになると想定される。本章はそのような米国の動向について、エスカレーションの抑制や「危機における安定」「抑止に係る安定」への影響に注意を払いつつ、検討を加えるものである。なお、本章における「危機における安定」の概念は、冷戦期の米ソ関係に即したそれではなく、第六章の末尾に記したように、相互的な先制の恐怖を原因とする武力衝突の回避を志向するものである。

第一節では、米国におけるA2ADへの着目および中国によるA2AD態勢の構築を振り返る。第二節では、ASB構想の展開をたどり、それをめぐる論争を略述する。第三節では、米中間における通常戦争の勃発を仮想し、A2AD能力の実態を分析した論考を紹介する。第四節では、「第三の相殺戦略」の輪郭を示した上で、米国が中国に対していかに競争戦略を展開することができるかを考える。

1　A2ADの挑戦

❖A2ADへの懸念

A2ADを改めて定義すれば、敵の戦力が一定の作戦区域に進入するのを阻もうとする活動（A2）および作戦区域に進入した敵に行動の自由を許さないようにする活動（AD）を指すものである[3]。ただ、A2ADという表現がよく用いられることからも示唆されるように、A2とADとの区別は決して厳密なものではない。また、A2ADは全般的な軍事力において劣位の側が発動する「非対称」な手段の一種と捉えられてきた。

潜在敵の軍事能力によって、米軍が一定区域に接近し、そこで作戦行動する能力が脅かされかねないという懸念は、実は冷戦終結直後から抱かれていた。A・F・クレピネビッチが一九九二年に作成し、国防総省で回覧された将来の軍事競争に関する分析の中には、弾道ミサイルや巡航ミサイル、高性能航空機によって掩護された感知装置および機雷から成る障壁の設置は、「同格でない競争者」にとって次第に魅力ある選択肢になるとの予測が含まれていたのである[4]。

また、四年次国防見直し(QDR)報告の一九九七年版では、通常戦力における米国の圧倒的な優位に鑑み、敵対者は非対称な手段を用いて米国による重要施設の利用を遅延させ、拒否することを企てるであろうことが記述された[5]。一九九八年度の『国防報告』は対艦巡航ミサイル(ASCM)の急速な拡散や機雷、潜水艦に言及しつつ、それらが沿岸で作戦行動する米国の海軍部隊にとっての脅威となる旨を指摘した[6]。

しかし、A2ADという用語が初めて耳目を引いたのは、二〇〇一年に発表されたQDR報告において、遠方のA2AD環境における戦力の投射および維持ならびにA2AD脅威の撃破が六つの枢要な作戦目標の一つに挙げられ、「国防変革(defense transformation)」の焦点とされた時である。戦力投射の効力を減殺する装備として挙げられたのは、弾道ミサイルや巡航ミサイル、高度な防空体系、各種の衛星や超水平線レーダー、それに新型のディーゼル潜水艦や機雷等であった。また、敵対者が移動式弾道ミサイルの発射や衛星破壊能力の配備に際して、領土の広さを活用しようとする可能性にも注意が向けられた[7]。

その後、国防に関する米国の基本文書では、A2またはA2ADへの言及が通例となった。二〇〇五年に公表された『国家防衛戦略』は「国防変革」の焦点として八つの重要作戦能力を掲げたが、その一つは「遠方のA2環境において戦力を投射し、維持すること」であった[8]。QDR報告の二〇〇六年版では、在外米軍の再編で「A2脅威を軽減」し、海上基地の活用で「政治的A2挑戦に対抗」するとの展望が示された[9]。二〇〇八年の『国家防衛戦略』は「A2技術および兵器」の発展、拡散について、将来における米国の行動の自由を制約し得るがゆえに厄介であり、また物資や情報の安全な流通に対する信頼を低下させる恐れがあると指摘した[10]。

二〇一〇年二月に発表されたQDR報告は、国防態勢の調整を続ける目的の一つとして、「A2AD能力」の挑戦に対処することを挙げた。そして、空軍と海軍とが合同で、「高度なA2AD能力」を備えた敵対者を撃破するための「新たな統合ASB概念」を構築中であると述べた。統合参謀本部議長に言わせれば、このQDRは「A2AD脅威」の拡散に対抗する能力の形成に関して確固たる指針を与えるものであった[11]。

さらに、二〇一二年一月に策定された「国防戦略指針」においても、「A2ADの挑戦にもかかわらず戦力を投射する」ことが、一〇の主要任務の一つに掲げられた。敵対者が電子戦やサイバー戦、弾道ミサイルや巡航ミサイル、高度な防空能力、機雷敷設を含む非対称な能力を活用して、作戦行動に関する米国の計算を複雑にしようとする区域にも、戦力を投射する能力を確保するために必要な投資を行うというのである[12]。

二〇一四年三月のQDR報告も、「技術的に進歩したA2AD能力」を有する国家との極めて高度な紛争に備える必要を説いた[13]。一五年六月に公表された『国家軍事戦略』には、「A2AD挑戦」の増大に照らせば、将来の米軍は「競争の対象とされた環境」で作戦行動せねばなるまいとの認識が示された[14]。

❖中国のA2AD能力

A2ADへの注目は、もとより中国のみを念頭に置いたものではない。しかし、早くから中国のA2AD能力に関心が向けられてきたことも確かである。QDR報告の一九九七年版は中国が将来、米国と「同格の競争者」として登場する可能性を示唆し、またその二〇〇一年版は事実上中国を指して「恐るべき資源基盤を有する軍事的競争者」と表現していた[15]。その中国の軍事的な挑戦は、当面するところA2AD態勢の強化という形を取ると想定されたのである。

二〇〇〇年に作成が開始された国防総省の『中国の軍事力』年次報告は、その最初の版で、ASCMや長射程の対地巡航ミサイル（LACM）、短距離弾道ミサイル（SRBM）、指揮・統制・通信・電算（C4）・情報収集等への注力に触れ、中国は非対称な方法で敵に打撃を与えることを構想していると記述した[16]。

ブッシュ(子)政権で国防副長官に就任するP・ウォルフォウィッツを含む国防専門家が同じく二〇〇〇年に説いたところでは、二一世紀における沿海地域での戦闘は米海軍による沿岸からの戦力投射に非対称な手段で対抗するものになると思われた。中国(やイラン)等の潜在敵はディーゼル潜水艦、弾道ミサイル、巡航ミサイルその他の地上・海上発射対艦ミサイル等への投資を進めており、特に中国海軍はロシアからの駆逐艦およびASCMの購入によって米艦船への攻撃能力を大幅に向上させた。加えて、敵対者はやがて衛星の利用等を通じて、外洋で水上艦艇に照準を据える能力を獲得すると見られたのである[17]。

その後、二〇〇二年から〇五年にかけて提出された「中国の軍事力」報告には「A2戦略」という言葉が散見され、二〇〇六年版では「A2任務」等への言及がなされたのに加えて、「AD能力」についての節が設けられた。二〇〇七年版以後(二〇一二年版を除く)の報告(二〇一〇年以降は『中国軍事安全保障の展開』報告となった)は、標題に「A2AD」の入った節を含むようになった[18]。

また、二〇〇八年の『国家防衛戦略』も中国の「A2AD資産」に触れており[19]、二〇一〇年のQDR報告では、増大しつつある潜在敵の「A2AD能力」に対して米国、同盟国、提携国の利益を確保するため、「太平洋地域」における米軍の戦力および施設の強靭性を向上させる方針が示された[20]。また、二〇一二年の「国防戦略指針」は、米国の戦力投射能力に対抗する非対称な手段を追求している国家として、中国(およびイラン)を例示した[21]。

さらに、QDR報告の二〇一四年版によれば、「中国を始めとする国々」は「A2ADの方策」等を通じて「米国の強みに対抗しようとし続ける」と想定された[22]。二〇一五年の『国家軍事戦略』が、「より大きな注意を払わねばならない」と警告したのは、そのような「国家主体」の挑戦に他ならなかった[23]。

実際のところ、中国の軍事力近代化は一九九〇年代以来、台湾を含む中国近傍での有事に際して、第三国の介入を抑止または撃破し得る態勢の構築を焦点としてきた。米国にとってのA2ADを中国は介入対抗（counter-intervention、反介入／区域拒止）と言い表しており[24]、それに寄与すると目される装備を増強し続けているのである。

その中でもミサイル戦力の増大は刮目に値する。一九九〇年代半ば過ぎにはSRBMが台湾の対岸に少数配備されるにとどまっていたが、その二〇年後には命中精度の大きく向上した型を含めて一〇〇〇基以上を数えるようになったSRBMに加えて、準中距離弾道ミサイル（MRBM）が二〇〇基以上導入されていた。対艦弾道ミサイル（ASBM）が新たに登場した他、ASCMはより射程が長く、高速で飛ぶ型への交替が行われ、LACMの配備も進むこととなった。ミサイルの発射母体についても、高性能の駆逐艦や潜水艦が就役し、戦闘機や爆撃機の戦闘行動半径が拡大した。

二〇〇〇年代半ばの時点では、台湾以外の場所を攻撃する中国の能力は初歩的なものに過ぎなかった。しかし、二〇一〇年代半ばまでに、SRBM、MRBM、地上・空中発射LACM等により、中国は日本列島やグアム島に所在する米軍基地をも危険に晒すことができるようになった。米国の保持する前方基地が打撃を被りやすくなるということは、米国の同盟国が有事に際して米軍による基地の使用を認めないようにとの圧力に晒されやすくなることを意味している。

また、ASBM、空中・海上・海中発射ASCM——および魚雷、機雷——により、中国沿岸に接近しようとする米国の空母その他の水上艦艇に打撃を与える態勢も強まった。それとの関連では、超水平線レーダーの導入等を通じて遠方の目標を捉える能力の向上が図られてきた。加えて、中国は地対空ミサイルの展開や新世代戦闘機の導入によって本土の防空およびミサイル防衛の強化に努め、あわせてサイバー戦や衛星攻撃、特殊作戦の能力を高めることとなった[25]。中国の近傍とりわけ九州、沖縄、台湾、フィリピン、ボルネオを結ぶ「第一列島線」——さらには伊豆諸島、小笠原諸島、マリアナ諸島、ニューギニアを結ぶ「第二列島線」——の西側に進出し、そこで自由に活動する米軍の能力に疑問が寄せられつつある所以である。

中国が追求していると考えられてきたのは、地域における「短期間、高烈度」の軍事紛争を遂行し、これに勝利する能力の向上である[26]。米国との間で武力紛争が生起した場合、中国は短期決戦によって台湾攻略その他の戦略目的を達成することを狙っているというのである。中国の戦い方は、①弾道ミサイル、戦闘機、爆撃機(LACM搭載)、特殊作戦部隊で地域に所在する米軍基地を攻撃し、②衛星破壊、サイバー攻撃等で米国の指揮・統制・通信・情報収集能力や補給能力を低下させ、③生き残った米航空戦力を地対空ミサイル、戦闘機等で構成される統合防空体系によって実質的に無力化し、あわせてASBM、ASCM、航空機、魚雷等で米水上艦艇の接近を抑止し、あるいはこれを迎撃する――といったものになるであろうと言う。米軍が当初の打撃を乗り切り、態勢の立て直しに努めている間に、自らの戦力投射を通じて「既成事実を作り上げてしまう」というわけである[27]。

Ａ２ＡＤ能力を楯とする中国の戦力投射は、二〇〇〇年代半ばの段階では、未だ台湾より遠方の水域における作戦行動を視野に入れたものではないと分析されており、それが変化するとすれば、空母の保有や遠洋での訓練といった動きがその兆候となるはずだと見られていた[28]。ところが、二〇一〇年代の中国は、かつてウクライナから購入した船体を基に建造した空母を就航させた他、国産空母の建造にも乗り出し、西太平洋はおろか地中海等でも演習を実施するまでになった。中国『国防白書』の二〇一五年版に記述されている通り、中国海軍は「近海防御と遠海護衛の結合」型への転換を進めているのである[29]。

そもそもＡ２ＡＤに寄与するミサイルの射程延伸やミサイル発射母体の能力向上は、同時に戦力投射の能力をも増大させるはずであり、実際に中国は長射程ＬＡＣＭを開発し、これを近年導入した爆撃機や駆逐艦に搭載することを通じて、遠方から地上を攻撃する態勢を築こうとしている可能性がある[30]。また、第五章で言及した南シナ海の「戦略三角形」を始め、海外に軍事拠点を獲得した暁には、海上・航空戦力を投射する中国の能力は格段に高まることになると想定される。

2　ＡＳＢをめぐる論争

❖ASB概念の形成

中国によるＡ２ＡＤ態勢の構築に対して、米国はもとより手をこまぬいていたわけではない。二〇〇九年七月、ゲーツ国防長官は戦力投射の能力を確保し、公海を始めとするグローバル・コモンズにおける行動の自由を保持すべく、ＡＳＢと称する作戦概念を策定するよう指示した。一〇年二月に公表されたＱＤＲ報告が、空軍と海軍による「新たな統合ＡＳＢ概念」の形成に触れたことは先述の通りである。

同じく二〇一〇年二月には、戦略予算評価センター（ＣＳＢＡ）の所長となっていたクレピネビッチがＡＳＢの必要性を力説した報告書を発表した。クレピネビッチによれば、米国の大戦略にとって不可欠な戦力投射の能力は冷戦終結後の約一〇年間、挑戦を受けることがなかった。しかし、前節で述べたような中国（およびイラン）のＡ２ＡＤ態勢によって、米国は今や重要地域への進入路を喪失する危険を冒すか、進入路を確保するための方策を探るかの「戦略的選択」を迫られている。戦力投射の代価を極度に高くすることを通じて米国が同盟国に対する防衛義務を遂行するのを抑止し、中国版「大東亜共栄圏」形成の条件を整えることが、中国の究極目標と見られるというのである[31]。

ＡＳＢに関する具体的な構想を示したＣＳＢＡの報告書は、二〇一〇年五月に公表された。それは二つの段階の軍事行動から成るものであった。初期・早期段階においては、当初の攻撃を凌いで米国および同盟国の部隊や基地が被る損害を限定的なものにすると共に、中国軍の戦闘ネットワークに対する「目潰し作戦」、中国軍の長射程打撃体系および情報収集・監視・偵察（ISR）体系に対する「制圧作戦」を実施するとされた。ミサイル防衛の発動、航空機の一時退避、兵站活動の分散等を通じて前方の戦力を保持し、来援する戦力ともども中国の宇宙能力や超水平線レーダー等の感知・通信体系を破壊し、統合防空体系を機能低下させて航空機の進出路をいくつも作り出した上で、そこを通ってミサイル発射基や指揮・統制施設に攻撃を掛けるというのである。目潰し作戦や制圧作戦においては、ステルス型の長距離爆撃機や潜水艦から発射される巡航ミサイル等の他、宇宙・サイバー能力を積極的に活用することが想定されていた。また、後続・第二段階の作戦行動には、遠方での海上封鎖による中国の通商遮断が含まれるはずであった[32]。

二〇一一年八月、国防総省にASB室が設置されたが、一二年一月には「統合作戦進入概念」（JOAC）が取りまとめられ、ASBはA2ADの「より特定の側面に対処するための概念」として、JOACに従属することとなった[33]。ASB構想については地上戦力の役割が軽視されているとの不満も示されていたが[34]、一二年秋には海軍、空軍に陸軍、海兵隊を加えた四軍がA2AD環境に対応した統合戦力の形成を通じてASBを実行に移すことで正式に合意した。それを踏まえてASB室が作成したASBに関する公式の報告書が公表されたのは、一三年五月のことであった。

ASB室の報告書によれば、ASBとはグローバル・コモンズにおけるA2AD挑戦への対処を主眼とする「作戦概念」であり、JOACを支援するものであった。その要諦はC4・ISRの能力を断裂し、A2AD兵器やその発射母体を破壊し、発射された兵器を撃破する縦深攻撃の能力を有する、ネットワーク化され、綜合化された戦力の構築にあった。そのためには——サイバー作戦や海中作戦で防空体系を撃破し、航空部隊で潜水艦や機雷の脅威を除去し、宇宙資産を指揮・統制の断裂に利用するといった具合に——異なった戦闘領域に跨がった作戦行動の活用が必要になるとされた。加えて、展開された部隊を防衛または再配置し、地上および海上の基地を防護する能力も求められるはずであった[35]。

海軍と空軍の首脳による説明に従えば、ASBが目指すのは敵対者の「キル・チェーン」を断つことに他ならなかった。敵は目標とする米軍戦力の位置を特定し、その情報を兵器の発射母体に伝達し、兵器を発射し、これを目標に送達せねばならない。攻撃の成功にはこれらすべての段階をうまく作動させることが必要であるため、米国としてはその連鎖の中の最も弱い部分を叩けばよいことになる。戦闘領域を横断する形で作戦行動することを通じて、その目的を達することができるようにしようというのである[36]。

他方、ASB室の報告書で敵が名指しされることは一切なく、また新たな兵器体系の導入について語られることもなかった。のみならず、そこでは戦力投射そのものについての議論も後景に退いていた。海軍と空軍の首脳が言うように、ASBは「軍事戦略」でも、「侵攻に対抗することに関わるもの」でも、「米軍が襲撃を実施する計画」でもなく、あくまでも「進入路への脅威を撃破し、後続の作戦行動を可能にするための概念」に止まるものであった[37]。

結局のところ、CSBAが提示したのは「中国との全面的な通常戦争に勝利するための作戦構想」としてのASBであったと言えるが、それが国防総省による公式の報告書ではA2AD環境における米軍の進入を「回復・維持するための限定的な作戦構想」へと変わっていたのである[38]。なお、二〇一五年一月、ASBは「グローバル・コモンズにおける進入および機動のための統合」(JAM‐GC)と改称されることとなった[39]。

❖ASB構想への批判

ASB構想に対しては、「戦略的安定」に関する論点を含んだ様々な批判が可能であった。最も重要と目される論点は、第六章でも述べたように、ASB——特にCSBAが提唱した段階でのそれ——を実行に移した場合、核戦争の引き金となる恐れが大きいというものであった。開戦当初から中国空域に侵入することを想定し、また宇宙・サイバー能力による大規模な攻撃に依存するASBは、深刻なエスカレーションの危険を伴うと考えられた。中国はASB概念に沿った米国の作戦行動を、A2AD態勢への対抗ではなく、戦略戦力の除去を企図したものと受け取りかねなかったからである[40]。

T・X・ハメスは、そうした角度からのASB批判を展開した上で、遠方での海上封鎖によって中国のエネルギー・原料輸入、製品輸出を阻止する「オフショア・コントロール」の実施を通じて、米国に有利な形で紛争を終結させることを目指すよう主張した。それは第一列島線の西側では中国による海洋の自由な利用を「拒否」し、第一列島線上においては海域および空域を「防衛」し、第一列島線の東側では空域および海域を「支配」することを想定したものであった[41]。オフショア・コントロールと同様の趣旨を盛った議論は、「海上戦争(war-at-sea)」戦略という形でも提示された[42]。また、先述した通り、CSBAも後続・第二段階の作戦行動としては、遠方における海上封鎖を構想していた。

これに対し、ASB概念を擁護する者は、特定地域、一定種類の目標を攻撃から外し、そうした旨を敵対者に伝達する等の方策を講ずることによって、エスカレーションは防止することができると論じた。米中双方とも軍事衝突が核兵器使用事態に発展することを避ける強力な誘因を有するはずだからである。一方、広範囲にわたって封鎖を執行することはASBより多額の費用を要するかもしれず、それが世界経済や米国と第三国との関係に与える影響も無視し得なかった。その上、中国にとって多大の利害——とりわけ「核心利益」——が懸かった紛争に際して、単なる貿易の阻害が中国の屈伏をもたらすかも疑問であった[43]。

また、別の観点からは、紛争規模拡大の危険が存在することは、「抑止に係る安定」の補強に繋がるものと言うことができた。A2AD戦力の発動が核戦争を帰結しかねないといった状況では、中国はより慎重に行動すると考えられるからである[44]。

さらに、遠方での海上封鎖は中国のミサイルや艦船、航空機を直接無力化するものではないため、地域における米国の同盟国、提携国に対する中国の攻撃は止めようがないとも主張された。ただ、こうした見方は、ハメスの議論が第一列島線以西における中国による海洋の自由利用「拒否」、第一列島線上における海・空域「防衛」を含んでいることを軽視したものとも言えた。そのような側面に力点が置かれた場合、オフショア・コントロールはASBともども「強壮な前方プレゼンス」を基礎とした対中戦略という範疇に入るという評価も可能だったのである[45]。

ASB批判の今一つの論点は、ASBが前方基地や空母に配備、搭載された航空機に多くを依存した形で追求され続けた場合、「危機における安定」が阻害されかねないというものであった。中国のA2AD能力によって米軍基地や米水上艦艇の脆弱性が増大しつつある中で、米国がそうした基地や艦艇から発進する航空機によって中国のA2AD戦力を早期に無力化する態勢を取れば、双方とも他方の攻撃によって自らの戦力が破壊されることを恐れ、それを避けるため先に武力を行使する誘因を抱きやすくなるというわけである。

三つ目の論点は、中国のA2AD態勢が強化されるに伴って、少なくとも在来の兵器体系を前提とするASBは効果を上げにくくなり、その結果、「抑止に係る安定」も確保し難くなると予想されることであった。中国本土に所在し、増加を続ける多数の目標（移動式のものを含む）を余すところなく同定し、これに照準を合わせることが容易であるとは限らない。しかも、前方基地の抗堪化には限度があり、また空母の脆弱性も持続するであろう。そうだとすれば、戦略戦力に係る「相互脆弱性」が――米国は公式に認めることを渋るかもしれないが――恐らくは現実となりつつある中で、「戦力の較差」に依拠して中国に冒険・強制・圧力を思い止まらせることは、次第に難しくなるはずであった。

3 通常戦争の仮想

中国がA2AD能力の増大を続け、米国がそれへの対応を急ごうとしている現在、両国間に武力衝突が生起した場合の帰結はどのようなものになるのであろうか。また、時の経過と共に、状況はどう変化すると見ればよいのであろうか。二〇一五年から翌年にかけてランド研究所から発表された三つの報告書に即して、この問題を考えてみよう。三つの報告書とは、二〇一五年九月の『米中軍事力採点表』、一六年七月の『中国との戦争』、そして同年一〇月の『より賢明な力、より強力な提携者』を指す。

❖ 戦力比の推移

『米中軍事力採点表』は、台湾およびスプラトリー諸島における武力紛争を想定し、一〇の作戦領域それぞれについて、一九九六年から二〇一七年に至る米中間の戦力比を分析したものである[46]。それによれば、米国の前方航空基地を攻撃する中国の能力や、米国の水上艦艇を破壊または損傷する中国の能力をめぐっては、かつて米国が大幅な有利を誇っていたものが、こと台湾有事に関する限り、

図3 米中軍事力採点表

作戦領域	台湾有事 1996	台湾有事 2003	台湾有事 2010	台湾有事 2017	スプラトリー紛争 1996	スプラトリー紛争 2003	スプラトリー紛争 2010	スプラトリー紛争 2017
1. 中国の航空基地攻撃能力	**米**	**米**		中	**米**	**米**	**米**	
2. 米国対中国航空優勢	**米**	米	米		**米**	**米**	米	米
3. 米国の空域突破能力	米				**米**	**米**	**米**	米
4. 米国の航空基地攻撃能力		**米**	米	米	**米**	**米**	**米**	**米**
5. 中国の対水上艦艇戦能力	**米**	米		中	**米**	**米**	米	
6. 米国の対水上艦艇戦能力	**米**	**米**	米	米	**米**	**米**	**米**	**米**
7. 米国の対宇宙能力	中	中			中	中		
8. 中国の対宇宙能力	**米**	米			**米**	米		
9. 米国対中国サイバー戦	**米**	**米**	米	米	**米**	**米**	米	米

10. 核の安定（報復能力）

国名	1996	2003	2010	2017
中国	小さな自信			中程度の自信
米国	大きな自信			

米国能力		中国能力
非常に優勢	**米**	非常に劣勢
優勢	米	劣勢
ほぼ同等		ほぼ同等
劣勢	中	優勢
非常に劣勢	**中**	非常に優勢

出典：渡部悦和『米中戦争——そのとき日本は』（講談社、2016年）176頁。

二〇一〇年には米中ほぼ同等となり、二〇一七年には中国の有利に移行する。その他の作戦領域についても、台湾をめぐる軍事衝突に際しての米国の有利は全体として縮小または消失してきたと言える。

一方、スプラトリー有事に関しては、未だ米国が不利とされる領域はないものの、やはり米国の有利は縮小する傾向にある［図3参照］[47]。

このことは、米国が「漸次後退する軍事的優越の境界」に直面していることを示すものである。米中間における「戦力の較差」は、まず中国沿岸に近い場所（例えば台湾）で起こる事態で、その後はより遠方（例えばスプラトリー諸島）の事態でも「転換点」を迎えることとなりかねない。長期にわたる戦争における米国の

図4 米国の戦力投射に対する中国のA2AD

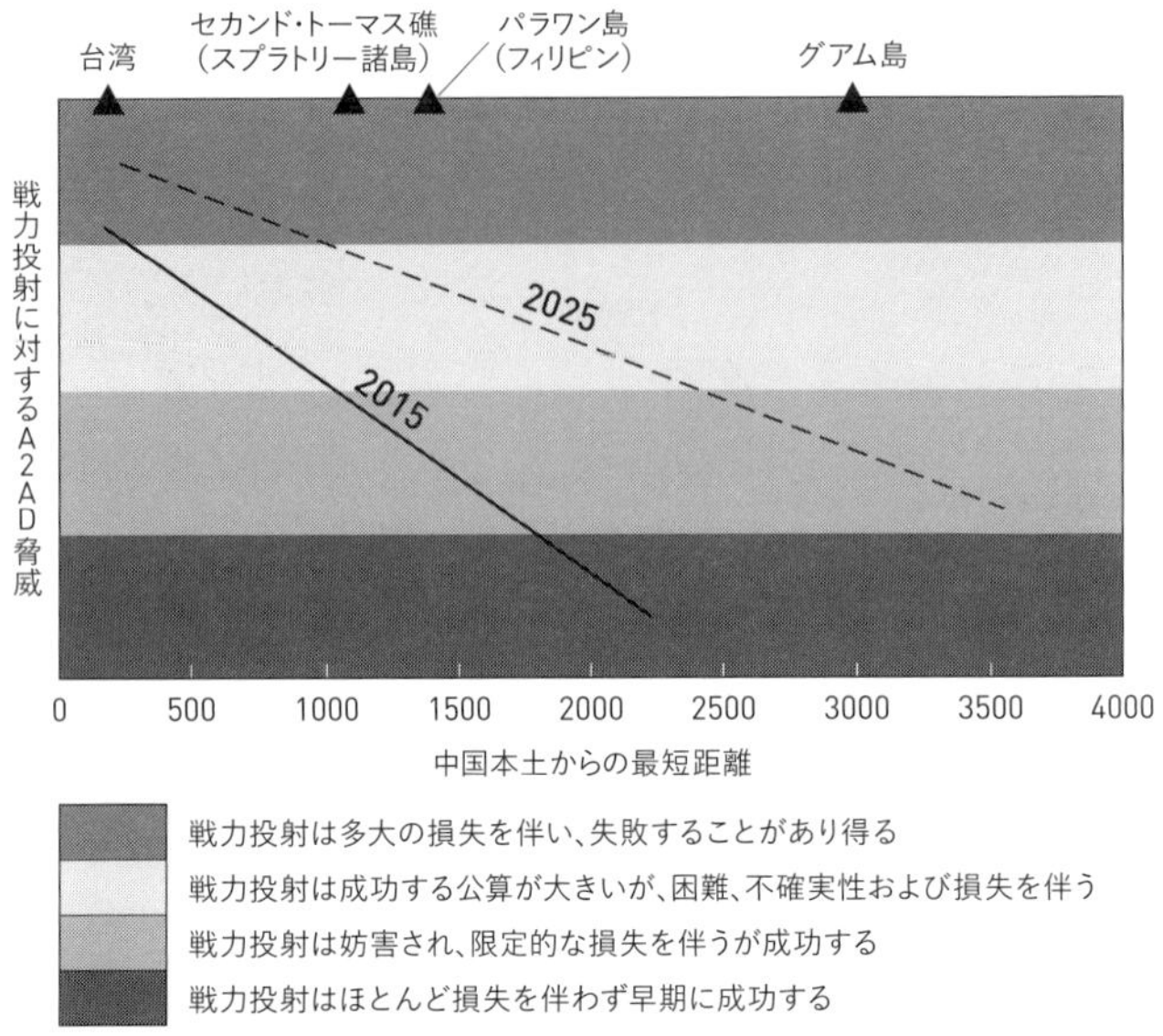

出典：Duncan Long, Terrence K. Kelly, and David C. Gompert, eds., *Smarter Power, Stronger Partners,* Volume II, *Trends in Force Projection against Potential Adversaries*, RAND Corporation, February 2017, p. 131.

優位は動かないとしても、中国軍が当初の戦闘で局地的または一時的な海上、空中での優勢を獲得し、その限定的な目的を達成することが可能となるかもしれないというのである[48]。

同様の見解は『より賢明な力、より強力な提携者』でも示されている[49]。この報告書の中国に関する部分には、二〇一五年および二〇二五年における台湾および南シナ海を舞台とする紛争の想定が盛られている。それによれば、武力紛争の生起が二〇一五年、二〇二五年のいずれであっても、米軍戦力を脅かす中国の能力はその本土からの距離が延びるにつれて低下する。と同時に、中国本土から一定の距離にある場所における脅威はその間に増大することになる。すでに二〇一五年の時点で、台湾有事に際して米国の戦力投射は「多大の損失」を伴い、「失敗することがあり得る」ものとなっており、二〇二五年には状況はさらに悪化する。一方、南シナ海における戦力投射は「限定的な損失」を伴う成功から、「困難、不確実性および損失」を伴う成功へと変化すると予想される［図4参照］。中国にはA2ADを楯にして台湾攻撃を敢行する展望が開けつつある一方、南シナ海ではA2ADの楯は当分の間不十分だというのである。なお、そこで前提とされている米軍の戦力は現行計画の延長線上に捉えられたものである。

このような状況の下では、危機に際して中国の冒険・強制・圧力を抑止する米国の力は低下していかざるを得ない。「抑止に係る安定」を図るためには、局地的、一時的な劣勢が米国に全般的な不利をもたらすことを回避し得るような態勢を整えると同時に、長期間の戦争が巨大な損失を伴うものであることを中国にしっかり認識させる必要があるということになる。

❖長期戦の帰趨

『中国との戦争』は、まさに米中の長期戦を仮想し、その結果を予測したものである[50]。そこでも二〇一五年および二〇二五年における戦争の生起が仮定されており、米軍については在来の計画に基づいて戦力の向上が図られることが前提となっている。

『中国との戦争』の所論は以下の通りである。米中両国は相互の戦力を破壊し得る、従来になく強力

図5 米中間の戦争によるGDPへの影響

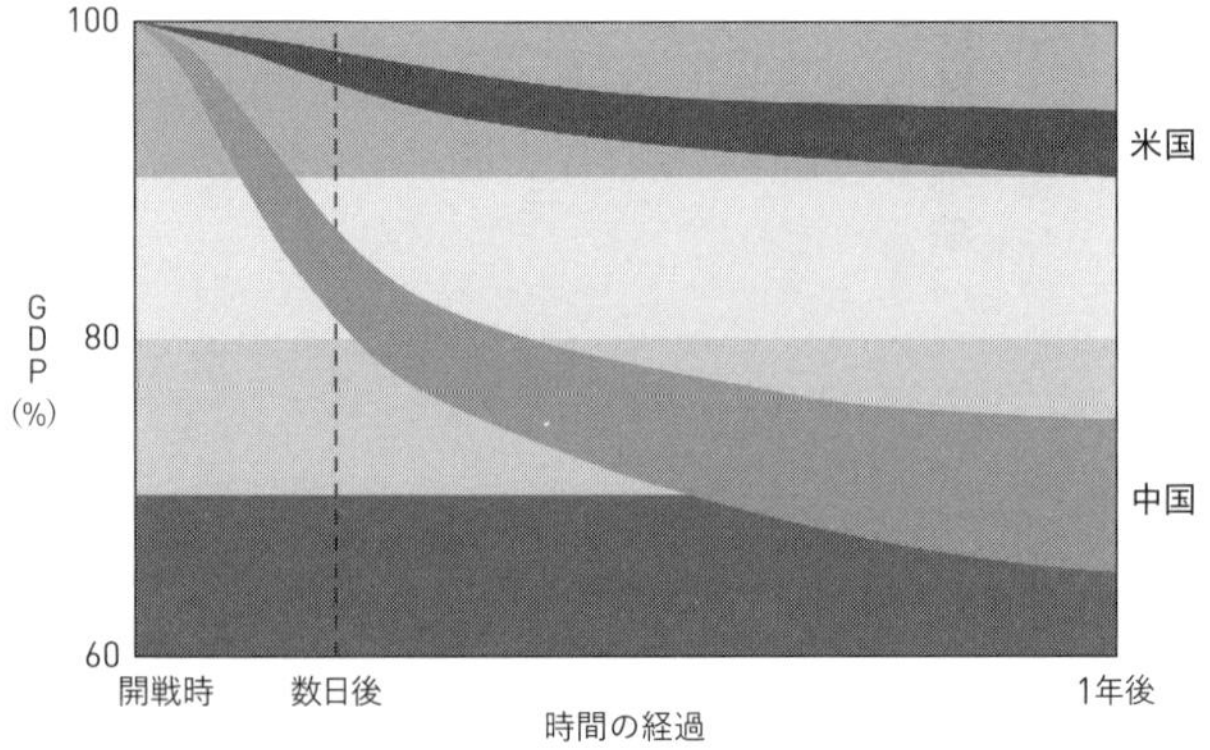

注：曲線の幅は不確実性を表す。
出典：David C. Gompert, Astrid Stuth Cevallos, and Cristina L. Garafola, *War with China: Thinking through the Unthinkable*, RAND Corporation, July 2016, p. 47.

な通常戦力を保有するに至っている。そのため、それぞれが他方の戦力に攻撃を掛けることにより、軍事的な損失を減らし、勝利を引き寄せることができると考えがちになり、武力紛争が起こった場合、これを抑制することは難しくなる。中国のA2AD戦力が拡大するに従って、米中双方にもたらされる軍事的な損失の差は縮小し、それだけ戦争は長く（一年以上）、激しい（米国が中国本土の目標を攻撃する）ものになる公算が大きくなる。

とは言え、二〇二五年を見通した場合にも、中国が被る軍事的な損失の方がやはり大きいと予想される。しかし、より重要なことは、貿易依存度や地理的位置における差異に照らせば、長期間の戦争に伴う経済的な代価が中国にとって特に深刻になると見られることである。戦争が一年間続いた場合、それによる直接的な国内総生産（GDP）の減少は、米国が五～一〇％であるのに対し、中国は二五～三五％

に上るのである［図5参照］［51］。

また、そうした中で米国の直面する国内政治の問題は党派対立、世論の分極化といった「戦術的」なものと見られるが、中国にとってのそれは正統性の危機、分離運動の激化といった「戦略的」なものとなり得る［52］。さらに、国際的な反応も概して米国に有利なはずであり、特に日本の参戦は戦局に「実質的な相違」をもたらすと考えられる［53］。

つまるところ、中国は二〇二五年になっても、米国との長く、激しい戦争には「勝つことができず、負けるかもしれない」。しかも、そうした戦争の経済的な代価および政治的な危険は「中国の安定を危うくし、その発展を終わらせ、国家機構の正統性を損なう」ことになりかねないというのである［54］。

4　相殺戦略と競争戦略

❖相殺戦略の始動

中国のA2AD態勢に対する米国の応答は、二〇一四年秋に新たな段階を迎えることとなった。本章の冒頭に記したように、ヘーゲル国防長官が同年九月に「第三の相殺戦略」を進める意向を示し、続いてこれを一一月に始動させた国防革新構想（DII）に組み入れたのである。国防総省で「第三の相殺戦略」を担当する役割を与えられたのは、ワーク副長官であった[55]。また、同年一〇月にはCSBAから「第三の相殺戦略」に関する提言が発表された[56]。

「第三の相殺戦略」という名称は、もとより過去に第一、第二の戦略が存在したという理解を踏まえたものである。一九五〇年代の「ニュールック」、一九七〇年代の長期研究開発プログラムが、それぞれ第一、第二の相殺戦略に該当するというのである。ニュールックは通常兵力における対ソ劣位を核抑止力の優位で打ち消そうとしたものであり、一九七〇年代の相殺戦略は核戦力が均等化した後も通常戦力での対ソ劣位が続く状況を、情報技術に基礎を置く新規の軍事能力——精密打撃、ステルス等——を通じて打開しようとしたものである。

これに対し、「第三の相殺戦略」が対象とするのは、多様化する潜在敵の能力である。先進的な技術や兵器が様々な国の軍隊や非国家主体に拡散し続けている。かつてとは異なり、重要技術のほとんどは民間に由来し、技術基盤は世界中に広がっている。そのため、米国にとっての軍事的な脅威は「より高度、より痛烈で、より多様」なものとなりつつある[57]。一方、米国における国防予算の制約が厳しい状況は変わりそうもない。従って、潜在敵の挑戦に対処するに当たって、単に装備を追加取得し、兵力規模を拡大するといった方策に頼ることは困難である。そこで、新たな相殺戦略が必要になるというわけである[58]。

そうした中でも、中国のA2AD能力が「第三の相殺戦略」の重要な標的となっていることは疑いない。ヘーゲル長官は「第三の相殺戦略」を提唱するに当たって、中国はロシアともども「長期的、包括的な軍事力近代化計画」の追求を通じて、「世界のあらゆる地域に戦力を投射する我々の能力」に「対抗することを狙っている」かのような能力を発展させつつあると述べた[59]。また、ワーク副長官に従えば、「第三の相殺戦略」が主眼を置くのは「大国(=ロシアおよび中国)」に対する「通常戦力による抑止」であり[60]、それを保証する「最も確かな方法」として、戦域レベルで優位を得ることに力点が置かれることになる[61]。そして、太平洋における相殺戦略は、何よりもA2AD態勢に打ち勝つことに焦点を据えたものだというのである[62]。

ただ、中国に注意が向けられていることは確実であるものの、ロシアの他、イラン、北朝鮮等の挑戦がより前面に据えられることもあった。それは対中関係において対立の側面を過度に強調すべきでないというオバマ政権の全般的な姿勢を反映するものと言えた。

相殺の手段としては、技術開発の促進を中心としつつも、作戦面および組織面の革新を含む業務全般の改善が求められてきた。技術開発については、「既存の戦力を革新的な方法で運用する方途」の追求とあわせて、二〇二〇年代後半以降をも視野に「将来運用する能力」の開発に向けた投資のあり方が検討されることとなった[63]。

人間と機械とが緊密に協同して戦闘を遂行する体系の構築を強調するワーク副長官は、人工知能および自律体系を戦闘ネットワークに組み込む方針を打ち出している[64]。具体的には、①ビッグデータを処理し、パターンを決定するための自律学習体系、②意思決定能力向上のための人間・機械協働、③外骨格スーツ、装身型電子機器といった技術による人間活動支援、④有人・無人体系の協働といった先進的な人間・機械戦闘協同、⑤指向性エネルギー兵器、電磁レールガン、極超音速飛翔体のような、ネットワークによって機能する自律兵器および高速兵器、に注意が向けられると言う[65]。

さらに、二〇一六年二月にはカーター国防長官が、短期的には①小径爆弾に取り付けたスマートフォンに搭載される超小型写真機や感知器による標的の設定、②超小型無人機や自動操縦舟艇の大群での襲撃、③超高速の高性能投射物によるミサイル防衛、④兵器庫として機能する航空機の導入等を追求し、また長期的には海中、サイバー空間、宇宙等の領域に注力する旨を表明した[66]。

一方、二〇一四年のCSBAによる提言は多岐にわたるものであったが、その中では新装備による海中からの攻撃能力増大や新たなステルス型長距離無人航空機の開発が特に強調されていた[67]。また、ランド研究所の『より賢明な力、より強力な提携者』は、「第三の相殺戦略」を「米軍戦力にA2ADに対するよりよい防護を与えるため、新たな技術を活用するという選択肢」と捉えた上で、そのような技術を体現するものとして、小型無人機、極超音速兵器、指向性エネルギーによる弾道ミサイル防衛、それに非音響依存型の対潜水艦戦（ASW）を例に挙げたのである[68]。

ただ、照準を合わせるべき潜在敵の正体が明らかにされないという状況は、技術の開発や装備の取得に関する議論に混乱をもたらす恐れがあった。かつてブッシュ（子）政権は、誰とどこで戦うかではなく、将来の敵が活用し得る能力に着目した能力対応（capabilities-based）型の戦力構築を打ち出した[69]。その結果、同政権においては「国防変革」が「すべての人にとってすべてのことを意味する」ものとなり、「何もかもが変革に適った」ものとされる傾向があったのである[70]。

❖競争戦略の浮上

中国に照準を合わせた「第三の相殺戦略」は、競争戦略を少なからず体現したものになると思われる。競争戦略とは平時における軍事力の潜在的な活用——戦力の開発、取得、展開および訓練——を通じて、自国の目標に有利に働くように「競争者の選択を形作る」ことを目指すものである。そこにおいては、当方および他方の「強み」および「弱み」を——特に他方の観点に立って——正確に把握した上で、潜在敵を相対的に高価な応答へと駆り立てるような施策の展開が重視されることになる[71]。

ソ連に対する競争戦略は一九七〇年代に提唱され始め[72]、一九八〇年代には国防総省がこれにお墨付きを与えたことがある。一九八七年度の『国防報告』は、意図せざる競争の例として、①米国が爆撃機の低高度侵入に力点を移したため、ソ連は防空体系への資源転用を迫られ、それだけ攻撃戦力への投資が抑えられたこと、②米国のASW能力がソ連海軍を弾道ミサイル搭載原子力潜水艦(SSBN)防護のため自国近海に張り付かせ、その分海上交通路への脅威が限定されたこと等を挙げた上で、競争戦略の採用を唱えたのである[73]。

一方、米中間においては、一九九〇年代の台湾海峡危機このかた中国が一方的に米国の弱点に付け込む「競争」を実行してきたと言うことが可能である[74]。実際、中国のA2AD態勢を見れば、衛星・サイバー攻撃の能力は米国の戦闘ネットワークが脆弱であること、ミサイル攻撃の能力は米国の前方基地が脆弱であり、また米国の空母が極度に高価であること、防空・ミサイル防衛の体系は地域で作戦行動する米国の航空機の多くが非ステルス型で戦闘行動半径も短いことに、それぞれ着目したものと評価し得るのである。

米国が競争に本腰を入れるようになっても、中国は相対的に多くの資源を競争に投入できる。争いが自国に近い場所をめぐるものであり、また主権の問題と結び付けられる――つまり、「核心利益」に関わるとされる――ことが少なくないと想定されるからである。そのことは、有事の際に人員や物資の動員において中国が「地元の利点」を享受することを意味するものである。

中国の注力するA2ADには、米国の重視する戦力投射との競争において本質的に有利と推定される点が他にもある。ランド研究所の『より賢明な力、より強力な提携者』が指摘するように、戦力投射には戦域の「支配」が必要であるのに対し、A2ADに必要なのは支配の「拒否」に過ぎない。また、A2AD戦力の目標は外洋や空中を移動する兵器発射母体であるのに対し、戦力投射で目標とされる兵器発射母体は複雑な地形に隠されていることが多い。さらに、A2AD技術は民間の技術に依存するところが大きいため、戦力投射の技術よりも発展が急速で、価格も低廉であり得る[75]。

それでは、米国は中国との競争においてどのように自己の強みを活かし、対手の弱みを衝くことができるであろうか。中国が軍事力近代化に精力を傾ける中でも、いくつかの分野においては米国の技術的な優位が持続すると考えられる。例えば、「第三の相殺戦略」に関するCSBAの提言は、そのような分野として無人作戦、長距離航空作戦、低視認航空作戦、海中戦、複雑工学等を挙げており、そこに基盤を置いたグローバル監視・打撃（GSS）戦力の開発、配備によって、中国A2ADの有効性を低下させるよう説いた。海中からの打撃能力やステルス型長距離無人航空機は、GSSに最も有用と目されたのである[76]。

人工知能を搭載した自律体系としての超小型無人機や自動操縦舟艇が大群で襲撃するといった能力の開発も、米中間における競争の様相を変化させるかもしれない。中国のA2AD戦力が「兵器の数量面で優位にあった」としても、米国は「それを上回る数量面での優位」を低費用で達成することができるようになると期待され得るからである[77]。

また、中国軍は潜水艦による攻撃や機雷敷設の能力を増大させている一方、ASWや対機雷戦（MCM）は軽視してきたと言われる。米国は日本ともどもこれまでASWおよびMCMに力を注いできたが、攻撃的な潜水艦戦や機雷戦にも重きを置くようにすれば、中国としてもASWやMCMに多大の資源を投入せざるを得なくなり、それだけA2ADを楯にした戦力投射に割くことのできる資源は限られてくると想定される。

さらに、中国がA2AD能力を遺憾なく発揮しようと思えば、艦船や航空機を第一列島線を越えて展開することが必要となってくる。そこで、潜水艦戦や機雷戦の重視に加え、日本の南西諸島に沿って先進型の機雷や対艦・対空ミサイル、あるいは多数の小型ミサイル舟艇を配備することを通じて、中国軍の進出を妨げ、その行動を縛る態勢――言わば中国に対する「局地A2AD」の態勢――を日米が整えれば、その分中国のA2ADがもたらす脅威は抑えられることになる。中国はそうした局地

A2AD戦力の制圧を図るであろうが、それには大きな代価が伴うであろう[78]。

米国および日本によるA2ADへの注力は、(「強壮な前方プレゼンス」と対照される)「防衛的バランシング」を主眼とした対中戦略の一環としての「相互拒否」――米中が互いに他方に作戦行動を自由に取らせない状態――の追求と捉えられることもある。遠隔攻撃兵器を装備した多数の潜水艦や中・小型の水上艦艇、長距離小型無人機を含むステルス性、残存性の高い戦力が第一列島線の西側で作戦行動し、中国の軍事的な挑発を抑止するといった取り組みである[79]。

米国側によるA2AD態勢の構築は、『より賢明な力、より強力な提携者』でも強調されている。米国としては、自らのA2AD戦力を開発、展開すると共に、同盟国、提携国によるA2AD能力の強化を促進し、あわせて経済制裁や潜在敵の国内における民主勢力への支援を含む非軍事的手段を駆使することを通じて、潜在敵が武力行使に走るのを抑制する戦略を取るべきだというのである[80]。

民主勢力支援との関連で言えば、究極の競争戦略とでも呼ぶべきものとして、「敵対者の政治体制を攻撃すること」がある。これは相手国の政治指導者が必要とする体制内部からの支持または体制外部からの支援を削ぎ落とすことを狙うものであるが[81]、実は「第三の相殺戦略」にそのような側面がないわけではない。ワーク副長官は二〇一五年一一月、「第三の相殺戦略」の推進が「権威主義国家である敵対者」に一定の「組織上および作戦上の概念」の採用を余儀なくさせたならば、「その軍隊および最終的にはその社会にも変化を引き起こし」、それを通じて戦争の可能性を低下させ得ると述べたのである[82]。

❖残された課題

これまでの議論が示すように、中国本土への攻撃を主軸として「戦力の較差」を保持し、それを通じて「抑止に係る安定」を確保する試みは、核戦争へのエスカレーションを招く危険が無視し得ない。また、前方基地や空母から発進する航空機への依存を変えずにそうした試みを実行しても、目的の達成は覚束ないばかりか、「危機における安定」も低下しやすくなろう。

これに対し、「抑止に係る安定」の追求に当たって、中国のA2AD戦力に対して脆弱性の低い兵器体系——潜水艦や無人機、ステルス型の長距離爆撃機等——に依拠する方策を取れば、エスカレーションの危険は限られることになり、「危機における安定」も崩れにくくなる。のみならず、技術の進展次第では、長期にわたって「戦力の較差」を確かなものにすることができるかもしれない。

ところが、前章でも触れたように、中国が極東で勢力を伸ばしたとしても、それが直ちに米国の死活的な利益を脅かすとは必ずしも想定されていない。従って、中国のA2AD挑戦が有効と目されるほど、米国がアジアにおける戦力投射の代価を過大と受け止める場面が多くなる、と同盟国は考えがちである。そうした中で、米軍基地への依存を減らしていった場合、同盟国への安心供与が難しい課題となり得よう。

また、国防総省にとって、既存の戦力態勢に大きな修正を加えることは容易でない。実際のところ、少なくとも二〇一五年の段階では、「予測可能な将来において、米軍は前方展開戦力への依存を最小限にし、無人ないし長距離攻撃能力を主体として戦力投射を図る形になる可能性は極めて低い」と評価される状況であった[83]。さらに、新たな技術を開発し、これに基づいた装備を展開するには長い年月を要し、その過程には不確実性が付きまとうであろう。

一方、中国の戦力投射に対する米国側A2AD態勢の形成に力点を置くことは、競争戦略の観点から検討に値するのみならず、そうした態勢自体が脆弱なものでない限り、「危機における安定」に裨益すると想定される。しかし、それによって達成が図られるのがせいぜい「相互拒否」の態勢であり、通常戦争での勝利は視野に入ってこないとすれば、「戦力の較差」による「抑止に係る安定」は達成し難いことになる。

最後に、「戦力の較差」の確立による軍事衝突の抑止とエスカレーションの抑制との間には緊張関係が存在することを忘れてはならない。通常戦力における劣位が明らかになるほど、核軍備を保有する潜在敵は限定的核使用の誘惑に駆られやすくなると推測されるからである。潜在敵の近傍における紛争やその主権に関係するとされる紛争であれば、紛争規模拡大の恫喝――さらにはその信憑性を補強するためのごく限定的な核使用――が奏功する可能性はそれだけ増大しかねないのである[84]。

このことは、「戦力の較差」における中国の劣位が動かし難いものになった場合、中国には核使用の「敷居を下げる」誘因が生じることを意味するものに他ならない。相対的に低烈度の武力衝突が核戦争に発展する可能性を担保することを通じて――すなわち、「決意の較差」が作動し得る状況を保持することを通じて――米国に対する牽制を強めようとしてもおかしくないのである[85]。

いずれにせよ、エスカレーションの防止や「抑止に係る安定」「危機における安定」の維持をめぐる問題は、米中が「敵ではない」という状態を定着させ得るか、あるいは「敵になり得る」という〝可能性〟がどこまで〝現実性〟を帯びるかによって、深刻さの度合いが異なってこよう。そうしたことを念頭に置いて、第八章では、両国の戦略関係について長期的に展望を試みることとする。

註

1——Chuck Hagel, "'Defense Innovation Days' Opening Keynote (Southeastern New England Defense Industry Alliance)," Department of Defense [以下DoD], September 3, 2014.

2——赵小卓「第三次『抵消战略』引发新一轮军事革命?」吴心伯・达巍主编『美国向何处去? 从2016年大选看美国的走向』(复旦大学中美新型大国关系协同创新中心、二〇一六年一一月)第四八页。

3——A2、ADの概念については、DoD, *Military Power of the People's Republic of China 2008: Annual Report to Congress*, March 2008, p. 23、DoD, Joint Chiefs of Staff, *Joint Operational Access Concept* (*JOAC*), Version 1.0, January 17, 2012, p. 6 等を参照。前者は国防総省による『中国の軍事力』年次報告であるが、以下これを*CMP*と略記し、それに続いて斜字で発表年を記すこととする(*CMP2008*等)。

4——Andrew F. Krepinevich, Jr., *The Military-Technical Revolution: A Preliminary Assessment*, Center for Strategic and Budgetary Assessment, September 2002, p. 26. これを含め、一九九〇年代におけるA2への懸念を盛った文献については、福田毅『アメリカの国防政策——冷戦後の再編と戦略文化』(昭和堂、二〇一一年)二

〇三～二〇四頁に紹介がある。

5——DoD, *Report of the Quadrennial Defense Review*, May 1997［以下*QDR1997*］, p. 4。

6——William S. Cohen, *Report of the Secretary of Defense to the President and the Congress*, February 1998, p. 25.

7——DoD, *Quadrennial Defense Review Report*, September 30, 2001［以下*QDR2001*］, p. 31.

8——DoD, *The National Defense Strategy of the United States of America*, March 2005, p. 13.『国家防衛戦略』を実地に移すべく統合参謀本部が策定した『国家軍事戦略』にも、「A2環境」「A2および戦力投射対抗の戦略」への言及がある。DoD, Joint Chief of Staff, *The National Military Strategy of the United States of America: A Strategy for Today; A Vision for Tomorrow*, 2004, pp. 5, 16, 23.

9——DoD, *Quadrennial Defense Review Report*, February 6, 2006, pp. 30, 47.「政治的」A2とは、同盟国に政治的な圧力を掛けて、米軍基地の使用を拒ませることを指すものと思われる。

10——DoD, *National Defense Strategy*, June 2008, p. 4.

11——DoD, *Quadrennial Defense Review Report*, February 2010［以下*QDR2010*］, pp. xiv, 32, 64, 103.

12——DoD, *Sustaining U.S. Global Leadership: Priorities for 21st Century Defense*, pp. 4-5.

13——DoD, *Quadrennial Defense Review 2014*, March 2014［以下*QDR2014*］, p. vii.

14——DoD, Joint Chiefs of Staff, *The National Military Strategy of the United States of America 2015: The United States Military's Contribution to National Security*, June 2015, p. 16.

15——*QDR1997*, p. 5; *QDR2001*, p. 4.

16——*CMP2000*.

17——Thomas Donnelly (principal author), *Rebuilding America's Defenses: Strategy, Forces and Resources for a New Century*, Project for the New American Century, September 2000, p. 65.

18 ——*CMP2002*, p. 31; *CMP2003*, p. 35; *CMP2004*, p. 51; *CMP2005*, p. 33; *CMP2006*, p. 25; *CMP2007*, p. 15; *CMP2008*, p. 22; *CMP2009*, p. 20; *CMSD2010*, p. 29; *CMSD2011*, p. 28; *CMSD2013*, p. 32; *CMSD2014*, p. 30; *CMSD2015*, p. 33; *CMSD2016*, p. 59. *CMSD*は国防総省による『中国軍事安全保障の展開』年次報告Department of Defense, *Military and Security Developments Involving the People's Republic of China: Annual Report to Congress*の略記であり、それに続く数字は発表年を表す。

19 ——DoD, *National Defense Strategy* (2008), p. 3.

20 ——*QDR2010*, pp. 65-66.

21 ——DoD, *Sustaining U.S. Global Leadership*, p. 4.

22 ——*QDR2014*, p. 6.

23 ——DoD, *National Military Strategy* (2015), p. 3.

24 ——*CMSD2011*, p. 28.

25 ——中国Ａ２ＡＤ戦力の増大については、各年の*CMP*、*CMSD*の他、Andrew F. Krepinevich, *Why AirSea Battle?* Center for Strategic and Budgetary Assessments, February 2010, ch. 2、Aaron L. Friedberg, *Beyond Air-Sea Battle: The Debate over US Military Strategy in Asia*, International Institute for Strategic Studies, April 2014, ch. 1等にまとまった記述がある。

26 ——*CMSD2016*, p. i. また、*CMSD2012*, p. iv、*CMSD2013*, p. i、*CMSD2014*, p. i、*CMSD2015*, p. iにも同様の表現がある。

27 ——布施哲『米軍と人民解放軍——米国防総省の対中戦略』(講談社、二〇一四年)九二、一六七〜一六八頁(引用は一六八頁より)、渡部悦和『米中戦争——そのとき日本は』(講談社、二〇一六年)三七〜三八頁。

28 ——*CMP2005*, p. 33; *CMP2006*, p. 31.

29——『中国的军事战略・白皮书(全文)』二〇一五年五月、国务院新闻办公室。

30——*CMSD2016*, pp. 66-67.

31——Krepinevich, *Why AirSea Battle?* 引用はpp. viii, 25より。

32——Jan van Tol et al. *AirSea Battle: A Point-of-Departure Operational Concept*, Center for Strategic and Budgetary Assessments, May 2010, ch. 3.

33——DoD, *JOAC*, p. 4.

34——そうした批判には、例えばDouglas Macgregor and Young J. Kim, "Air-Sea Battle: Something's Missing," *Armed Forces Journal*, April 1, 2012があった。一方、陸軍および海兵隊は主として(A2ではなく)ADへの対処に寄与するとも論じられた。U.S. Army, Army Capability Integration Center and U.S. Marine Corps, Marine Corps Combat Development Command, *Gaining and Maintaining Access: An Army-Marine Corps Concept*, March 2012, pp. 4-7.

35——DoD, Air-Sea Battle Office, *Air-Sea Battle: Service Collaboration to Address Anti-Access and Area Denial Challenges*, May 2013, pp. 4-7.

36——Jonathan Greenert and Mark Welsh, "Breaking the Kill Chain: How to Keep America in the Game When Our Enemies Are Trying to Shut Us Out," *Foreign Policy*, May 17, 2013.

37——Greenert and Welsh, "Breaking the Kill Chain."

38——平山茂敏「エアシー・バトルの変容——対中作戦構想から、アクセス維持のための限定的作戦構想へ」『海幹校戦略研究』第三巻第二号(二〇一三年一二月)二三頁。

39——ＡＳＢ構想の展開およびＪＡＭ－ＧＣの特質については、Terry S. Morris et al., "Securing Operational Access: Evolving the Air-Sea Battle Concept," *National Interest*, February 11, 2015. および下平拓哉「ＪＡＭ－

ＧＣ構想の本質と将来──グローバル・ウォーゲームの分析を参考に」『東亜』第五八〇号（二〇一五年一〇月）をも参照。

40──ＣＳＢＡの報告書もそうした可能性を事実上認めている。van Tol et al., *AirSea Battle*, p. 66.

41──T.X. Hammes, "Offshore Control: A Proposed Strategy for an Unlikely Conflict," National Defense University, June 2012.

42──Jeffrey E. Kline and Wayne P. Hughes, Jr., "Between Peace and the Air-Sea Battle: A War at Sea Strategy," *Naval War College Review*, Vol. 65, No. 4 (Autumn 2012).

43──ＡＳＢ擁護者によるオフショア・コントロール批判はElbridge Colby, "Don't Sweat AirSea Battle," *National Interest*, July 31, 2013、Do., "The War over War with China," *National Interest*, August 15, 2013、ハメスの応答はT.X. Hammes, "Sorry, AirSea Battle Is No Strategy," *National Interest*, August 7, 2013、Do., "Offshore Control vs. AirSea Battle: Who Wins?" *National Interest*, August 21, 2013を参照。

44──Friedberg, *Beyond Air-Sea Battle*, pp. 89-90.

45──そのような評価はMichael D. Swaine et al., *China's Military and the U.S.-Japan Alliance in 2030: A Strategic Net Assessment*, Carnegie Endowment for International Peace, May 2013, pp. 291-299を参照。

46──Eric Heginbotham et al., *The U.S.-China Military Scorecard: Forces, Geography, and the Evolving Balance of Power, 1996-2017*, RAND Corporation, September 2015. 渡部『米中戦争』第4章には、その詳しい紹介がある。

47──ここで「有利」とは、一方が当該作戦領域におけるその主要な目標を基本的に開戦後三週間以内に達成し得るのに対し、他方はそうすることが困難であることを意味している。Heginbotham et al., *Military Scorecard*, pp. xxix-xxx.

48——Heginbotham et al., *Military Scorecard*, p. 342. 台湾に関する「転換点」は二〇二〇年にも訪れる可能性があると言う。

49——この報告書は二巻から成っている。Terrence K. Kelly, David C. Gompert, and Duncan Long, *Smarter Power, Stronger Partners*, Volume I, *Exploiting U.S. Advantages to Prevent Aggression*, RAND Corporation, October 2016; Duncan Long, Terrence K. Kelly, and David Gompert, eds., *Smarter Power, Stronger Partners*, Volume II, *Trends in Force Projection against Potential Adversaries*, RAND Corporation, February 2017.

50——David C. Gompert, Astrid Stuth Cevallos, Cristina L. Garafola, *War with China: Thinking through the Unthinkable*, RAND Corporation, July 2016.

51——なお、第一次世界大戦におけるドイツのGDP減少は二九%、第二次世界大戦におけるドイツ、日本のGDP減少はそれぞれ六四、五二%であったと言う。Gompert et al., *War with China*, p. 48.

52——引用はGompert et al., *War with China*, p. 52より。

53——引用はGompert et al., *War with China*, p. 58より。そこで挙げられているのは、日本の有する潜水艦、水上艦艇、作戦機、攻撃兵器(strike weapons)、そしてISRの能力である。

54——Gompert et al., *War with China*, p. 68.

55——ワーク副長官は、二〇一四年夏には「第三の相殺戦略」に言及していた。Bob Work, "National Defense University Convocation," DoD, August 5, 2014.

56——Robert Martinage, *Toward a New Offset Strategy: Exploiting U.S. Long-Term Advantages to Restore U.S. Global Power Projection Capability*, Center for Strategic and Budgetary Assessments, October 2014.

57——Hagel, "'Defense Innovation Days.'"

58——Chuck Hagel, "Reagan National Defense Forum Keynote," DoD, November 15, 2014.

59——Hagel, "Defense Innovation Days."

60——Bob Work, "Reagan Defense Forum: The Third Offset Strategy," DoD, November 7, 2015.

61——Cheryl Pellerin, "Deputy Secretary: Third Offset Strategy Bolsters America's Military Deterrence," DoD, October 31, 2016.

62——Bob Work, "The Third U.S. Offset Strategy and Its Implications for Partners and Allies," DoD, January 28, 2015.

63——森聡「米国の『オフセット戦略』と『国防革新イニシアティヴ』」日本国際問題研究所『国際秩序動揺期における米中の動勢と米中関係——米国の対外政策に影響を与える国内的諸要因』二〇一六年三月、五六頁。

64——Work, "Reagan Defense Forum"; Bob Work, "CNAS Defense Forum," DoD, December 14, 2015; Do., "Remarks by Deputy Secretary Work on Third Offset Strategy," DoD, April 28, 2016. 国防総省が人工知能、自律性をどのように戦闘ネットワークに埋め込もうとしているかについては、森聡「技術と安全保障——米国の国防イノベーションにおけるオートノミー導入構想」『国際問題』第六五八号(二〇一七年一・二月)に詳しい議論がある。

65——Pellerin, "Deputy Secretary."

66——Ashton B. Carter, "Remarks by Secretary Carter on the Budget at the Economic Club of Washington, D.C.," DoD, February 2, 2016.

67——Martinage, *Toward a New Offset Strategy*, pp. 68-69.

68——Kelly et al., *Smarter Power*, p. 118.

69——能力対応型の取り組みについては、*QDR2001*, pp. 13-14を参照。

70——引用はワーク副長官の講演時におけるフロノイ元国防次官の発言より。Work, "Third U.S. Offset Strategy and Its Implications."

71——Thomas G. Mahnken, "Thinking about Competitive Strategies," in Mahnken, ed., *Competitive Strategies for the 21st Century: Theory, History, and Practice* (Stanford, CA: Stanford University Press, 2012), p. 7.

72——A.W. Marshall, *Long-Term Competition with the Soviets: A Framework for Strategic Analysis (U)*, Rand Corporation, April 1972.

73——Caspar W. Weinberger, *Report of the Secretary of Defense to the Congress*, FY 1987, February 5, 1986, pp. 85-88.

74——James R. Holmes, "The State of the U.S.-China Competition," in Mahnken, ed., *Competitive Strategies*, pp. 135-137.

75——A2ADの有利はKelly et al., *Smarter Power*, ch. 4に詳述されている。

76——Martinage, *Toward a New Offset Strategy*. 技術面における米国の持続的な優位についての記述はpp. 40-45にある。

77——森「技術と安全保障」三〇頁。

78——局地A2ADを唱道したものとしては、Toshi Yoshihara, "Japan's Competitive Strategies at Sea: A Preliminary Assessment," in Mahnken, ed., *Competitive Strategies*およびDo., *Going Anti-Access at Sea: How Japan Can Turn the Tables on China*, Center for a New American Security, September 2014が代表的である。また、Andrew F. Krepinevich, Jr., "How to Deter China: The Case for Archipelagic Defense," *Foreign Affairs*, Vol. 94, No. 2 (March/April 2015)をも参照。

79——Swaine et al., *China's Military*, pp. 302-307.

80——Kelly et al., *Smarter Power*, ch. 6.

81——Bradford A. Lee, "Strategic Interaction: Theory and History for Practitioners," in Mahnken, ed., *Competitive Strategies*, p. 41.

82——Work, "Reagan Defense Forum."

83——高橋杉雄「米中軍事戦略の相関」(日本国際政治学会二〇一五年度研究大会提出論文)二〇一五年一〇月、九～一〇頁。引用は九頁より。

84——潜在敵による核使用(威嚇)という観点から「第三の相殺戦略」を論評したものに、Elbridge Colby, *Nuclear Weapons in the Third Offset Strategy: Avoiding a Nuclear Blind Spot in the Pentagon's New Initiative*, Center for a New American Security, February 2015がある。

85——中国が核ミサイルと通常ミサイルとを同一の基地に配備しているのは、そうした考え方に基づくものであり得る。John W. Lewis and Xue Litai, "Making China's Nuclear War Plan," *Bulletin of the Atomic Scientists*, Vol. 68, No. 5 (September 2012), pp. 61-62. また、仮に局地的な通常戦力が中国優位へと転換していった場合、米国において、核戦争へのエスカレーションの恐れによって中国が挑発を思い止まることを期待する度合いが大きくなっても不思議はない。

第8章 米中戦略関係の将来

前章までの議論をまとめると以下のようになる。

米中間における力の分布が変化する中で、両国関係が平和的に推移するか否か——言い換えれば、米中が「ツキジデスの罠」を回避することができるかどうか——は、米国の主導する国際秩序に対して中国が「現状維持」「現状打破」いずれの態度を取るかによって大きく左右される。米国の大戦略は東半球の勢力均衡、経済秩序の開放性、国際制度への依拠を基本的な要素としてきたが、近年の中国は「現状維持」を掲げつつも、海洋進出の促進や大経済圏の構築——それらは「周辺」の管理強化、範囲拡大を含意するものである——を通じて「現状打破」を図ろうとしていると受け取られつつある。そうした大戦略上の相剋は核不拡散・非核化や海洋権益の配分といった国際社会の主要関心事項をめぐっても表出しており、それだけに両国間における武力衝突の勃発、およびその核戦争への発展をどう抑えるかについての検討が緊要の度を増している。

このような傾向が続く限り、米中は互いに――当面、「敵ではない」としても――「敵になり得る」存在であることが、ますます強く意識されることになろう。しかし、①中国の国力伸長が滞る、②中国の国内改革が進む、③米国の大戦略が変わる、といった場合には、事態が新たな方向に展開する可能性がないわけではない。実のところ、中国経済はすでに減速を始めており、また二〇一七年一月に就任したトランプ政権は、米国の大戦略に関して一定の修正を志向してきたと見られる。本章はそうした状況をも念頭に置いて、米中間における戦略関係の将来を展望しようとするものである。

第一節では、米中関係をめぐる近年の趨勢が――北朝鮮核問題の尖鋭化を背景としつつも――トランプ政権の成立後も基本的に変わっていないことを確認する。第二節では、中国の国力増大および国内改革に関して、長期的には米中の戦略的な対立が緩和に転じる可能性を示唆する議論を検討する。第三節では、同じく中国の国力伸長および国内体制に関して、逆に長期的に米中の戦略的な角逐が激化に向かう蓋然性に結び付く議論を取り上げる。第四節では、トランプ政権の性向に関する分析と絡み合わせつつ、米国の大戦略をめぐる昨今の動向について考察を加えることとする。

1　二〇一七年一月以降の米中関係

「現状打破」の要素を秘めた中国の対外的な攻勢は、トランプ大統領の登場後も止むことはなかった。二〇一七年三月にはアジアインフラ投資銀行（ＡＩＩＢ）の加盟国数がアジア開発銀行（ＡＤＢ）のそれを上回り、五月には「一帯一路」に関する大規模な国際会議が北京で開かれた。南シナ海におけるスプラトリー諸島での埋め立ては一段落したが[1]、人工島の軍事化は着々と進行しており、また東南アジア諸国連合（ＡＳＥＡＮ）との間で「行動規範」の枠組みが合意を見たものの、法的拘束力については曖昧にされた。

二〇一七年一〇月の共産党大会で、習近平総書記（国家主席）は二一世紀半ばまでに中国を「豊かで強く、民主的、文化的、調和的で美しい社会主義近代化強国」（傍点引用者）にすると打ち上げた。「中華民族」が「世界諸民族の中に聳《そび》え立つ」ことが展望されたのである[2]。

その間、朝鮮半島の非核化はさらに遠のいていた。北朝鮮は二〇一七年二月以降、北極星２や火星12といった準中距離または中距離弾道ミサイル（ＭＲＢＭまたはＩＲＢＭ）を立て続けに発射し、七月、一一月には大陸間弾道ミサイル（ＩＣＢＭ）級の射程を有すると推定される火星14、火星15をそれぞれ発射した。同年九月に六回目の核実験を実施する等、核能力の拡大を追求し続けた北朝鮮は、弾頭をＩＣＢＭ級のミサイルに装着し得るまで小型化しつつあると捉えられるに至り、また核兵器を最大六〇発保有しているとまで言われるようになった[3]。北朝鮮が遠くない将来、核ミサイルで米国を攻撃する能力を獲得する可能性をいよいよ真剣に受け止めねばならなくなったのである。

これに対し、トランプ政権はオバマ政権の「戦略的忍耐」政策を放棄し、軍事的な選択肢に繰り返し言及してきた。また、国連安保理は二〇一七年六月に決議2356、八月に決議2371、九月に決議2375、一二月に決議2397を採択した。決議2356は既存の決議に基づく渡航禁止や資産凍結の対象を広げたものであったが、決議2371は北朝鮮による石炭、鉄鉱石等の輸出を例外なく禁止する内容となり、決議2375には北朝鮮への原油や石油精製品の輸出に上限を設定し、北朝鮮による繊維製品の輸出を禁止することが盛り込まれた。石油精製品輸出の上限は決議2397によって大幅に引き下げられ、同時に原油輸出の上限も明確化された。

そうした中で、朝鮮半島における戦争に対する米国内の危機感は近年になく高まることとなった。ブレナン前中央情報局(CIA)長官は二〇一七年一〇月、軍事紛争の可能性を「四分の一」または「五分の一」と推定した[4]が、専門家の間からは確率を五割前後と主張する者も現れた[5]。

米中は従来の「戦略・経済対話」に代わって、①外交・安全保障、②経済、③サイバー安全保障、④社会・人文の四分野それぞれで閣僚級の協議を実施する運びとなった。異なる政策領域を連関させることを好み、「取引《ディール》」をことのほか重視するトランプ大統領は、当初中国から北朝鮮の核問題に関して協力を得ることを優先し、他の懸案(貿易収支、海洋権益、台湾、人権等)では譲歩する姿勢を示していた。その一環として、南シナ海における「航行の自由作戦」の実行はしばらく控えられた。

中国は北朝鮮の核・ミサイル開発に対する批判を強め、経済制裁への取り組みを幾分か積極化した。しかし、米国の求める原油の全面禁輸といった方策には抵抗を続けた他、北朝鮮、米国の双方に自制を求める立場にも根本的な変化は見られず、その間に北朝鮮の挑発が激化の一途をたどったことから、米国は二〇一七年六月と九月、そして一一月に北朝鮮と関係の深い中国の企業や個人に対して新たな制裁を科した。また、他の問題をめぐる米国の態度にも次第に変化が現れ、同年五月以降、一〇月までに四回にわたって南シナ海で「航行の自由作戦」が実施された。

2 対立緩和の展望——中国側の要因

第一章で紹介したA・F・K・オーガンスキー等の「力の移行」論やR・ギルピンの「覇権安定」論に従えば、最大の力を有する国と、その国が主導する秩序に不満を抱きつつ台頭する国との力が接近していくにつれ、両者の間に国際体系の覇権を争う戦争が起こりやすくなる。当今の趨勢は、全体として言えば、米中間にそうした戦争が勃発する可能性の増大を指し示している。

そのような趨勢が変化するとすれば、その要因として以下の如きものが考えられよう。第一は、中国の国力増大が停滞することである。そうなった場合、米中の力が拮抗するまでの時間が延び、それだけ大戦争の危険は遠のくはずである。その間、中国は自国の力に対する過信を抑えやすくなり、米国には国際秩序の部分的な修正を通じて中国の不満を和らげる「平和的変更」を試みる機会がより多く与えられることになる。

第二は、中国の国内改革、言い換えれば経済面の自由化、政治面の民主化が進展することである。

国内体制の変化に伴って、国際秩序への中国の不満が減少していけば、それだけ覇権戦争の危険は低下する。もちろん、国内的に自由化、民主化が実現したとしても、それで直ちに対外的な不満が収まるわけではない。特に、民主化の途上にある国家は、しばしばより好戦的になるとも言われる[6]。しかし、現存の国際秩序には米国の利益が織り込まれているため、価値観の接近を通じて利益の規定が米中間で似通ったものとなるとすれば、中国側の既存秩序への親近感も増すはずである。また、中国の不満が限定されるに従って、米国による平和的変更の取り組みも効果を上げやすくなる。

第三は、米国の大戦略が根本的に変化することである。米国がアジアにおける中国の優越的な地位を受け入れた場合、国際秩序のあり方をめぐって中国の抱く不満は大幅に緩和され、それに伴って両国間に戦争が生起する危険も抑制されることになる。

❖国力増大が国内改革を促進

中国の将来についての予想は、非常に楽観的なものから極度に悲観的なものまで多岐にわたっている[7]。米中の戦略的な離隔が収束に向かう可能性を内包する議論の類型としては、まず経済発展という形を取る中国の国力増大が同時に国内改革を加速させるというものがある。米中間における力関係の変化は急速であり続けるかもしれないが、それと並行する形で国内の自由化、民主化が進展するため、中国は既存秩序を受け入れるようになるというのである。

実際のところ、第二章で述べたように、そうした見方は米国の対中「関与」政策を支えるものであった。「中国を世界に迎え入れるほど、世界は中国に変化と自由をもたらすことになる」というクリントン大統領の主張や、経済交流の拡大が中国において「開放性および法の支配」を前進させることに対するブッシュ（子）政権の期待も、すでに紹介したところである[8]。

また、安全保障専門家のH・S・ローエンは二〇〇七年、一人当たり国内総生産（GDP）が八〇〇〇ドル（購買力平価）以上の国は、国際NGOフリーダム・ハウスによって最低でも「ある程度自由」と格付けされていると指摘した上で、経済成長を続ける中国は二〇一五年には「ある程度自由」、二〇二五年には「自由」と見なされるであろうと予測した[9]。二〇一二年に公表された国家情報会議（NIC）の『世界の趨勢2030』に従えば、中国は五年ほど後に一人当たりGDP一万五〇〇〇ドル（同）の線を超えると予想されたが、それはしばしば「民主化への引き金」となる水準であった[10]。

経済発展に伴って自由化、民主化を果たし、また既存の国際秩序を全面的に受容する中国の姿は、外交官のC・W・フリーマンによっても描き出された。二〇二五年の中国は、国内的に——共産党政権の存続を前提としても——「相互尊重に基づく協議の習慣」および「民主主義を特徴づける政策の透明性」を体現するのみならず、対外的には米国その他の主要国と協調して「個人および集団の権利」ならびに「人類の文化的多様性」を尊重する「調和的かつおおむね平和的な世界秩序」の現出に寄与するような存在となり得るというのである[11]。

❖国力増大は国内改革が条件

しかし、そもそも中国の経済発展はどこまで持続し得るのであろうか。近年の中国においては、ある程度の成長鈍化がすでに「新常態」となっている。「より緩慢な、しかし依然として相当の経済成長が継続しそうだ」というのが専門家の間での「主流の見方」だとしても[12]、さらなる経済発展を阻害することとなり得る要因が少なからず指摘されていることも事実である。

中国の経済成長は、主として大規模な国内投資（社会資本を中心とする）、そして低価格の製品輸出に依存してきた。しかし、生産年齢人口が減少し始めると同時に農村からの労働供給が限界に達し、生産設備の過剰や金融制度の機能不全が前面に表れると同時に、資源制約や環境汚染、所得格差が深刻化し、貿易摩擦が常態化するといった状況の下で、そうした成長方式をそのまま継続することは難しくなった。

内外の経済専門家の見立てでは、中国がゆくゆく経済停滞に陥るのを避けるためには、技術開発や競争促進を通じて生産性の向上を図り、サービス産業の振興に力点を置くことによって、国内消費が成長を主導する経済構造に移行することが求められる。そして、そのためには経済面、さらには政治面での抜本的な改革が不可欠であることが、しばしば強調されるのである[13]。

例えば、世界銀行と中国の国務院発展研究中心とが共同で取りまとめた『中国２０３０』によれば、中国は二〇三〇年までに「近代的、調和的、創造的な高所得社会」になる潜在力を有しているが、それを達成するには「新たな発展戦略」の実施が必要である。そこでは中国の取るべき施策として、広範囲にわたる構造改革(政府の役割再定義、国有企業・銀行の再編成、民間部門の振興、競争の促進、土地・労働・金融市場の改革深化)の他、製品開発および工程革新に係る開放的な制度の創造、環境問題への注力、社会保障の拡充、財政制度の強化、「世界経済において進取的な利害関係者になり、多国間の制度および枠組みを積極的に活用し、グローバル・ガバナンスの課題を方向づける」ことを通じて「世界との間で相互に有益な関係を目指す」こと等が挙げられている[14]。

また、D・C・リンチに従えば、一般に公開されない文献の著者をも含め、中国の経済専門家は「ほとんどすべて」自由主義的な経済モデルを普遍的に妥当なものとして受け入れており、中国の実態がそれと大きく異なっていることに憂慮を抱いている。そして、より自由主義的な経済秩序を根付かせ、花開かせようと思えば、何らかの抜本的な政治変化が必要になってくると暗示する者が少なくないというのである[15]。

❖国内改革は困難で国力停滞

しかし、多くの経済専門家が推奨するような改革の実行に際しては、大きな困難を覚悟せねばならないであろう。在来の成長方式は国有企業や地方政府の関係者に多大の利益をもたらしており、主として都市部の住民を豊かにしている。のみならず、そうした経済発展の受益者が中央の権力と緊密な関係を有していることも少なくない。従って、政府の役割を限定して民間企業を振興し、農村部の住民を含む国民一般に富を均霑《きんてん》させるような政策には、強い抵抗が伴うだろうからである。また、経済面の大胆な革新は教育現場を含む社会全体の自由な雰囲気によって初めて可能になると考えれば、共産党による一党独裁の下でその実現を図ることは難しいかもしれない。

国内の自由化、民主化が滞りがちだとすれば、それが原因となって中国の国力伸長に制動が掛かってもおかしくない。実際のところ、米中の戦略的な角逐が落ち着いていく可能性を指し示す議論の今一つの類型は、そうした見方を前面に据えるものである。国際秩序に対する中国の不満がどう推移するにせよ、米中の力関係における変動は緩やかなものになるからである。

この種の議論には、必要な改革を断行する共産党政権の能力に対する低評価が横たわっている。G・G・チャンは二〇一一年、経済の「破綻」あるいは「日本式の何十年にもわたる衰退」の徴候が現れる中で、中国共産党は「二〇一二年に崩壊する」と予言した[16]。M・ペイによれば、米国は「低下する中国の力」に備えた戦略も用意せねばならず、また中国における「〔共産〕党の終焉」は極めて可能性の高い変化と考えられた[17]。中国経済は先行き深刻な停滞に陥り得ると主張する経済学者のS・バボーンズやD・シザーズも、その一因として、「抑圧的な一党独裁国家」の「息苦しい政治文化」や「変化に対する共産党の嫌悪」を挙げている[18]。

また、経済学者D・アセモグルと政治学者J・A・ロビンソンの説くところでは、中国の政治・経済制度は——十分に集権化、多元化され、多くの人々の参加を許容、奨励する「包摂的」なものではなく——権力の恣意的な行使、資源の強制的な移転を特徴とする「収奪的」なものであり、「経済制度に対する党の統制」ゆえに、長期的な成長に必須と目される「創造的破壊の程度は厳しく抑制されている」。その上、一般的に言って、収奪的な社会では政治的な不安定が醸されやすい。そのため、「ひとたび中国が中所得国の生活水準に到達した暁には、中国の成長も終わりを告げる」——別の言葉で言えば、中国は「中所得国の罠」に陥る——公算が大きいと論定するのである[19]。

さらに、D・シャンボーは二〇一六年の著書で、構造改革の実行が滞っている背景として、中国が二〇〇九年以降、政治的な抑圧の強化を伴う「硬い権威主義」に転じたことを重視している。中国はすでに「中所得国の罠」に直面しているが、「硬い権威主義」が継続した場合、ましてや天安門事件直後のような「新全体主義」が復活したりした場合には、もはや順調な経済発展は期待し得ない。中国が二〇〇八年以前の「軟らかい権威主義」に戻り、さらにはシンガポール型の「半民主主義」に向かう可能性もないわけではないが、それは望み薄である。政治改革の不在が経済発展の足枷となるとすれば、長期的には社会不安が昂進する中で、「結果を出せない」共産党の支配が衰退に向かうことも想像の外ではなく、そうした意味での共産党の「最終段階」はすでに始まっているというのである[20]。

3　対立激化の展望――中国側の要因

❖国内改革ないまま国力増大

これに対し、経済成長を妨げ得る要因に対処する共産党政権の能力を高く評価しつつ、中国が抜本的な国内改革――特に政治面の民主化――を行うことなく国力伸長を続ける可能性を肯定する者も少なくない。例えば、経済学者のR・フォーゲルは二〇四〇年における中国の「経済覇権」を予想すると同時に、その根拠として中国政府が問題の処理に「非常に熟達」していることを挙げている[21]。二〇三〇年には中国を中心とする「ほぼ単極」の世界が現出するとまで言うA・スブラマニアンも、中国の指導者が困難に取り組む「政治的意思」および「財政的能力」を持ち合わせていることを強調するのである[22]。

評論家のM・ジェイクスの見るところ、中国は「次の半世紀の間に、あるいは多くの面ではそれより早く、世界の指導国として立ち現れる」が、その一方で「今後二〇年、場合によってはもっと長く、共産党は政権の座に留まる」公算が大きい[23]。環境専門家のJ・ランダースは、二〇五二年までに中国は環境面でも「世界の指導国」になると確言し、それを可能にする要因として「合理的な国家計画を策定し、それを実行する」中国当局の能力に言及すると同時に、中国伝統の政治体制こそが「二一世紀の主要な課題に取り組む上で大いに有効」だと断定している[24]。

もっとも、これらの論者の間では、中国の国力伸長に伴って米国との間で戦争の危険が高まるとは必ずしも考えられていない。とは言え、中国における自由化、民主化なき国力拡大の持続という展望が、米中の戦略的な競合が深刻の度を増す蓋然性に重きを置く議論を支えてきたことも事実である。中国の戦略的な挑戦を重視し、より効果的なバランシングの必要を力説するA・L・フリードバーグに言わせれば、「中国の政治的自由化」の可能性のみが米中関係を決定的に「安定的で持続的な平和」へと導き得る要因である。しかるに、現実は中国が一党独裁の権威主義体制を保持しつつ、力を増大させ続けるといった方向に進んでおり、またそれが「米国およびその同盟国が備えざるを得ない将来」だというのである[25]。

また、中国の「一〇〇年マラソン」に警鐘を鳴らすM・ピルズベリーは、二〇四九年の中国について、単極世界の「指導国」であるか、米国ともども二つの「超大国」の一つであるか、インドおよび米国と共に三極の一角を成すとの展望を示している。その一方で、中国が「専制に背を向け、国内および海外で民主主義を受け入れる」可能性について、「楽観する理由はほとんどない」と言う[26]。

さらに、リンチによれば、中国の国際問題専門家の多数(「現実主義」者)は国力増大の持続を確信しており、経済面の深刻な課題に「全くと言ってよいほど気づいていない」[27]。そして、そのような確信を土台にして、対外的な自己主張を支持、奨励しているというのである。中国にも「社会正義」を通じて「国民の生活水準、福祉および幸福の増進」を図ることを大戦略の基本原則に据えるよう訴え[28]、また米中間における「戦略的不信感」の逓増を憂慮する[29]王緝思のような論者はいるが、そうした「合理主義」は中国政府の政策に対する「制動器」としては機能し得るものの、政策の「駆動輪」として「現実主義」に取って代わることはできそうもない[30]。

実際、中国流の「現実主義」を代表する一人である閻学通は、中国、米国ともこの先国内で重大な問題に直面し得ることを認めてはいる。しかし、「台頭する大国」(中国)では「政府が国内問題の解決に提供し得る物質的な力が大幅に増大する」傾向があるのに対し、「衰退する大国」(米国)では「物質的な力資源の増大が緩慢になる」ことから、米中の力が接近するという趨勢は変わらないと主張するのである[31]。

❖国内改革の成否は関係なし

米中の戦略的な対立に拍車が掛かる蓋然性を指摘する議論の中には、中国の国内体制を視野に入れないものもある。中国における自由化、民主化の進展如何は、それ自体として米中間に戦争が生起する危険を左右しない。中国の国力伸長がもたらす米中の勢力接近のみが問題だというのである。

こうした立場を代表するのが国際政治学者のJ・J・ミアシャイマーである。ミアシャイマーの持説に従えば、米国を含むどの大国も安全を盤石なものとするため、地域覇権を追求するのであり、そのために他の大国を自らの所在する地域から追い出そうとする。そして、地域覇権が達成された暁には、他の大国がその所在する地域で覇権を握ることを阻止しようとする。

そうした見方を当てはめれば、中国が国力増大に伴ってアジアで覇権を求めることも、米国がそれを阻もうとすることも必然と言える。二〇〇一年の段階では中国経済が高度成長を続けるかどうかは未だ不明とされたが、中国が東北アジアにおける「潜在的な覇権国」になることは、すでに米国にとって「最も危険な筋書き」になっていた[32]。その後も中国の国力伸長が滞らなかったことを受けて、ミアシャイマーは、中国は「平和的に台頭することができない」と強調するようになった[33]。米中両国は──中国の近隣諸国の多くが米国の側に立つ形で──「相当に戦争の可能性を伴う強烈な安全保障上の競争を展開する」というのである[34]。

4　米国大戦略の行方

❖縮約論の浮上

近年における米国の大戦略をめぐる動向で、米中の戦略関係に係る現下の趨勢を変化させ得るものを挙げるとすれば、縮約（retrenchment）論の再燃がそれである。一口に言うならば、縮約論とは海外への軍事的な関わり合いの限定を求めるものである。軍事力によって守るべき利益を局限し、「体制転換」や「国家建設（nation building）」のための介入を止めると同時に、他国への防衛公約の整理、前方展開する米軍の縮小、国防予算の大幅な削減を行い、いざと言う時に投入すべき国力の養成に努めることを主張するのである[35]。

このように言うと、歴史上の「孤立主義」と同様に聞こえるかもしれないが、昨今の縮約論はむしろ「沖合均衡(offshore balancing)」を提唱するものと考えられる。在来の大戦略と同じく、東半球において勢力均衡が維持されることを重視しつつも、在来の大戦略とは異なり、そのために平時から米軍を欧亜(ユーラシア)大陸またはその周辺に大量配備することに反対するのである。

縮約の論拠を挙げれば、第一に、海外における軍事的な関わり合いを継続する能力が減っているというものであり、第二に、海外における軍事的な関わり合いを継続する必要が減っているというものである。縮約の妥当性をめぐる当今の論議においては、中国の動向をどう捉えるかが大きな要因となってきた。

中国の国力伸長それ自体は、米国内において力の限界に関する認識を強め、それを通じて第一の論拠を補強することとなった。米国の覇権が「終わりに近づいている」との公然たる憶測を呼び起こし、また米国には戦略的支払能力(strategic solvency)が乏しいことを意識させたのである[36]。

第二の論拠との関係で言えば、中国はアジアにおける覇権を追求する意思または能力を欠いているとの評価は、縮約を正当化するものとなり得た。実際、縮約を擁護する者によれば、今日の世界では「大国はさらなる拡張に誘因や利益を有していない」と見られ[37]、中国の軍事力は米国と比べて「何十年も遅れている」[38]。中国経済には未だ多くの「陥穽」があり、中国が拡張を図ったとしても、インド、ロシア、日本等の「強力な国々」がこれを阻もうとするはずだというのである[39]。

これに対し、中国が地域覇権を達成する可能性があるとの見方は、少なくとも極東に関しては縮約を退ける根拠となり得た。「すでに中国という地域覇権を狙う潜在的な対抗馬が存在する」以上、アジアにおける同盟関係を維持し、そこに介入するための軍事能力——つまりは陸上均衡(onshore balancing)に移行する能力——を保持することが現に必要になっていると説かれたのである[40]。

加えて、縮約における海外への軍事的な関わり合いの縮小は、もともと主として欧州や中東への地上戦力の投入に焦点を据えたものであった。近年の米国で縮約への関心が高まった背景にも、イラクやアフガニスタンでの軍事行動が必ずしも成功していないと捉えられたことがある。これに反し、縮約論が展開される際には、極東への海上・航空戦力による介入はさほど念頭に置かれてこなかったのである。

従って、縮約を支持する者が、同時に中国への軍事的な対抗を訴えてもあながち不自然ではない。実際、軍事力の東アジア集中および海・空軍力への依存は「沖合均衡」を唱える者に共通の「核心戦略原則」であり、アジア・太平洋へのリバランスを謳った二〇一二年の「国防戦略指針」はそうした意味での縮約の「最初の動き」だという主張すら聞かれたのである[41]。

そうではあっても、縮約論が実地に移された場合、やはり米国の大戦略は事実上、中国による地域覇権の確立を容認する方向に変わっていくことになろう。米国による防衛公約の整理、前方展開の縮小、国防予算の削減は、中国の対外的な自己主張が実を結ぶ機会を増大させるものと捉えられ、アジアの各国はそうした傾向を前提に対外戦略を調整せざるを得なくなるからである。

❖トランプ政権と縮約

米国の大戦略に一定の修正が施される可能性は、トランプ政権の登場と共に俄然浮上することとなった。トランプ大統領が在来の大戦略を遂行するための軍事的、経済的な方策は代価が過大であり、米国に一方的な損失をもたらしてきたとの認識を明らかにしてきたからである。二〇一七年一月の就任演説で述べられたように、「何十年にもわたって、我々は米国の産業を犠牲にして外国を豊かにし、他国の軍隊に援助を与える一方、我が軍の大変に悲しむべき消耗を許してきた」というわけである[42]。

そうした見方に基づいて、トランプ大統領は就任前から、経済の再建を通じて軍事力の再構築を果たすことを唱道していた。米国の資源は「完全に過剰拡張」しており、オバマ政権は「我が国の経済を弱めることによって我が軍を弱めてきた」というのである[43]。そこで、トランプが打ち出したのは、通商政策の変更――「公正貿易」(後述)による自国産業の保護――等によって経済力を確保し、「力による平和」という合い言葉の下、国防支出の増額、軍事態勢の拡大を図るという政策であった[44]。中でもアジア・太平洋方面で特に重要な意味を有する海軍の再建に重点が置かれており、大統領になったトランプは「艦隊全体」の「大規模な拡張」に言及した[45]。

他方、防衛公約の履行、前方展開の継続については、かねてより同盟国、提携国の負担拡大を条件とする姿勢が露わであった。防衛の対価を払わない同盟国には、「自らを防衛して貰う」というのである[46]。「日本や韓国が負担を大幅に増やさない場合、米軍を引き揚げるか」との質問に対して、トランプは「そうするだろう」と答えていた[47]。また、「バルト諸国がロシアに攻撃された場合、防衛に駆け付けるか」との質問に対しては、もしそれらの諸国が「我々に対する彼らの義務を果たしていれば」――北大西洋条約機構（NATO）の構成国として適切な防衛努力を行っていれば――と応じたのである[48]。

「力による平和」を提唱した際にも、トランプは「ドイツ（を含むNATO諸国）、日本、韓国およびサウジアラビア」といった国々に負担増を促す方針を示していた[49]。そして、大統領に就任後の二〇一七年二月にも、「NATOであれ、中東であれ、太平洋であれ」、同盟国、提携国は戦略的および軍事的な活動において直接的で意味ある役割を果たし、費用を公正に分担することが求められると言明したのである[50]。

こうして見れば、トランプ大統領は元来、極東をも対象とする「沖合均衡」をかなり志向していたことが窺える。他国の防衛への関与を薄め、米軍のプレゼンスを後退させることを厭わなかったからである。他方、トランプが思い描く国力涵養の方策は、典型的な縮約論とは異なり、国防に割かれる資源の節約ではなく、主として通商政策の見直しによる国内経済の活性化であり、トランプはむしろ国防費の増額を力説してきた。

また、トランプ政権の誕生後は、防衛公約の履行、米軍の前方展開をめぐっても、徐々に軌道修正が図られることとなった。二〇一七年二月の日米共同声明においては、「核の傘」提供を含む「米国のコミットメントは揺るぎない」旨が明記され、日米安全保障条約の尖閣諸島への適用が改めて確認された他、「地域におけるプレゼンス」の強化にも言及がなされた[51]。同年六月以降、NATO諸国および韓国に対する防衛公約にも、大統領が公式の支持を与えたのである[52]。

にもかかわらず、既存の大戦略を支持する立場からは、米国は「自らが作り上げた秩序を破壊し始めた」との非難が止むことはなかった。トランプおよびその支持勢力は、米国の対外政策における「中核的な確信」であったものに対して「正面からの襲撃」を掛けようとしているというのである[53]。とは言え、防衛公約や前方展開に関する事態の展開は、トランプ政権の対外態度を「意外にも標準的」と見なす解釈[54]に何がしかの信憑性を付与することにもなった。

そうした解釈は、二〇一七年一二月に公表された『国家安全保障戦略』によっても、ある程度は裏書きされることとなった。それは米国の「死活的な利益」として「世界の各地域が一つの国家によって支配されないようにする」ことを強調したものであり、「インド太平洋」、欧州における前方展開の維持や同盟関係の強化、防衛責任の充足のみならず、中東における必要な軍事プレゼンスの保持にも言及がなされていた。また、中国をロシアともども「現状打破」国家と明言した上で、「インド太平洋地域において米国に置き換わり、その国家主導の経済モデルの適用範囲を拡大し、地域をそれに有利な形に整理し直そうとしている」と警戒を露わにしたのである[55]。

❖保護主義と単独主義

その一方で、二〇一七年の『国家安全保障戦略』は「米国第一の国家安全保障戦略」を謳ったものであった。米国の「死活的な利益」に関しては、「公正かつ相互的な経済関係を強く要求する」、「米国の利益および原則が守られるよう、多国間組織において競争し、指導する」とも述べられたのである[56]。そこから米国の大戦略が変化に向かう徴候を読み取ることは、さして難しくないであろう。

はたしてトランプ政権は開放的な経済秩序から距離を置き、事実上の保護主義を取る傾向を見せてきた。モノの移動に関して大統領が重視するのは「自由貿易」――特に多国間の枠組みによるそれ――ではなく、二国間での均衡を目指す「公正貿易」と言えた。大統領は「自由貿易を強く支持する」と述べる一方で、それは「公正な貿易でもなければならない」と釘を差し[57]、米国の実行してきた「自由貿易は多くの悪い結果に繋がった」と語ったのである[58]。

トランプは大統領選挙中、中国からの輸入品に四五％の関税を賦課すると叫び[59]、また日本が米国の牛肉に三八％の関税を課し続けるのであれば、日本に対して「米国に自動車を売る際に三八％の関税を掛ける」と述べたこともあった[60]。そして、トランプ政権は二〇一七年一月、環太平洋経済連繋（TPP）からの離脱を発表し、八月には北米自由貿易協定（NAFTA）の再交渉を開始した。

ヒトの移動に関しては、不法移民の流入を防ぐためとして、メキシコとの国境に壁を築く必要が高唱され続けてきた。また、トランプ大統領は就任早々、イスラム諸国からの入国を制限し、難民の受け入れを一時停止する措置を打ち出した（そうした措置の一定部分は司法の阻むところとなったが、二〇一七年九月に改めて発表された入国制限は最高裁によって支持された）。

トランプ政権は国際制度への依拠を問い直し、単独主義を選好する姿勢をも示してきた。トランプが――後に軌道修正したものの――冷戦期以来の同盟関係を軽視するかのような態度を取り[61]、TPPや現行のNAFTAを否定してきたことは先述の通りである。イラン核合意は「最悪の取引」「恥ずべきもの」等と切って捨てられ[62]、二〇一七年一〇月にはイランが核合意の「精神」に添っていないため、制裁の停止を「適切かつ（イランの行動に）釣り合った」ものと認めることはできないとの立場が示された[63]。

それまでも国連批判を繰り返していたトランプであったが[64]、大統領に就任すると、さっそく国連機関を含む国際組織に対する米国の拠出金を大幅に削減し、一部の多国間条約から離脱することを検討していると報じられた[65]。実際、米国は二〇一七年四月、国連人口基金（UNFPA）への資金拠出を停止し、一〇月には国連教育科学文化機関（ユネスコ）からの脱退を通告した。

世界貿易機関（WTO）の紛争解決手続における裁定は加盟国に対して法的な拘束力を有するとされるが、二〇一七年三月に公表された米国通商代表部（USTR）の年次報告は、裁定が米国に不利なものであった場合、それが「自動的に米国の法律または慣行における変更をもたらすことはない」と明言した。そこには、一方的な制裁措置を許容する米国の国内法が「強力な梃子となり得る」との文言も盛り込まれていた[66]。

二〇一七年六月、トランプ大統領は気候変動に関するパリ協定からの離脱を発表した。トランプによれば、中国は温室効果ガスの排出を長期にわたって増加させることができ、またインドは先進国から巨額の援助を得ることになる。中国やインド、そして欧州さえ石炭利用の増大が認められるのに、米国にはそれが許されない。このように、パリ協定は米国にとって「最高度に不公正」だというのである[67]。それは、国際的な関わり合いによって米国が一方的に損をしてきたという大統領の認識を示す今一つの例となった。

❖大戦略の持続可能性

第二章で触れたように、米国内においては、東半球の勢力均衡への寄与、開放的な経済秩序の形成、それらの国際制度による実現を基本的な要素とする大戦略に対する抵抗が常に存在しており、それはしばしば縮約論、保護主義、単独主義という形で表出されてきた。トランプ政権の誕生は、そうした動きが米国政治における伏流であることを止め、表面に躍り出たことを意味するものと言えるかもしれない。

トランプ大統領が米国の大戦略に加え得る修正は、中国にとって当面どのような意味を有するであろうか。すでに示唆された如く、「沖合均衡」への関心は、中国による「周辺」の統制強化、範囲拡張にとって好適と解釈され得よう。また、保護主義への傾斜や国際制度への距離は、中国が「現状維持」を標榜することをますます可能にする一方[68]、それが深刻な経済関係の軋轢に繋がった場合、中国の経済成長に負の影響を与えることも考えられる。

しかしながら、米中関係の行方を占うに当たっては、トランプ政権の動向を超えて、既存の大戦略に対する逆流がどこまで持続し得るかが鍵となろう。対外政策に関する米国民の基本的な態度を「ハミルトニアン」「ウィルソニアン」「ジェファソニアン」「ジャクソニアン」に分けて分析するW・R・ミードに従えば、トランプを大統領に押し上げたのは、主として白人男性を中心とするジャクソニアンの政治的な蜂起に他ならない。そして、彼らは（ハミルトニアン、ウィルソニアンから成る）在来の指導層に強い不信を抱いているがゆえに、対外的な関与について懐疑的だというのである[69]。

米国では政治の分極化が深刻になっているが、指導層は党派を超えて大半が従前の大戦略を支持し続けているとされる[70]。一方、トランプへの支持が何十年にも及ぶ米国社会の変化——経済格差の拡大、少数者の権利拡張、移民の増加等——への反作用を表すものであるとすれば、そうしたエリート層の選好に対する疑念も簡単には訴求力を失わないであろう。その限りでは、中国の戦略的な挑戦をめぐっても、在来の大戦略を前提とした施策に対して、これまでより制動が掛かりやすくなると想定される。

とは言え、ジャクソニアンは米国の民衆に根を下ろす「名誉」「独立」「勇気」「軍事的自尊心」の文化を体現するものでもある。自ら対立を求めることはないものの、他国が戦争を仕掛けてきた場合には「勝利に勝るものなし」という態度を取るというのである[71]。従って、中国の戦略的な挑戦が十分に深刻なものと捉えられた場合には、強烈な対抗措置への要求が一気に高まる事態となることもあり得よう。

❖戦略的再調整の提案

一方、米国の論壇においては、トランプ政権の登場前から、中国との間で戦略的な再調整を図るべく――相互自制や危機管理、信頼醸成の推進に止まらず――大戦略に実質的な修正を施すことを勧める議論も展開されてきた。キッシンジャー元国務長官は、中国に対して米国の抱く「(地域)覇権の恐怖」、米国に対して中国の抱く「軍事的包囲網の悪夢」をともども和らげるため、両国は「平和的競争の範囲を定める領域を画する」よう努めるべきだと説く。そして、財政的制約を受けた軍事戦略の変化に照らせば、中国を取り囲む基地網は必要ないと論じている[72]。

カーター政権で大統領補佐官を務めたZ・ブレジンスキーも、アジアの安定はもはや米国による直接的な軍事力の発動によって押し付けられるものではあり得ないと強調する。その上で、米国は中国近海での偵察活動や哨戒活動を見直し、長期的な軍事計画に関して中国と定期的な協議を行い、さらには「一国二制度」ならぬ「一国数制度」という方式に基づいて台湾と中国との最終的な再統合に取り組むべきだと主張するのである[73]。

また、国際政治学者のC・グレーザーによれば、中国の台頭に伴って、米国は「二次的」な利益を守ることが次第に難しくなっており、そのため「対外政策上の関わり合いを再評価する」必要に迫られている[74]。そこで、中国が南シナ海および東シナ海の紛議を平和的に解決し、また東アジアにおける米国の長期的な軍事安全保障上の役割を公式に受け入れることと引き換えに、米国は台湾防衛の公約を撤回するという「グランド・バーゲン」を試みるべきだと言う[75]。

さらに、M・D・スウェインは、西太平洋における状況を「米国の優越」から「安定した、より公平な力の均衡」に変えていく必要を訴える。その実現に向けた課題として挙げられるのは、①朝鮮半島および台湾の長期的な地位、②東シナ海および南シナ海における海洋紛議、ならびに③第一列島線以西における中国以外の国による軍事活動に関する共通の了解である。これらの区域が米中による争奪の対象でも戦力投射の起点でもなくなり、中国の周辺海域に事実上の緩衝地帯が創設されることが思い描かれるのである[76]。

中国への視線が厳しさを増す中で、当面するところ、こうした議論が多数の支持を得るとは想像し難い。また、それらは現在の共産党政権の野心について「過度に楽観的な評価」に依拠しているように見えるという批判が当たるかもしれない[77]。しかし、米国の大戦略が冷戦期以降初めて変化の可能性を窺わせるに至った現在、米国民一般の動向とともども指導層による選択肢の提示にも引き続き注意を払っていく必要があると言えよう。

米中が「ツキジデスの罠」を克服することができるかどうかは、もとより両国の力が接近する速さや、中国が抱く不満の大きさによってのみ決定されるわけではない。第一章に記したように、核軍備の存在や同盟関係の重要性、それに非国家主体やネットワークの影響増大――「力の放散」と言われるもの――によって、「力の移行」論や覇権安定論が念頭に置くような戦争は、かつてよりも生起しにくくなっていると考えられるからである。

他方、米国の力が未だ総体として優っている段階でも、あるいは中国が「現状打破」の志向を露わにしていない状況でも、両国間に軍事衝突が起こる――そして、それが核戦争にまでエスカレートする――可能性を完全に排除することはできないであろう。偶発的な事件や第三国の行動を引き金として深刻な危機が発生し、特に中国における民族主義の影響も相俟って、米中（を含む国際社会）がその収拾に失敗することがあり得るからである。

従って、二一世紀の世界が大戦争を経験する可能性、平和裡に推移する可能性をめぐって見通しを立てようと思えば、米中の戦略関係について短期的、長期的いずれの観点からも理解を深める努力が欠かせないのである。

註

1――Department of Defense, *Military and Security Developments Involving the People's Republic of China 2017: Annual Report to Congress*, May 2017, p. 12.

2――习近平「决胜全面建成小康社会夺取新时代中国特色社会主义伟大胜利――在中国共产党第十九次全国代表大会上的报告」二〇一七年一〇月一八日、新华网。第三章冒頭にも記したように、五年前は「社会主義近代化国家」という表現であった。

3――Joby Warrick, Ellen Nakashima, and Anna Fifield, "North Korea Now Making Missile-Ready Nuclear Weapons, U.S. Analysts Say," *Washington Post*, August 8, 2017.

4――Nicole Gaouette, "US Preparing for North Korea's 'Final Step,'" CNN, October 20, 2017.

5——Nicholas Kristof, "Slouching toward War with North Korea," *New York Times*, November 4, 2017に従えば、戦争の確率を五割内外と見るのは外交問題評議会のR・ハースである。

6——この点については、例えばEdward D. Mansfield and Jack Snyder, "Democratization and War," *Foreign Affairs*, Vol. 74, No. 3 (May/June 1995) を参照。

7——そのような予想の幅は、例えばRoger Irvine, *Forecasting China's Future: Dominance or Collapse?* (London: Routledge, 2016) によって知られる。

8——William J. Clinton, "Address before a Joint Session of the Congress on the State of the Union," January 19, 1999, *Weekly Compilation of Presidential Documents*, Vol. 35, No. 3 (January 25, 1999), p. 85; George W. Bush, *The National Security Strategy of the United States of America*, September 2002, p. 28.

9——Henry S. Rowen, "When Will the Chinese People Be Free?" *Journal of Democracy*, Vol. 18, No. 3 (July 2007), p. 38.

10——National Intelligence Council, *Global Trends 2030: Alternative Worlds*, December 2012, p. 50.

11——Chas W. Freeman, "China: The 2025 Scenario (Part IV)," *The Globalist*, May 24, 2007.

12——Irvine, *Forecasting China's Future*, p. 112.

13——経済面で中国の抱える様々の課題に関しては、Michael Spence, *The Next Convergence: The Future of Economic Growth in a Multispeed World* (Farrar Straus & Giroux, 2011), chs. 16, 32や丸川知雄・梶谷懐『超大国・中国のゆくえ4　経済大国化の軋みとインパクト』(東京大学出版会、二〇一五年)に解説がある。

14——World Bank and Development Research Center of the State Council (China), *China 2030: Building a Modern, Harmonious, and Creative Society*, March 2013, Executive Summary and Part I, ch. 2. 引用はpp. xxi, xxiiiより。

15——Daniel C. Lynch, *China's Futures: PRC Elites Debate Economics, Politics, and Foreign Policy* (Stanford, CA:

Stanford University Press, 2015), ch. 2. 引用はp. 67より。

16——Gordon G. Chang, "The Coming Collapse of China: 2012 Edition," *Foreign Policy*, December 29, 2011.

17——Minxin Pei, "Everything You Think You Know about China Is Wrong," *Foreign Policy*, August 29, 2012.

18——Salvatore Babones, "The Middling Kingdom: The Hype and the Reality of China's Rise," *Foreign Affairs*, Vol. 90, No. 5 (September/October 2011), p. 84; Derek Scissors, "The Wobbly Dragon," *Foreign Affairs*, Vol. 91, No. 1 (January/February 2012), p. 174.

19——Daron Acemoglu and James A. Robinson, *Why Nations Fail: The Origins of Power, Prosperity, and Poverty* (New York: Crown Publishers, 2012). 引用はpp. 74, 81, 441, 442より。

20——David Shambaugh, *China's Future* (Cambridge, UK: Policy Press, 2016). 引用はpp. 29, 134より。また、David Shambaugh, "The Coming Chinese Crackup," *Wall Street Journal*, March 7-8, 2015をも参照。一方、菱田雅晴・鈴木隆『超大国・中国のゆくえ3 共産党とガバナンス』(東京大学出版会、二〇一六年)は、中国における「民主化なきガバナンス改善」を同定した上で、その成否についての「判断は難しい」(二一九頁)と結論している。

21——Robert Fogel, "$123,000,000,000,000*," *Foreign Policy*, January 4, 2010.

22——Arvind Subramanian, "The Inevitable Superpower: Why China's Dominance Is a Sure Thing," *Foreign Affairs*, Vol. 90, No. 5 (September/October 2011), p. 68; Do., "Subramanian Replies," *Foreign Affairs*, Vol. 91, No. 1 (January/February 2012), p. 177.

23——Martin Jacques, *When China Rules the World: The End of the Western World and the Birth of a New Global Order* (New York: Penguin Press, 2009), pp. 363, 395.

24——Jorgen Randers, *2052: A Global Forecast for the Next Forty Years* (White River Junction, VT: Chelsea Green

Publishing, 2012), pp. 246, 275, 280.

25——Aaron L. Friedberg, *A Contest for Supremacy: China, America, and the Struggle for Mastery in Asia* (New York: W.W. Norton, 2011), p. 38.

26——Michael Pillsbury, *The Hundred-Year Marathon: China's Secret Strategy to Replace America as the Global Superpower* (New York: Henry Holt, 2015), pp. 177, 182.

27——Lynch, *China's Futures*, p. 160.

28——Wang Jisi, "China's Search for a Grand Strategy: A Rising Great Power Finds Its Way," *Foreign Affairs*, Vol. 90, No. 2 (March/April 2011), p. 77.

29——Kenneth Lieberthal and Wang Jisi, *Addressing U.S.-China Strategic Distrust*, Brookings Institution, March 2012.

30——Lynch, *China's Futures*, p. 197.

31——閻学通『历史的惯性——未来十年的中国与世界』(中信出版社、二〇一三年)第二三页。もっとも、中国が一〇年内に「超大国」になり得るという見通しには、「国内の官僚腐敗を有効に抑制する」ことができれば、という条件が付いている(第二四页)。

32——John J. Mearsheimer, *The Tragedy of Great Power Politics* (New York: W.W. Norton, 2001), p. 401.

33——John J. Mearsheimer, "The Gathering Storm: China's Challenge to US Power in Asia," *Chinese Journal of International Politics*, Vol. 3, No. 4 (Winter 2010), p. 382.

34——John J. Mearsheimer, "China's Unpeaceful Rise," *Current History*, Vol. 105, No. 690 (April 2006), p. 160.

35——近年における縮約をめぐる議論については、Ionut C. Popescu, "Is It Time for Retrenchment? The Big Debate on American Grand Strategy," in Peter Feaver, ed., *Strategic Retrenchment and Renewal in the American*

Experience, U.S. Army War College, August 2014にまとまった分析がある。また、歴史上の諸事例に照らして、縮約の妥当性を論じたものに、Paul K. MacDonald and Joseph M. Parent, "Graceful Decline? The Surprising Success of Great Power Retrenchment," *International Security*, Vol. 35, No. 4 (Spring 2011) がある。

36——Christopher Layne, "The Waning of U.S. Hegemony – Myth or Reality? A Review Essay" *International Security*, Vol. 34, No. 1 (Summer 2009), p. 152; Richard K. Betts, "American Strategy: Grand vs. Grandiose," in Richard Fontaine and Kristin M. Lord, eds., *America's Path: Grand Strategy for the Next Administration*, Center for a New American Security, May 2012, p. 34.

37——Joseph M. Parent and Paul K. MacDonald, "The Wisdom of Restraint: America Must Cut Back to Move Forward," *Foreign Affairs*, Vol. 90, No. 6 (November/December 2011), p. 37.

38——Gordon Adams and Matthew Leatherman, "A Leaner and Meaner Defense: How to Cut the Pentagon's Budget While Improving Its Performance," *Foreign Affairs*, Vol. 90, No. 1 (January/February 2011), p. 144.

39——Barry R. Posen, "Pull Back: The Case for a Less Activist Foreign Policy," *Foreign Affairs*, Vol. 92, No. 1 (January/February 2013), p. 123.

40——Stephen G. Brooks, G. John Ikenberry, and William C. Wohlforth, "Lean Forward: In Defense of American Engagement," *Foreign Affairs*, Vol. 92, No. 1 (January/February 2013), p. 139; Do., "Don't Come Home, America: The Case against Retrenchment," *International Security*, Vol. 37, No. 3 (Winter 2012/13), pp. 38-39.

41——Christopher Layne, "The (Almost) Triumph of Offshore Balancing," *National Interest*, January 27, 2012. 同様にJohn J. Mearsheimer, "Imperial by Design," *National Interest*, No. 111 (January/February 2011) も、海・空軍によって中国の地域覇権を阻止すべきことを強調している(pp. 33-34)。

42——Donald J. Trump, "Inaugural Address," *Daily Compilation of Presidential Documents* [以下*DCPD*], January

20, 2017, p. 2.

43 ——"Transcript: Donald Trump's Foreign Policy Speech," *New York Times*, April 27, 2016.

44 ——「力による平和」については、"Transcript of Donald Trump's Speech on National Security in Philadelphia," *The Hill*, September 7, 2016を参照。

45 ——Donald J. Trump, "Remarks Aboard the Aircraft Carrier *Gerald R. Ford* in Newport News, Virginia," *DCPD*, March 2, 2017, p. 3. アジア・太平洋における「力による平和」については、Alexander Gray and Peter Navarro, "Donald Trump's Peace through Strength Vision for the Asia-Pacific," *Foreign Policy*, November 7, 2016に説明がある。

46 ——"Trump's Foreign Policy Speech."

47 ——"Transcript: Donald Trump Expounds on His Foreign Policy Views," *New York Times*, March 26, 2016.

48 ——"Transcript: Donald Trump on NATO, Turkey's Coup Attempt and the World," *New York Times*, July 21, 2016.

49 ——"Trump's Speech on National Security".

50 ——Donald J. Trump, "Address before a Joint Session of the Congress," *DCPD*, February 28, 2017, p. 8.

51 ——「日米共同声明」二〇一七年二月一〇日 <http://www.mofa.go.jp>。

52 ——Donald J. Trump, "The President's News Conference with President Klaus Iohannis of Romania," *DCPD*, June 9, 2017; Do., "Joint Statement by President Trump and President Moon Jae-in of South Korea," *DCPD*, June 30, 2017; Do., "Remarks in Warsaw, Poland," *DCPD*, July 6, 2017.

53 ——G. John Ikenberry, "The Plot against American Foreign Policy: Can the Liberal Order Survive?" *Foreign Affairs*, Vol. 96, No. 3 (May/June 2017), pp. 2, 4.

54——Elliot Abrams, "Trump the Traditionalist: A Surprisingly Standard Foreign Policy," *Foreign Affairs*, Vol. 96, No. 4 (July/August 2017).

55——Donald J. Trump, *National Security Strategy of the United States of America*, December 2017. 引用はpp. 4, 25より。

56——*National Security Strategy* (2017), p.4.

57——Trump, "Address before a Joint Session of the Congress," p. 4.

58——Donald J. Trump, "The President's News Conference with Chancellor Angela Merkel of Germany," *DCPD*, March 17, 2017, p. 4.

59——Maggie Haberman, "Donald Trump Says He Favors Big Tariffs on Chinese Exports," *New York Times*, January 7, 2016.

60——Fred Knapp, "Trump Campaigns in Omaha," Nebraska Educational Telecommunications, May 6, 2016 <http://netnebraska.org>.

61——トランプは大統領選挙中、NATOを「時代遅れ」と呼んで憚らなかった。"Trump Expounds on His Foreign Policy Views"; "Transcript: Donald Trump at the G.O.P. Convention," *New York Times*, July 22, 2016. しかし、大統領就任後の二〇一七年四月には、「もはや時代遅れではない」と述べた。Donald J. Trump, "The President's News Conference with Secretary General Jens Stoltenberg of the North Atlantic Treaty Organization," *DCPD*, April 12, 2017, p. 1.

62——例えば "Trump at the G.O.P. Convention" やDonald J. Trump, "Remarks to the United Nations General Assembly in New York City," *DCPD*, September 19, 2017, p. 4を参照。

63——Donald J. Trump, "Remarks on United States Strategy toward Iran," *DCPD*, October 13, 2017. 引用はpp. 2, 3

より。

64——一例を挙げれば、二〇一六年三月には「全くの虚弱と無能」を以て国連を特徴づけていた。Sara Begley, "Read Donald Trump's Speech to AIPAC," *TIME*, March 21, 2016.

65——Max Fisher, "Trump Prepares Orders Aiming at Global Funding and Treaties," *New York Times*, January 25, 2017.

66——Office of the United States Trade Representative, *2017 Trade Policy Agenda and 2016 Annual Report of the President of the United States on the Trade Agreements Program*, March 2017, pp. 3, 4.

67——Donald J. Trump, "Remarks Announcing United States Withdrawal from the United Nations Framework Convention on Climate Change Paris Agreement," *DCPD*, June 1, 2017, p. 2.

68——例えば、トランプ政権の就任直前、習近平主席は世界経済フォーラムのダボス会議で「旗幟鮮明」に保護主義に反対した。「习近平主席在世界经济论坛二〇一七年年会开幕式上的主旨演讲（全文）」二〇一七年一月一七日、新华网。また、二〇一七年九月に厦門で開かれた新興五カ国（ＢＲＩＣＳ）首脳会議の共同宣言は、保護主義への反対を盛り込み、パリ協定の「全面的な履行」を呼び掛けた。「金砖国家领导人第九次会晤『厦门宣言』」二〇一七年九月四日、二〇一七年金砖国家领导人会晤筹备委员会。

69——Walter Russell Mead, "The Jacksonian Revolt: American Populism and the Liberal Order," *Foreign Affairs*, Vol. 96, No. 2 (March/April 2017).

70——Popescu, "Is It Time," p. 222.

71——Walter Russell Mead, *Special Providence: American Foreign Policy and How It Changed the World* (New York: Routledge, 2002), pp. xvii, 88.

72——Henry A. Kissinger, "The Future of U.S.-Chinese Relations: Conflict Is a Choice, Not a Necessity," *Foreign*

Affairs, Vol. 91, No. 2 (March/April 2012). 引用はpp. 51, 52より。

73 ——Zbignew Brzezinski, "Balancing the East, Upgrading the West: U.S. Grand Strategy in an Age of Upheaval," *Foreign Affairs*, Vol. 91, No. 1 (January/February 2012). 引用はp. 101より。

74 ——Charles Glaser, "Will China's Rise Lead to War? Why Realism Does Not Mean Pessimism," *Foreign Affairs*, Vol. 90, No. 2 (March/April 2011), p. 88.

75 ——Charles L. Glaser, "A U.S.-China Grand Bargain? The Hard Choice between Military Competition and Accommodation," *International Security*, Vol. 39, No. 4 (Spring 2015).

76 ——Michael D. Swaine, "The Real Challenge in the Pacific: A Response to 'How to Deter China,'" *Foreign Affairs*, Vol. 94, No. 3 (May/June 2015). 引用はp. 148より。

77 ——Aaron L. Friedberg, "The Debate over US China Strategy," *Survival*, Vol. 57, No. 3 (June-July 2015), p. 102.

終章

国際政治学者D・ウェルチは二〇一五年、「米国と中国はツキジデスの罠を避けることができるか」と題する論考で、両国が合理的な計算に基づいて開戦を決断することはないと考えられるが、「戦争へと押し出される(pushed into war)」、「戦争に引き込まれる(pulled into war)」、あるいは「戦争によろめき入る(stumble into war)」ことはあり得ると述べた[1]。

本書も基本的に同じ見方を取っている。「力の移行」がこのまま進んでいったとしても、それで米中間の大戦争が不可避になるとは言えない。しかし、大戦略上の相剋が次第に深刻となる中で、両国が偶発的な事件や第三国の行為によって敵対に「引き込まれ」、事実関係の誤認や政策意図の誤解によって戦争に「よろめき入る」危険は——そして、中国の側では、民族主義の昂揚によって対決へと「押し出される」危険も——今日すでに無視し得ないものとなっている。そうであればこそ、今日の米中関係に適合した「戦略的安定」の探究が重要な意味を持ってくるのである。

ツキジデスの活写したペロポネソス戦争は、ギリシャ全体を衰退させるきっかけとなった。同様に、米中間に武力衝突が起こり、特にそれが核戦争にエスカレートするようなことがあれば、国際社会には直ちに甚大な衝撃が及び、世界政治の前途に暗影が投ぜられるであろう。

それでは、そうした米中の戦略関係を踏まえた場合、我が国の外交・安全保障政策はどのような意味を持ち得るのであろうか。

現在の我が国において、米国との同盟関係は「国家安全保障の基軸」とされている。それは、日米が「普遍的価値や戦略的利益を共有」しており、また我が国が地理的に米国大戦略の基本要素――敵対勢力による重要地域の支配阻止――を支える「戦略的に重要な位置」を占めていることに基盤を置くものである[2]。その一方で、米中双方にとって我が国は、場合によっては両国を戦争に「引き込み」かねない「第三国」に他ならない。そして、日本と中国は「戦略的互恵関係」を謳いながらも、尖閣諸島という潜在的な発火点を抱えている。

そのような状況にある我が国が米中間の「戦略的安定」に寄与しようとする際には、中国との向き合い方について米国と緊密な意思疎通を欠かさないことが枢要であろう。二〇一〇年以降、定期的に開かれるようになった「日米拡大抑止協議」を含め、日米間には政策協議の場が数多く存在するが、中国の台頭がもたらす戦略問題に関する情報、認識の共有をいっそう進めることが求められるのである。

また、中国に対しては、「一帯一路」への関わり合いを検討する等、協力可能な分野を拡大していくための努力を行うと同時に、特に海洋秩序の問題に関しては、米国や東南アジア諸国とも協調しつつ、国際規範の尊重をいっそう強力に働き掛けていくべきであろう。また、中国との間における潜在的な発火点の存在に照らせば、冒険・強制・圧力を思い止まらせる「抑止に係る安定」の強化に資する施策を実地に移すことが緊要と考えられる。その際には、我が国の行動が不必要に挑発的と受け取られ、かえって情勢を不安定にする――ひいては米中間の軍事衝突を呼び起こす――ことがないよう細心の注意を払わねばならないであろう。

より具体的に言えば、海上保安庁の能力を拡充すると共に、危機――「純然たる平時でも有事でもない事態」としての「グレーゾーンの事態」を含む[3]――を早期に察知し、南西方面に部隊を迅速に展開する自衛隊の力量を向上させることが、まずは重要であろう。東シナ海で中国にやすやすと既成事実を作らせない態勢は、それ自体として我が国の領域を守ることに直結するが、米国が通常戦力における「戦力の較差」を通じて「抑止に係る安定」を追求する際に、これを補強することに繋がるものでもある。また、米中間における「決意の較差」が拡大し、これが「抑止に係る安定」を損なうといった事態を生じさせないためにも、我が国として擁護すべき「現状」を繰り返し確認し、中国によるその再定義を許さないという姿勢が肝要となろう。

防衛力の整備に当たっては、「局地A2AD（＝接近阻止・領域拒否）」の適切な位置づけを探るべきであろう。「局地A2AD」については、潜水艦戦や機雷敷設が重視され、また対艦・対空ミサイルや小型ミサイル舟艇の活用等が構想されてきた。実際のところ、すでに潜水艦は増勢の途上にあり、

「本格的な侵略事態」に際しては「主要な海域に機雷を敷設する」とされている[4]。また、対艦ミサイルや対空ミサイルの開発、配備にも重点が置かれており、対艦ミサイルを南西諸島に搬送しての演習も行われるようになった。米国の関心が対中A2ADの態勢を自ら構築することに向いてきた場合、我が国の防衛努力がそれに結び付いていけば、「抑止に係る安定」の確保に少なからず寄与すると思われるのである。

他方、防衛力の役割は北朝鮮への対処や国際平和協力活動への参画を含め多岐にわたっているため、「局地A2AD」に注力しようとする際には、他の任務との兼ね合いを図ることが大切であろう。また、「局地A2AD」のための戦力それ自体が脆弱であっては、「危機における安定」が低下しかねないので、自衛隊の基地等の「抗たん性を高める」、民間の空港や港湾を「事態に応じて早期に自衛隊等の運用基盤として使用し得るよう（中略）必要な検討を行う」といった施策を着実に進めねばならない[5]。

その一方で、東シナ海その他で自衛隊と中国軍との間に不測の事態が起こる——そして、それが米中間の武力衝突の引き金となる——ことを防止すべく、危機管理、信頼醸成の仕組みを整えることも急務と言える。日中間では二〇〇八年以来、海・空最高幹部間のホットライン開設や艦船・航空機間の直接通信等を内容とする「海空連絡メカニズム」に関する協議が行われてきたが、未だ決着に至っていない[6]。尖閣諸島をめぐる対立がそこにも影を落としているだけに[7]、今後の展開は決して楽観を許すものではないが、米中間では危機管理、信頼醸成の体制構築がかなり進んでおり、また二〇一四年には日中を含む多国間で海上衝突回避規範（CUES）が採択されたという事例もあるので、我が国としては、必要に応じて米国の協力をも得つつ、引き続き中国との間で接点を探り続けるべきであろう。

また、「重大かつ差し迫った脅威」[8]としての北朝鮮に備えるという側面に着目した場合の我が国の防衛力も、米中間における「戦略的安定」を補強するものであり得る。我が国の防衛態勢に欠落があると捉えられた場合、北朝鮮の挑発に拍車を掛け、それが米中間の軍事的な緊張を呼び起こす可能性がないとは言えないからである。従って、ミサイル防衛の強化はもとより、いわゆる敵基地攻撃能力についても「検討の上、必要な措置を講ずる」[9]ことを通じて、我が国の〝弱さ〟が紛争の原因となることを避けねばならないであろう。他方、仮に朝鮮半島の非核化を平和裡に達成することが可能であるとすれば、いずれかの時点で北朝鮮との間の対話が欠かせないであろう。意味ある対話の開始に圧力の強化が必要とされる限り、米国ともども制裁の厳格な履行を中国に促し続けていくべきは当然としても、外交的な解決への我が国の貢献がそれに止まるものである必要はない。

より長期を展望した場合、我が国は米国と連携する国として、米中の力関係における変動の衝撃を緩和する役割を演ずることが期待され得よう。中国の力が米国に迫り、あるいはこれを上回ったとしても、米国とその同盟国、提携国との力を合わせると、中国およびこれに従う国々の力よりも相当に大きいという状態が持続する限り、米中間に大戦争が生起する公算は抑えられるかもしれない。そして、その間に中国国内で自由化、民主化が進み、また米国が国際秩序の「平和的変更」に取り組むといったことがあれば、戦争の危険はさらに遠のくことになるからである。我が国が米国の連携国として国際場裡における力の分布に一定の影響を与え続けるための条件は、これまで以上に国力の維持、発展に意を注ぎつつ、米国との戦略的な協力関係を深化させていくといった政策展開であろう。

ただし、それはあくまでも米国との間で基本的な価値や戦略的な利益に関する乖離がないという前提に立った話である。例えば、米国の大戦略に根本的な変化が現れ、中国の地域覇権を積極的に受容するに至った場合、中国が我が国の重要な国益を侵害しても、米国がこれを黙認するといった事態が生じやすくなるであろう。中国の国力伸長がその後も長期にわたって続くとすれば、やがて我が国も事実上、中国の「周辺」に入ることを余儀なくされるかもしれない。そうした状況にあっては、米中間における「戦略的安定」の我が国にとっての意味は、すでに大きく変容しているはずである。

なお、その間に我が国は戦略的に活用可能な軍事力の保持を求められ、あるいは自らそれを追求するようになっているかもしれない。そうした軍事力としては、当然ながらまず核軍備が念頭に上るが、軍事技術の進展によっては宇宙・サイバー能力等を利用した先進非核兵器も視野に入ってこよう。それが米国と連携する国として「力の移行」の影響を和らげるための強力な手段という意義を帯びることになるか、あるいは中国の「周辺」に組み入れられつつある国として可能な限りの自律性を保つための方途という機能を果たすことになるかは、ひとえに米中の戦略関係がどう展開するかに懸かってくるであろう。

さらに言えば、以上に述べた事象は、国家から非国家主体・ネットワークへの「力の放散」が進行し、またそれとも深く関係する新たな諸問題が浮上する中で生起し得るものであることを忘れてはならない。雑誌『国際問題』が二〇〇〇年、「二一世紀の国際関係」について行ったアンケートに対し、筆者は「当分は国家間とりわけ大国間における勢力分布の推移に関心が集まるであろうが、その一方で環境、資源その他の地球的課題に有効に対処する枠組みが形成され得るかどうかが最も重要な問題であるとの認識が強まっていくであろう」と回答した[10]。

中国——およびロシア——の挑戦を念頭に「地政学の復活」[11]や「競争的な世界」[12]が唱えられ、また両国の行使する(「ソフト・パワー」ならぬ)「シャープ・パワー」[13]に警戒が寄せられる中で、そうした予想には現実性がないように見えるかもしれない。しかし、今や米中の戦略関係は、気候変動の激化、人工知能の発達、生命科学の進展等により、文明の有り様(さらには文明の存続そのもの)が問われつつある中で展開されるようになっているというのもまた「現実」であり、問題はそれをいかに「認識」するかであろう。そのような状況の下で、我が国が影響力を保持しようと思えば——そうした問題の立て方自体が相対的に重要性を低下させるのであるが、それはともかく——経済水準の維持や軍事態勢の拡充もさることながら、世界政治における課題や争点を規定し、様々な他者——国家および非国家主体・ネットワーク——と協力して作業する能力を磨き、それを通じて「現実」と「認識」との調和を進めることがいよいよ大切になってくるはずである。

そうは言っても、見通し得る将来、力の分布における変化を背景として、米中両国がどのような対外戦略を取るかによって、国際秩序のあり方が左右されるであろうことは疑いない。我が国においても、米中間の「戦略的安定」を念頭に置いた上で、短期、長期の双方に意を用いた外交・安全保障政策の展開が求められる所以である。

註

1——David Welch, "Can the United States and China Avoid a Thucydides Trap?" E-International Relations, April 6, 2015 <http://www.e-ir.info>.

2——引用は「国家安全保障戦略」二〇一三年一二月一七日、一八頁より。

3——「平成26年度以降に係る防衛計画の大綱」二〇一三年一二月一七日、一頁。

4——防衛省編『日本の防衛（防衛白書）平成25年版』（日経印刷、二〇一三年）二〇八頁。また、同『日本の防衛（防衛白書）平成28年版』（日経印刷、二〇一六年）三〇七頁・図表III－1－2－15等をも参照。

5——引用は「平成26年度以降に係る防衛計画の大綱」二二頁より。

6——「海空連絡メカニズム」は初め「海上連絡メカニズム」と呼ばれていた。同「メカニズム」に関する協議については、平賀健一「対中軍事危機管理（信頼醸成）メカニズムの現状——日米の視点から（その1）」海上自衛隊幹部学校、二〇一六年七月一一日が簡便である。

7——中国軍の艦船や航空機が「尖閣諸島周辺に侵入しても、日本に連絡さえすればよい」という印象を与えることを避けるべく、互いの領海、領空を同「メカニズム」の適用範囲に含めないとする日本側の提案に、中国側が異を唱えていると言う。「日中『海上連絡』暗礁に 偶発の衝突防止 尖閣巡り中国反発」『読売新聞』二〇一五年一〇月五日。

8——防衛省編『日本の防衛（防衛白書）平成29年版』（日経印刷、二〇一七年）八〇頁。

9——「平成26年度以降に係る防衛計画の大綱」一八頁。

10——「『国際問題』創刊四〇周年記念アンケート・二一世紀の国際関係」『国際問題』第四八一号（二〇〇〇年四月）七〇頁。

11——Walter Russell Mead, "The Return of Geopolitics," *Foreign Affairs*, Vol. 93, No. 3 (May/June 2014).

12——Donald J. Trump, *National Security Strategy of the United States of America*, December 2017, pp. 2-3.

13——「シャープ・パワー」とは他国（主として民主国家）の国民を混乱させ、操作することに主眼を置くものである。Christopher Walker and Jessica Ludwig, "The Meaning of Sharp Power: How Authoritarian States Project Influence," *Foreign Affairs*, November 16, 2017.

あとがき

中国の台頭が語られるようになって久しい。急迫の一途をたどる朝鮮半島情勢や東シナ海その他海洋をめぐる軋轢を含め、我が国の安全や繁栄に直結する問題の多くに、中国の動向がますます深く関係するようになっている。のみならず、当今では中国の力がほどなく米国に迫り、これを凌ぐといった議論もいっこうに珍しくない。そして、そうなった場合、国際秩序にいかなる変化がもたらされるのか、かかる変化は平和裡に起こるのか、大戦争の危険を伴うものなのか——といった問いに関心が高まっている。

本書が試みたのは、米中間における対外戦略の相関を探究し、戦略関係の安定について考察することを通じて、そうした問いに関して一定の展望を得ることに他ならない。世界政治の行方を探り、あわせて我が国の外交・安全保障政策にとっての課題を考える手掛かりを多少なりとも提供することができたとすれば、それだけで上梓の意義があったということになる。

一方、森鷗外は史伝「澀江《しぶえ》抽斎《ちゅうさい》」の中で、「學問はこれを身に體《たい》し、これを事に措《お》いて、

始《はじめ》て用をなす」というのが「世間普通の見解」であると述べた上で、

學藝を研鑽して造詣の深きを致さんとするものは、必ずしも直ちにこれを身に體せようとはしない。必ずしも徑《たゞ》ちにこれを事に措かうとはしない。その矻々《こつこつ》として年を閲《けみ》する間には、心頭姑《しばら》く用と無用とを度外に置いてゐる。大いなる功績は此の如くにして始て贏《か》ち得らるゝものである。

と言っている（『鷗外全集』第十六巻〈岩波書店、昭和四十八年〉三五八頁、振り仮名一部省略）。

もとより問題の大きさに比して筆者の力量不足は明らかであり、「大いなる功績」を収めることはあまりにも難しい。「用と無用と」に囚われ過ぎることのない、コツコツとした営みが「些少の功績」にでも繋がったと受け取られれば、筆者にとってこれ以上の喜びはない。

改めて言うまでもないが、研究を進めるに際して、筆者は多くの人々から教示を得てきた。最近では日本国際問題研究所「国際秩序動揺期における米中の動勢と米中関係」研究会（平成二十七～二十八年度、主査・高木誠一郎同研究所研究顧問）における議論が、頗る有益であった。また、文部科学省科学研究費補助金・基盤研究Ｂ「中国の対東アジア外交・安全保障政策と米国――中朝関係と中越関係を中心に」（平成二十五～二十七年度、研究代表者・伊豆見元静岡県立大学教授〈当時〉）も、視野を広げるのに役立った。もちろん、本書が含んでいるかもしれない少なからぬ誤りの責任は、挙げて筆者に帰するものである。

なお、本書の第一章は「中国の擡頭《たいとう》と『力の移行』論」『国際関係・比較文化研究(静岡県立大学)』第十一巻第一号(平成二十四年九月)、第四章は「米中関係と大量破壊兵器不拡散」(日本国際政治学会研究大会提出論文、平成二十四年十月)、第五章は「南シナ海問題と米国の対外戦略」『アジア(特に南シナ海・インド洋)における安全保障秩序』(日本国際問題研究所、平成二十五年三月)、第六章は「米中間における『戦略的安定』」『国際関係・比較文化研究(静岡県立大学)』第十三巻第一号(平成二十六年九月)、第七章は「中国のA2ADと米国の戦力投射」『東亜』第五八七号(平成二十八年五月)を、それぞれ大幅に加筆、修正したものである。また、第二章および第三章の一部は「米中大戦略の相関」『米中関係と米中をめぐる国際関係』(日本国際問題研究所、平成二十九年三月)として発表されている。

最後になったが、千倉書房の神谷竜介氏には、本書の計画段階から様々な形で世話になった。記して謝意を表する次第である。

平成二十九年歳晩

梅本哲也

ワ行

タ行

ナ行

ハ行

マ行

ヤ行

ラ行

カ行

サ行

事項索引

英字

ア行

人名索引

ア行

カ行

サ行

タ行

［著者紹介］

梅本哲也（うめもと・てつや）

静岡県立大学国際関係学部教授

一九五三年岡山県生まれ。東京大学教養学部卒業、プリンストン大学大学院博士課程（政治学）修了（Ph. D.）。東京大学教養学部助手、静岡県立大学国際関係学部助教授を経て現職。

著書に『核兵器と国際政治　1945－1995』（日本国際問題研究所）、『アメリカの世界戦略と国際秩序――覇権、核兵器、RMA』（ミネルヴァ書房）など。

米中戦略関係

二〇一八年四月七日　初版第一刷発行

著者　梅本哲也

発行者　千倉成示

発行所　株式会社 千倉書房
〒一〇四－〇〇三一 東京都中央区京橋二－四－一二
電話 〇三－三二七三－三九三一（代表）
http://www.chikura.co.jp/

造本装丁　米谷豪

印刷・製本　精文堂印刷株式会社

ISBN 978-4-8051-1131-4 C3031

台頭するインド・中国
田所昌幸 編著
巨大な国土と人口を擁するスーパーパワー。その台頭は、アジアに、そして世界に、一体何をもたらそうとしているのか。
❖A５判／本体　三六〇〇円＋税／978-4-8051-1057-7

安全保障政策と戦後日本 1972～1994
河野康子＋渡邉昭夫 編著
史料や当事者の証言をたどり、七〇年代から九〇年代へと受け継がれた日本の安全保障政策の思想的淵源と思索の流れを探る。
❖A５判／本体　三四〇〇円＋税／978-4-8051-1099-7

東アジアのかたち
大庭三枝 編著
中国の台頭と米国のリバランスの狭間で激変する東アジア地域の「かたち」を日米中ＡＳＥＡＮの視座から分析する。
❖A５判／本体　三八〇〇円＋税／978-4-8051-1093-5

表示価格は二〇一八年四月現在

千倉書房